陕西师范大学优秀学术著作出版资助

# 不一样的劳动
## 幼儿园教师情绪劳动研究

许倩倩 著

陕西师范大学出版总社 西安

图书代号　ZZ24N1802

**图书在版编目(CIP)数据**

不一样的劳动：幼儿园教师情绪劳动研究 / 许倩倩著. —西安：陕西师范大学出版总社有限公司, 2024.9
ISBN 978-7-5695-4320-9

Ⅰ.①不… Ⅱ.①许… Ⅲ.①幼教人员—教师心理学—研究 Ⅳ.①G443

中国国家版本馆 CIP 数据核字(2024)第 078432 号

**不一样的劳动：幼儿园教师情绪劳动研究**
BUYIYANG DE LAODONG:YOUERYUAN JIAOSHI QINGXU LAODONG YANJIU

许倩倩　著

| 责任编辑 | 于盼盼 |
|---|---|
| 责任校对 | 刘金茹 |
| 封面设计 | 鼎新设计 |
| 出版发行 | 陕西师范大学出版总社 |
|  | (西安市长安南路199号　邮编 710062) |
| 网　　址 | http://www.snupg.com |
| 印　　刷 | 西安市建明工贸有限责任公司 |
| 开　　本 | 720 mm×1020 mm　1/16 |
| 印　　张 | 15.75 |
| 字　　数 | 275 千 |
| 版　　次 | 2024 年 9 月第 1 版 |
| 印　　次 | 2024 年 9 月第 1 次印刷 |
| 书　　号 | ISBN 978-7-5695-4320-9 |
| 定　　价 | 72.00 元 |

读者购书、书店添货或发现印装质量问题，请与本社高等教育出版中心联系。
电话:(029)85303622(传真)　85307864

# 魂牵梦绕的研究,总会有人孜孜以求
## (代序)

  2012年春季学期开始不久的一个下午,一场学术讨论结束后,倩倩走到我身边,微笑着、声音中带着些许的谨慎:"老师,我的博士论文选题想考虑做幼儿园教师情绪劳动方面的研究"。我收拾桌面物品的动作停顿了一下,抬起头看向她,笑吟吟的,齐刘海儿下明亮的眼睛中流露着对自己的想法被肯定的期待。"很好哇!你先静下心问问自己,这是我魂牵梦绕的选题不?如果是,那么就先去做一下文献,然后约时间和我面谈。"我当时的回答和对其他学生关于此类的答复表面看上去没有任何异样,但我自己知道,当时我的心中却因为倩倩的这个选题而真切地掠过一丝欣喜:"小姑娘的研究敏感性不错!看来她这几年当真是用功学习、用心思考了!"(关于这个细节,倩倩应该是第一次在这段文字里知道)

  之所以会有那份欣喜,是因为我真切地认为:在幼儿教育的实践过程中,教师的情绪甚至是比他/她们的教育观念与技能还重要百倍以上的因素。支撑我形成这个判断的理由有三:其一是来自历年给本科生讲授学前儿童社会教育课的一项作业累积,"回溯你作为学生的经历,分析你喜欢某门课程的理由",学生们的答案中有一项90%以上是一致的,"那位任课老师喜欢我,经常对我微笑";其二是来自对西方学者相关研究文献的内容分析:幼儿园教师积极的情绪表达、他/她和孩子之间积极的情感关系是影响孩子的同伴关系及其日后自信心获取、学业成绩、积极情绪表达的重要因素(Howes C 等,1984;Lynch 和 Cicchetti,1992);其三则是我本人自1994年开始进行师幼互动行为研究所获得的各维度、各层级的数据汇总:在现实的师幼互动过程中,教师在开启指向幼儿的行为时总是会有意表达或是无意流露出负向情绪,教师负向情绪多发的现象不仅不利于幼儿的健康发展、整体制约着幼儿园教育质量的提升,也在根本地制约着教师的专业发展及其自身社会性的成长。三方面的理由聚在一起,让我强烈地意识到,关注幼儿园教师的情绪劳动,支持他们在教育实践过程中更多地体验、更多地向幼儿表达正向情绪,是一件亟待开启并必须长期被着力推进的研究。而要推进这一研究,一个重要的前提是要搞清楚幼儿园教师这一职业的从业者们在履行职责的过程中,到底都在经历着怎样的情绪劳动。毫无疑问,这将是一项意义重大且充满挑战的研究。听到倩倩有意愿选择这一研究作为她的博士学位论文,不只表明有学生和你的研究取向同道同频,更意味着你将会在同一领域遇见一位问题意识敏锐、学术勇气可嘉的年轻学者。如此,我想不仅是我,对于任何一位导师而言都会是一件开心的事情。

然而,应然的研究设想与实然的推进之间总是有沟有坎的。在进行了一段时间的文献研究与反复的模拟研究设计之后,倩倩感受到了做幼儿园教师情绪劳动研究的难度:从理论基础到实证研究对于她当时的学术积累都具有一定的挑战,更麻烦的是那时候博士学位论文完成的时间节点比较不好调整。几次交谈过后,我建议倩倩选择把研究的范围缩小,仅在师幼互动过程的范围内对幼儿园教师的情绪表达进行集中探究。如果有了这一研究作为铺垫,日后待时机成熟便可以在更大范围内做幼儿园教师情绪劳动研究。之后,聪慧的倩倩毫无悬念地如期完成了论文,顺利通过了答辩。再后则是如愿进入了她理想的工作单位,成为一名大学教师。

因为距离等其他客观原因,自2013年6月至今,我和倩倩没有见过面,只是通过电话和信息不断更新着她的消息:她在上什么课,做着什么课题,她结婚了,成为母亲了等等。其间,我虽然很关心但是却一直尽力回避询问:"你当年魂牵梦绕的研究选题还会继续做吗?"一方面,我不想让她感受到压力。当下的大学中,上有老下有小、"卷"在各种"卷"中的年轻的学者没有一个是轻松的。另一方面,不断累积的生活感悟让我知道,人们的观念与选择是会随着人生境遇与时间发生改变的,计划中研究选题当然也隶属其中,时过境迁之时,不必执念于之。

让我没想到的是,今年4月初的一天我收到了倩倩的信息:"老师,我终于把博士论文改出来了……,申请了学校的出版基金准备出版了……,题目用的是您当年建议的《不一样的劳动:幼儿园教师情绪劳动研究》,我想请您为我写序……"坦率地说,倩倩的这个信息让我有泪目感,为自己的等待,为倩倩的执着,更为她在这些年为这一项魂牵梦绕的研究所付出的辛苦和汗水!

因为在办公室工作时间的"规定任务"实在庞杂,我选择了通勤时在地铁上阅读倩倩的书稿。六章,A4纸,240多页的打印稿,装在包里虽然有点重,却是我近一个月来乘地铁时的必带之物。不仅因为要完成她的邀约,也因为当人们在阅读自己所期待读到的文字时,会一点也感觉不到地铁嘈杂、通勤时间太长。客观地说,我认为倩倩这本书不仅非常好地完成了她当年的研究计划,以规范的研究成就了她作为学者对自己的期许,更是通过对幼儿教育机构中教师在实践工作中所经历的各种情绪劳动深入详细地探究,填补了我国学前教育研究领域的一项空白。尽管其中也会有些许的不足、不周到,但却丝毫不会影响其学术与实践价值。尤其在当下,提倡借助提升师幼互动质量来促进幼儿教育高质量发展的过程中,这项研究成果将对准确理解、切实助力一线教师的工作具有重要意义。

倩倩博士毕业之时,恰逢我国学前教育的发展正处在"春天里",学前教育研究与实践蓬蓬勃勃。然而世事变幻,近年来的客观原因正使得这个专业的研究者与实践者经历着各种挑战。但是无论怎样,我愿意相信,以支持幼儿的发展为终身事业的选择将会始终是件"人生值得"的事;以借助了解幼儿园教师的情绪劳动作为突破口,寻求提升幼儿教育质量的努力不仅在学理更在人性层面是最为恰当的途径之一,无论怎样强调都是必要的,不可或缺的。

祝福倩倩取得更多的学术成就,期待她做更多有益于支持幼儿成长的工作!

刘晶波
2024 年 7 月于南京

# 目 录

## 第一章 绪论 ... 1
### 第一节 研究缘起与研究意义 ... 1
一、研究缘起 ... 1
二、研究意义 ... 5
### 第二节 核心概念界定 ... 7
一、情绪 ... 7
二、情绪表达 ... 12
三、情绪规则 ... 13
四、情绪劳动 ... 15
### 第三节 研究设计 ... 17
一、研究目标 ... 17
二、研究内容 ... 17
三、研究方法与过程 ... 18

## 第二章 文献综述 ... 25
### 第一节 情绪劳动研究的发展脉络 ... 25
一、情绪劳动研究的萌发 ... 25
二、情绪劳动研究的拓展 ... 30
### 第二节 教育活动中的教师情绪研究 ... 33
一、个体内水平的教师情绪研究 ... 34
二、群体水平的教师情绪研究 ... 36
三、人际互动水平的教师情绪研究 ... 37

第三节　幼儿园教师情绪劳动研究……………………………………43
　　　　一、幼儿园教师情绪劳动概述……………………………………43
　　　　二、幼儿保教工作中的情绪规则…………………………………45
　　　　三、幼儿园教师的情绪劳动策略…………………………………46
　　　　四、幼儿园教师情绪劳动的影响因素……………………………47
　　　　五、幼儿园教师情绪劳动的影响…………………………………49
　　第四节　文献总结与反思……………………………………………53

# 第三章　师幼互动中的幼儿园教师情绪劳动……………………………55
　　第一节　幼儿园教师情绪表达的基本情况……………………………55
　　　　一、教师情绪表达的类型…………………………………………55
　　　　二、教师情绪表达的具体场景……………………………………60
　　　　三、教师情绪表达指向的对象……………………………………61
　　第二节　幼儿园教师情绪表达的形式…………………………………63
　　　　一、教师情绪的非言语表达………………………………………63
　　　　二、教师情绪的言语表达…………………………………………66
　　第三节　幼儿园教师情绪表达的变化模式……………………………74
　　　　一、"转化－调节"型………………………………………………74
　　　　二、"终止－回避"型………………………………………………75
　　　　三、"升级－冲突"型………………………………………………76
　　　　四、"持续－扩散"型………………………………………………79
　　第四节　师幼互动中的教师情绪劳动过程……………………………82
　　　　一、教师正向情绪的诱发事件……………………………………82
　　　　二、教师正向情绪产生的原因分析………………………………87
　　　　三、教师负向情绪的诱发事件……………………………………89
　　　　四、教师负向情绪产生的原因分析………………………………93
　　第五节　师幼互动中的教师情绪劳动规则……………………………102
　　　　一、教师情绪表达规则的内涵……………………………………102
　　　　二、教师情绪规则的三个层次……………………………………103
　　　　三、师幼互动中的教师情绪表达规则……………………………105

## 第四章　家园互动中的幼儿园教师情绪劳动 … 112
### 第一节　幼儿园与家庭互动的实践图景 … 112
一、从服务到协作：幼儿园与家庭互动的政策演进 … 112
二、从线下到线上：幼儿园与家庭互动形式的变化趋势 … 115
三、纵横交错：幼儿园与家庭互动的组织与分工 … 118
### 第二节　家园互动中的幼儿园教师情绪体验 … 122
一、家园互动中教师的积极情绪体验 … 123
二、家园互动中的教师消极情绪体验 … 128
三、家园互动中幼儿园教师情绪体验的唤醒机制 … 138
### 第三节　家园互动中的幼儿园教师情绪规则 … 143
一、家园互动中的教师情绪表达规则 … 144
二、家园互动情绪规则的学习路径 … 149
三、教师对家园互动情绪规则的动态建构 … 152
### 第四节　家园互动中的幼儿园教师情绪劳动策略 … 155
一、理论框架 … 156
二、剧场搭建：家园互动前的策略选择 … 157
三、表演技巧：家园互动中的策略选择 … 162
四、谢幕整理：家园互动后的情绪调节 … 167

## 第五章　同事互动中的幼儿园教师情绪劳动 … 172
### 第一节　幼儿园教师同事互动的基本特征 … 172
一、增长与流动：幼儿园教师同事互动的时代背景 … 172
二、选择与分配：幼儿园教师"搭班"关系的形成 … 176
三、合作的必要性与脆弱性：幼儿园教师同事互动的基本形态 … 179
### 第二节　幼儿园教师与同事互动中的情绪体验 … 184
一、幼儿园教师与同事互动中的积极体验 … 184
二、幼儿园教师与同事互动中的消极体验 … 188
### 第三节　幼儿园教师与同事互动中的情绪劳动规则与策略 … 193
一、同事互动中的教师情绪劳动规则 … 193
二、同事互动中的教师情绪劳动策略 … 196

  第四节 组织要素与幼儿园教师的情绪劳动 …………… 204
   一、社会比较理论的基本观点 ………………………… 205
   二、组织要素与幼儿园教师的情绪劳动 ……………… 206

**第六章 总结与启示** ………………………………………… 217
 第一节 总结 …………………………………………… 217
  一、高情绪劳动者:幼儿园教师的隐藏角色 ………… 217
  二、专业化情绪劳动:幼儿园教师情绪劳动的性质 …… 221
 第二节 反思与启示 …………………………………… 229
  一、非专业化:幼儿园教师情绪劳动的困境 ………… 229
  二、走向专业化:优化幼儿园教师情绪劳动的建议 …… 231

# 第一章

# 绪 论

## 第一节 研究缘起与研究意义

### 一、研究缘起

(一)幼儿园教师研究是幼儿教育研究中值得加强关注的课题

新世纪以来,我国学前教育发展进入新的历史时期。幼儿园数量快速增长,入园率不断提升,幼儿园教师队伍建设也进入一个前所未有的快速发展阶段。2010年,《国家中长期教育改革和发展规划纲要(2010—2020年)》提出要基本普及学前教育,提高幼儿园教师队伍整体素质。《国务院关于当前发展学前教育的若干意见》提出要多种途径加强幼儿园教师队伍建设,加快建设一支师德高尚、热爱儿童、业务精良、结构合理的幼儿园教师队伍。2012年,教育部、中央编办、财政部、人力资源和社会保障部联合印发《关于加强幼儿园教师队伍建设的意见》,提出到2015年,幼儿园教师数量基本满足办园需要,专任教师达到国家学历标准要求,取得职务(职称)的教师比例明显提高。到2020年,要形成一支热爱儿童、师德高尚、业务精良、结构合理的幼儿园教师队伍,全国各地幼儿园教师队伍建设步伐进一步加快。随后,教育部陆续出台《幼儿园教师专业标准(试行)》和《幼儿园园长专业标准》,确立了幼儿园教师及园长专业发展的基本准则,以此引领幼儿园教师从职前到职后的专业发展。这一系列文件的颁布,标志着我国幼儿教育事业的系统变革,使我国幼儿园教师队伍的数量、结构及质量发生深刻变化。截至2021年,全国幼儿园园长和专任教师总数超过350万人,比2011年增加200万人,增长了1.3倍,生师比从2011年的26:1下降到2021年的15∶1,基本达到了"两教一保"的配备标准,师资短缺问题得到有效解决。教师素质明显提高,学历结构进一步优化,2021年专科以上学历的园长及专任教师占比达到87.8%,比2011年提高了24个百分点。[①] 2011—2021年幼儿园专任教师学历情况见表1-1,其间学历结构变化如图1-1所示:

表1-1 2011—2021年幼儿园专任教师学历情况(单位:人)

| 年份 | 研究生 | 本科 | 专科 | 高中阶段 | 高中以下 | 合计 |
| --- | --- | --- | --- | --- | --- | --- |
| 2011 | 2962 | 207454 | 742087 | 496757 | 46731 | 1495991 |
| 2012 | 3393 | 256028 | 854014 | 515125 | 48915 | 1677475 |
| 2013 | 4291 | 313650 | 989945 | 526263 | 50944 | 1885093 |
| 2014 | 5225 | 377392 | 1117219 | 529036 | 51445 | 2080317 |
| 2015 | 5875 | 448990 | 1270226 | 529441 | 48602 | 2303134 |
| 2016 | 6654 | 522639 | 1408570 | 513707 | 47213 | 2498783 |
| 2017 | 7253 | 607705 | 1553973 | 497624 | 45510 | 2712065 |
| 2018 | 7852 | 686328 | 1658526 | 476148 | 44655 | 2873509 |
| 2019 | 8519 | 781148 | 1773350 | 456643 | 47090 | 3066750 |
| 2020 | 9678 | 893003 | 1859982 | 415266 | 43877 | 3221806 |
| 2021 | 7489 | 920388 | 1867484 | 364760 | 30868 | 3190989 |

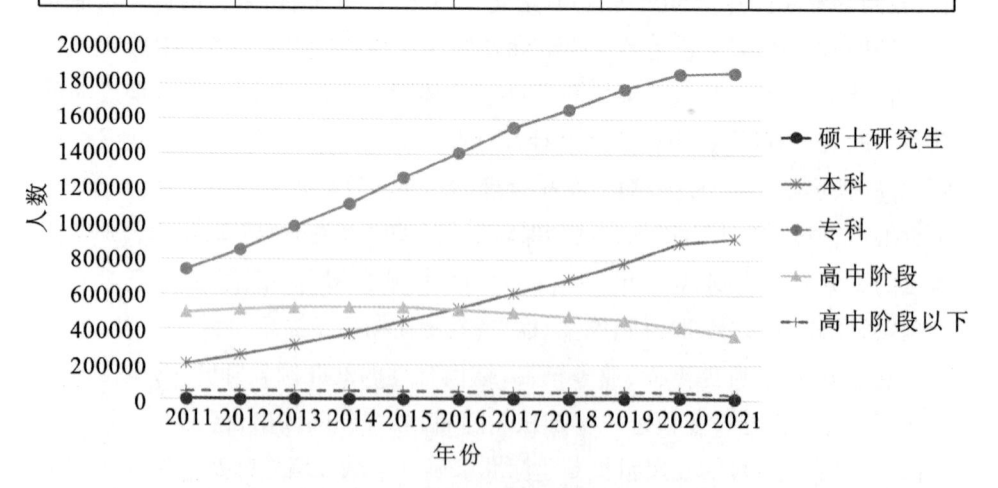

图1-1 2011—2021年幼儿园专任教师学历结构变化图

---

① 教育部基础教育司.砥砺十年路 奋进新征程:党的十八大以来学前教育改革发展成就[EB/OL]. http://www.moe.gov.cn/fbh/live/2022/54405/sfcl/202204/t20220426_621796.html.

这一串闪耀的数字记录着过去十一年间我国幼儿园教师队伍建设取得的辉煌成就。与此同时,幼儿园教师队伍的整体质量依然不容乐观。在幼儿园教师个体专业发展层面,尽管幼儿园教师整体学历水平逐渐提高,但教师专业素养在不同年龄、教龄、城乡、地区及园所类型之间存在较大差异,且教师不同专业素养的发展情况在教师群体中的分布也不均衡。在幼儿园教师职业的专业化发展层面,幼儿园教师职业的低收入、低社会地位以及低竞争力仍是不容忽视的事实。回顾幼儿园教师从职业化到专业化的发展过程,存在着一个尚未打破的连锁反应:低收入—低素养—低地位—低竞争力,由此带来的累积效应也十分明显。在这一串连锁反应的终端,是幼儿教育发展的质量风险。幼儿园保育教育质量不可能超越其教师队伍的质量而发展,在学前教育变革走向深入的关键时期,幼儿园教师的专业发展是亟须审思的重要问题。

尽管幼儿园教师队伍建设已经成为新时期深化学前教育质量改革的关键环节,但关于幼儿园教师的相关研究依然处于相对薄弱的状态。回顾我国学前教育领域的发展脉络,教师相关的研究整体上呈现出起步晚、数量少和发展慢的特征。相关研究显示,在中国学前教育研究会"十五"和"十一五"期间的549个立项课题中,以"教师"为主题的研究只有74项,占所有立项课题的13.5%。[①] 从"七五"到"十一五"期间,"教师"选题在"十五"之后才开始出现,是新近才受到研究者关注的选题。值得注意的是,这一选题的数量从"十五"到"十一五"之间呈现出下降的趋势。[②] 与此同时,在关于幼儿园教师的选题中,研究者更重视从宏观视角探讨幼儿园教师队伍的专业化水平、管理制度及社会流动等问题,从微观层面对幼儿园教师认知、体验及行动的探讨仍相对薄弱。因此,进一步加强幼儿园教师研究的力度,拓展幼儿园教师研究的视野,是我国未来幼儿教育研究领域发展的必然趋势。

### (二)教师情绪劳动在幼儿园教育中扮演着重要角色

在幼儿园生活中,教师与幼儿一起度过三年的时光,建立起多种社会关系,并在多种形式的互动中实现传递社会文化与促进个体发展的教育目的。在这一过程中,教师与幼儿不可避免地体验到愉悦、自豪、感激、愤怒、失望、羞愧等

---

[①] 刘晶波,李娟.中国学前教育研究会立项课题的研究状况与分析[J].学前教育研究,2008(12):56-59.

[②] 刘晶波.我国学前教育研究20年发展状况分析[J].教育研究,2011(8):39-44.

多种情绪,而这些情绪体验又反作用于他们的思想与行为,不断影响着教师和幼儿的个人成长。作为幼儿生活中的"重要他人",教师在班级中的一言一行都对幼儿产生着不同程度的影响,教师的情绪更是幼儿园教育中不容忽视的要素。一方面,从教师情绪的功能与影响来看,国内外相关研究显示,教师的情绪状态及变化对师生关系、教学氛围、教学质量以及儿童的身心发展都具有深远影响。[①] 积极情绪对于教师自身和幼儿的发展具有诸多助益,消极情绪往往产生更多的负面效应,持续的情绪困扰则有可能对教师与幼儿的身心健康造成伤害。

另一方面,从幼儿园教师职业的性质来看,大量的情绪投入是幼儿园教师职业的基本特征,幼儿园教师职业是一项高情绪劳动的职业。在2012年教育部出台的《幼儿园教师专业标准(试行)》中,明确要求幼儿园教师"富有爱心、责任心、细心和耐心""乐观向上、热情开朗、有亲和力""善于自我调节情绪,保持平和心态"等。在日常工作中,幼儿园教师则随时需要热情迎接入园的幼儿,抚慰哭泣幼儿的情绪,以严肃的表情提醒调皮的幼儿或以自己的情绪调动和引导幼儿对各种活动的兴趣。此外,幼儿园教师的工作还涉及与领导、同事、家长的沟通与交流,这些活动同样需要教师大量的情绪情感参与。值得注意的是,虽然幼儿园教师的工作如此"劳心",幼儿园教师的情绪劳动却往往难以获得正确的理解和应有的尊重。在理性主义传统的影响下,情绪情感被置于理性的附属地位,教师的情绪或者被忽视轻视,或者被视为专业表现的干扰因素。在此影响下,不少公众认为幼儿园教师的角色只是"带孩子"的保姆,而为了提升幼儿园教师的专业形象,加强教师专业知识和专业技能成为近年来提高幼儿园教师"专业性"的主要路径。在部分地区,不少教师在各种研讨会、教研组、技能比赛间奔忙,甚至"忙"得没有时间和孩子说话,这无疑是对幼儿教育目标的另一种背离。实际上,大量的情绪参与和投入正是幼儿教育工作的独特之处,也是幼儿园教师职业的"专业性"和价值所在。关注幼儿园教师的情绪情感,揭示幼儿园教师情绪的价值与意义,能够为我们反思当前幼儿教育教学中的诸多问题提供新的视角。

---

① BROWN E L, VESELY C K, MAHATMYA D, et al. Emotions matter:the moderating role of emotional labour on preschool teacher and children interactions[J]. Early child development and care,2018(12):1773 – 1787.

### (三) 互动视角是考察教师情绪的重要切入点

情绪作为个体的生理心理现象,是心理学研究的传统领域。在心理学研究传统的影响下,人们一般注重从个体角度对情绪进行研究,倾向于把人看成一个孤立存在的个体,把情绪视为个体内在的心理过程,重视探讨情绪的构成、情绪各成分之间的关系以及个体情绪产生的内在机制,对情绪价值与意义的社会建构过程关注较少,对于情绪与社会情境之间关系的探讨也相对薄弱。情绪研究的个体视角在以往的研究中得到充分的表现,在国内已有关于教师情绪的研究中,研究者从这一角度对教师情绪调节与管理、教师情绪智力与情绪、教师情绪困扰与障碍进行了广泛的研究,这些研究对于丰富人们对教师情绪的理解产生了积极贡献。

近年来,随着情绪研究的日益深入,情绪研究的视角得到进一步拓展。其中,从互动角度对情绪进行研究日益得到重视。情绪作为个体与外部环境相互作用的产物之一,从根本上说是关系性的存在,"情感总是发生于有互动关系存在的情境里,情感就是关系,没有关系便无所谓情感"。① 在日常生活中,人际关系是个体情绪产生的重要基础,无论情绪所涉及的他人是抽象的或具体的,个体情绪总是紧密依附于自我与他人的交互作用。虽然从个体角度对教师情绪进行研究的成果十分丰富,但当前关于教师情绪在日常生活和人际互动场景中具有怎样的表现和作用知之甚少。从互动视角对教师情绪进行研究,有助于我们从整体上把握教师情绪在具体互动情境中发生和发展的实际过程,比较教师情绪在与不同对象互动时的表现,探讨教师情绪如何对互动双方产生影响。因此,笔者将研究主题聚焦在师幼互动、家园活动及同事互动过程中的教师情绪劳动,希望围绕着这一主题展开持续而深入的探究。

## 二、研究意义

### (一) 聚焦我国学前教育高质量发展的时代命题

2010年以来,学前教育事业的发展日益受到国家的高度重视。《国家中长期教育改革和发展规划纲要(2010—2020年)》提出了学前教育普及普惠发展的总体目标。经过三期学前教育行动计划的持续推进,我国学前教育的普及与

---

① 郭景萍.情感社会学[M].上海:上海三联书店,2008:101.

普惠发展取得了显著成就。2022年,教育部印发《幼儿园保育教育质量评估指南》,强调以深化教育改革推进幼儿园保育教育质量提升。学前教育高质量发展离不开强有力的师资队伍建设,加强对幼儿园教师劳动性质与质量的研究具有重要的现实意义。在教育改革的宏观进程中,幼儿园教师的情绪劳动不仅影响着改革措施落实的深度与速度,更与师幼双方的在园生命体验与质量息息相关,与幼儿教育的整体质量提升关系密切。因此,从微观层面考察人际互动中的教师情绪劳动,基于教师在园生活的日常,探析当前幼儿园教师的工作状态、逻辑与影响因素,反思当前幼儿教育管理理念、制度以及具体措施,有助于对提升幼儿教育质量提出富有针对性和可行性的建议。

(二)拓展幼儿园教师专业发展研究的视角

得益于20世纪中后期认知心理学研究的快速发展,目前教师专业发展研究主要集中在对教师知识、技能、信念与决策方面,具有较为明显的认知取向。在认知取向的理论框架下,教师专业发展强调知识和技能的提升,忽略了专业实践过程中影响教师决策与执行的诸多复杂因素,尤其是对教师终身可持续发展发挥动力机制作用的情绪情感因素。这一导向难以有效回应来自实践领域的挑战,也显示出理论创新上的局促:为何许多幼儿园教师承认培训的必要性却仍将其视为负担?为何部分幼儿园教师漠视甚至抵制教育改革措施?为何幼儿园教师队伍的流动率居高不下?无论从微观层面探寻教师专业发展的内在机制,还是从宏观层面探讨幼儿园教师队伍的稳定性和质量提升问题,情绪情感都是我们理解幼儿园教师专业实践不可忽视的维度。本研究从情绪劳动这一理论视角出发,考察情绪与幼儿园教师专业实践及专业发展的关系,对于拓展当前教师专业发展的理论视角,检验和补充已有研究观点具有一定的积极意义。

(三)探寻构建师幼之幸福乐园的可能路径

师幼互动是教师在工作情境中最为核心的人际互动,也是家园互动与同事互动最终服务的对象。教师与幼儿之间的情绪互动是一个动态、持续且相互作用的过程,渗透在一日生活的各个环节之中。教师与幼儿在互动过程中的情绪体验直接影响着他们的态度与行为,而师幼任意一方的情绪表达又对另一方产生不同程度及不同性质的影响。如果教师与幼儿在教育教学过程中经常体验到情绪情感上的困扰,将会对各自的身心健康与发展造成消极的影响。快乐的幼儿离不开快乐的教师,幼儿园的一日生活是师幼生命体验的交融,"幼儿园"应当也能够成为儿童和幼儿园教师的共同"乐园"。因此,本研究对师幼间的情绪互动进行深入细致的考察,探讨幼儿教育专业实践中情感要素的价值,有助于反思园所管理理念、制度以及具体措施,探讨改善班级工作环境的路径与策略。同时,对于保障和促进师幼双方的身心健康具有重要意义。

## 第二节 核心概念界定

### 一、情绪

#### (一)情绪概念的界定

情绪(emotion)是人们生活中一种常见的心理现象和社会现象。20 世纪 70 年代以来,情绪研究逐渐成为一个富有活力的研究领域。在新西兰学者斯托曼在 2003 年出版的《情绪心理学:从日常生活到理论》一书中,来自心理学、哲学、社会学等领域的情绪理论达到 150 余种,而持不同理论取向的研究者对情绪的界定更是难以尽数。[1] 例如,功能主义学者坎普斯将情绪定义为"个体与环境意义事件之间关系的心理现象"[2],认知主义学者拉扎普斯则将情绪界定为"来自正在进行着的环境中好的或不好的信息的生理心理反应的组织,它依赖于短时的或持续的评价"。[3] 此外,注重情绪生理研究的学者扬则将情绪界定为"起源于心理状态的感情过程的激烈扰乱,它同时显示出平滑肌、腺体和总体行为的身体变化"。[4] 可以发现,上述研究者或强调个体情绪产生的情境因素,或强调情绪的认知过程,或强调情绪产生的生理表征,其定义方式与内容都具有较大的差异性。在本研究中,研究者对情绪的理解主要采取功能主义的立场,将情绪定义为:个体在与对自身有意义的事件相互作用的过程中产生的相对短暂的生理心理方面的综合反应。

---

[1] 斯托曼.情绪心理学:从日常生活到理论[M].5 版.王力,译.北京:中国轻工业出版社,2006:Ⅲ.

[2] CAMPOS J J. A new perspective on emotions[J]. Child abuse & neglect,1984,8(2):147-156.

[3] LAZARUS R S. Progress on a cognitive-motivational-relational theory of emotion[J]. American psychologist,1991,46(8):819.

[4] YOUNG P T. Emotion as disorganized response:a reply to professor leeper[J]. Psychological review,1949,56(4):184-191.

功能主义情绪理论起源于达尔文的适应原则,反对早期哲学和心理学理论把情绪视为"低级的、混杂的、凌乱的、远离人的理性"并对行为产生扰乱和破坏的观点,认为情绪在人类的进化和适应过程中发挥着重要作用,并服务于个体在社会生活中的生存和适应。坎普斯把情绪看作人与外界事件关系的维持和破坏过程,奥特勒则认为"情绪经常是在有关重要事件作用下,有意识或无意识地被引起;情绪的核心是对计划采取某种迅速行动的准备状态;情绪是对某种动作提供紧迫感的先在状态,从而干扰或完成选择性思维过程或行动。"[1]虽然不同的功能主义学者对情绪的看法存在一定差异,总体上来说,功能主义理论对情绪的解释主要包括以下三个方面:

第一,强调从情绪的起因来理解情绪,认为情绪是个体适应特定环境或情境需求的产物。在早期的情绪研究中,人们主要探讨情绪"是什么"的问题,侧重于对情绪的结构和环节的研究,例如情绪的生理反应、情绪的认知过程以及行为或行动趋向等。这些研究虽然揭示了情绪现象中的某个层面,却很少涉及情绪本身的作用,或者仅仅把情绪看作是认知或生理过程的伴生物。[2] 功能主义情绪理论对情绪研究着眼于"为什么"的问题,这个"为什么"不是指特定的人在特定情境下为什么出现特定的情绪,而是从种族发生的角度探讨人类为什么有特定的情绪,这些情绪为什么有多样化的结构等。在这个问题上,进化理论学者和社会建构理论学者给出了不同层面的解释,前者强调情绪产生于人类进化过程中的自然选择过程,后者强调情绪产生于社会文化和社会结构的建构过程,不过,二者的相同之处在于都认为情绪产生于人类与环境或情境的相互作用过程,是个体适应特定环境或情境需求的产物。这一观点强调从整体性和关系性的视角来看待情绪,不把情绪看作完全内在的心理体验,或者拘泥于情绪的具体成分或情绪活动的某个环节。

第二,强调情绪的现实功能或作用,认为情绪是对生存和适应过程中具体问题的解决或应对策略。功能主义情绪理论认为,情绪是一种关系性的存在,产生于个体与环境之间的相互作用,因而在个体的生存和发展中具有特定的功能和作用,例如形成依恋或依赖、维持合作性的联系、避免威胁等。因此,功能主义学者强调情绪与个体的目标具有多种形式的联系,"情绪在个体与环境或

---

[1] 孟昭兰.情绪心理学[M].北京:北京大学出版社,2005:33.
[2] 乔建中.情绪研究:理论与方法[M].南京:南京师范大学出版社,2003:97.

他人的互动中服务于发起、维持、修正或终止互动关系的功能性目标"①,是个体对身体和社会生存过程中所遇问题的具体的、高效的回应。这种观点强调情绪具有产生和发展的过程,它由来自环境的刺激因素激发,经过个体的认知评估过程,继而产生对诱发因素的适应性回应。

第三,强调情绪是一个多因素协调的整体系统,情绪是有机体的生理、认知、行为等方面的协作反应。这一观点可以从两个层面进行理解,首先,情绪是一个整体的过程。情绪作为一种十分复杂的生理－心理过程,包含着主观体验(大脑的感受状态)、生理激起(有机体神经系统某些部位的激活以及呼吸系统、循环系统、消化系统等方面的变化)和外显行为(情绪的面部表情、身体姿势、动作)等多种成分,情绪是以上多种因素在应对生存和适应问题时协调作用的过程。同时,情绪的子系统有可能具有不同的功能,例如,言语和非言语的情绪行为具有人际交流的功能,情绪的感知和体验具有信息加工和判断决策的功能,中枢神经系统的激活能够协调情绪的不同成分等。其次,情绪是一个动态的过程。情绪是个体与环境相互作用过程中的动态反应系统。情绪能够参与到个体对环境变化信息的接收和反馈过程中,也有可能参与到个体协调不同的子系统来回应环境变化的控制过程中。

## (二)情绪的类型

情绪作为一种复杂的生理－心理过程,其命名、表达和解释具有一定的文化差异。心理学家研究发现,虽然情绪现象十分复杂,但有些情绪具有跨文化的普遍性,这些情绪通常称为"基本情绪"(primary emotions),基本情绪是其他情绪的核心或基础。关于基本情绪的类别,研究者通常认为高兴、恐惧、愤怒和悲伤是人类普遍的情绪。艾克曼等基于人类面部表情的跨文化研究认为,高兴、恐惧、愤怒、悲伤、惊奇和厌恶这些基本情绪具有跨文化的、一致的、独特的面部表情。② 特纳把基本情感分为高中低三种强度状态,根据基本情感的变化提出了区分基本情感的四种维度和三种强度水平。③ (表1-2)因为这些情绪

---

① KELTNER D. Functional accounts of emotions[J]. Cognition and emotion, 1999, 13(5), 467-480.

② EKMAN P. Cross - cultural studies of facial expression[M]//EKMAN P. Darwin and facial expression: a century of research in review. New York: Academic Press, 1973: 169-170.

③ 特纳. 人类情感: 社会学的理论[M]. 北京: 东方出版社, 2009: 6.

是基本的,人类对这些情绪的表达比较敏感,因此,许多研究表明,基本情绪可以很容易地通过面部表情识别。此外,还有一些其他的资源可以作为表达和解释基本情绪的线索,例如身体姿势、声音等。

表1-2 基本情绪的变化形式

| 类型 | 低强度 | 中等强度 | 高强度 |
| --- | --- | --- | --- |
| 满意-高兴 | 满意,满怀希望,平静,感激 | 雀跃,轻快,友好,和蔼可亲,享受 | 快乐,幸福,狂喜,喜悦,欢快,得意,欣喜,高兴 |
| 厌恶-恐惧 | 利害,犹豫,勉强,羞愧 | 疑惧,颤抖,焦虑,神圣,惊恐,失去勇气,恐慌 | 恐怖,惊骇,高度恐惧 |
| 强硬-愤怒 | 苦恼,激动,动怒,恼火,不安,烦恼,怨恨,不满 | 冒犯,挫败,气急败坏,敌意,愤怒,憎恶,仇恨,生气 | 嫌恶,讨厌,厌恶,愤恨,轻视,憎恨,火冒三丈,愤怒,狂怒,义愤填膺 |
| 失望-悲伤 | 气馁,伤悲,感伤 | 沮丧,悲伤,伤心,阴郁,宿命感,忧伤 | 悲痛,悲怜,悲苦,痛苦,悲哀,苦闷,闷闷不乐,垂头丧气 |

(三)相关概念的辨析

在关于情绪的研究中,存在着一些意义相近的用语,常见的词汇包括"情绪"(emotion)、"情感"(affect)、"心情"(mood)、"个性"(personality)等。在许多研究中,这些用语常常交替使用,因为"无论情绪、情感或感情,指的是同一过程和同一现象;在不同场合使用情绪或情感术语时,指的是同一过程、同一现象所侧重的不同方面。"[1]同时,也有不少研究者对它们的区别做出了论述。例如,我国学者乔建中认为,情绪是与人的需要相联系的、具有特定主观体验、外显表情和生理变化的心理活动的整体过程;而情感则是这一过程中的主观感受或主观体验。换句话说,情绪包容着情感,情感是情绪的一个成分或方面,即情绪感受或情绪体验。[2]罗素和弗里德曼认为,情绪是对特定对象产生的复杂的相互关联的反应片段,情绪和心情中可以意识到的非反思性的神经生理状态可称为

---

[1] 孟昭兰.情绪心理学[M].北京:北京大学出版社,2005:7.
[2] 乔建中.情绪研究:理论与方法[M].南京:南京师范大学出版社,2003:10.

"核心情感"(core affects)①,这种看法也倾向于将情感纳入情绪的范畴之内。相反,巴格奇等则认为,"情感"是一个更加综合性的概念,它像是一把伞涵盖着情绪与心情相关的心理状态与过程,指的是一组概念,而不是具体的某种情绪状态或情绪过程。② 关于"情绪"与"心情",一般研究者认为二者之间存在三个主要区别。首先,"心情"持续的时间较长,可能持续数小时甚至数天,而"情绪"激活和持续的时间则相对短暂。其次,"心情"的激活程度相对较低,外显行为特征不明显,而"情绪"的激活程度较高,外显行为更加明显。最后,"心情"没有特定的对象,往往表现为无意识和弥散的状态,而"情绪"表现有特定的对象、可具体感知且有十分明显的原因。③ (图1-2与图1-3④)

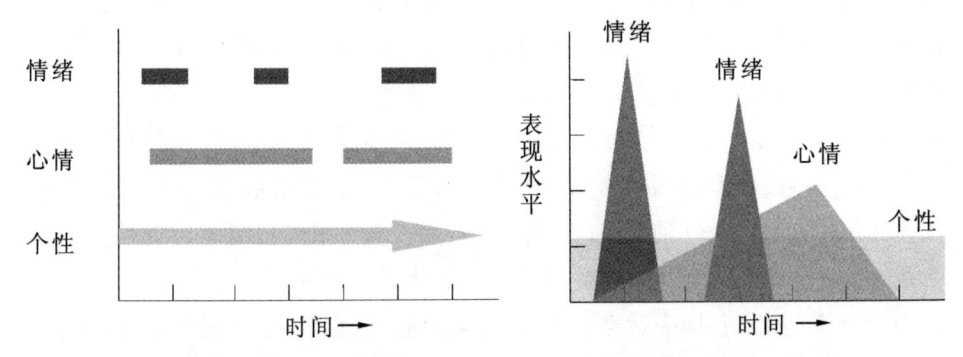

图1-2 情绪、心情与个性的持续时长　　图1-3 情绪、心情与个性的表现水平

综合以上研究的观点,本研究中所探讨的"情绪"是指那些持续时间短暂、具有特定对象、具有较明显的原因、激活程度较高,且往往伴随着体态、动作以及面部表情表现的生理-心理过程。

---

① RUSSELL J A, FELDMAN B L. Core affect, prototypical emotional episodes, and other things called emotion:dissecting the elephant[J]. Journal of personality and social psychology,76, 805-819.

② BAGOZZI R P,GOPINATH M,NYER P U. The role of emotions in marketing[J]. Journal of the academy of marketing science,1999,27(2):184-206.

③ LEWIS M,HAVILAND J M. Handbook of emotions[M]. New York:The Guilford Press, 1993:381-403.

④ WILSON I. The artificial emotion engine, driving emotional behavior[C]. AAAI Spring Symposium on Artificial Intelligence and Interactive Entertainment,2000:20-22.

## 二、情绪表达

在心理学研究中,"情绪表达"的界定包括以下几种观点:格罗斯和约翰认为情绪表达是"与情绪体验相联系的典型的行为变化"[①],具体包括个体面部表情、声音、姿势、手势以及身体动作等方面的明显改变。例如,人们在悲伤时哭泣、高兴时欢笑、生气时皱眉或冲出房间。摩尔和沃森将情绪表达界定为"传达或象征情绪体验的可见的言语或非言语的行为"[②],这种观点同样强调情绪表达具有可观察的行为反应,并与个体内在的情绪体验密切联系。国内学者孟昭兰对情绪表达的定义更加注重其社交意义与功能,认为情绪表达是个体表达采用动作表情(手势、身体姿势)和面部表情来表明社会地位,转移冲突,抑或企图得到支持的一种反应。[③] 综合以上各种观点,本研究将"情绪表达"定义为:个体通过言语和非言语行为向互动对象展现内心情绪体验的过程。

值得注意的是,虽然情绪表达是个体内在情绪体验的外部呈现,但情绪的外显表现与内在体验之间并非完全一致。从日常生活的经验中可以发现,由于社会文化的影响以及互动情境的复杂性,人们表现出来的情绪不一定是实际体验到的情绪。格罗斯和约翰曾提出了个体情绪表达性的五维结构,包括表达自信心、正面表达性、负面表达性、冲动程度以及掩饰。[④] 其中,"掩饰"(masking),实际上表明个体向他人隐藏和伪装自己情绪的意图是一种普遍现象,对于生活在社会关系中的个体来说,"掩饰"已然是一种稳定的人格特质的表现。埃克曼等对这一现象也进行了较为细致的探讨,他认为个体在社会化的过程中会逐渐习得特定社会情境下表现社会期望情绪的一套"情绪表达规则",这些规则调节外部情绪表现的方式包括:弱化真实情绪的表现;夸大情绪表现;表现看似自然或中性的表情;表现完全不同于真实情绪的表情。[⑤] 在日常生活中,情绪表达规

---

① GROSS J J, JOHN O P. Revealing feelings: facets of emotional expressivity in self-reports, peer ratings, and behavior[J]. Journal of personality and social psychology, 1997(72):435-448.

② KENNEDY-MOORE E, WATSON J C. Expressing emotion: myths, realities, and therapeutic strategies[M]. New York: Guilford Press, 2001:4.

③ 孟昭兰. 情绪心理学[M]. 北京:北京大学出版社, 2005:217.

④ GROSS J J, JOHN O P. Mapping the domain of expressivity: multimethod evidence for a hierarchical model[J]. Journal of personality and social psychology, 1998, 74(1):170.

⑤ EKMAN P, FRESEN W V, ELLSWORTH P. Emotion in the human face: guidelines for research and an integration of findings[M]. Elsevier, 2013:23.

则是特定社会文化背景下约定俗成的存在,对于个体而言,是一种外在的社会性规则,它规定了人们在什么情境下对什么人应该表现出什么样的情绪。已有研究显示,人们从幼儿时期就逐渐感知、理解和运用一定的情绪表达规则。

基于对相关概念的考察,笔者认为"情绪表达"概念具有三个方面的内涵:

第一,情绪表达是个体通过外显行为表现情绪体验的一个动态过程。从内在的发生机制上来讲,情绪表达包括个体对刺激事件的认知评估,并通过言语和非言语行为表现出来的整体过程。

第二,情绪表达与个体内在的情绪体验有着密切关系。从普遍的意义上来讲,情绪表达是个体内在情绪体验的外显表现。需要注意的是,情绪的内在体验与外显表现在时间上并不存在先后关系,而是拉扎勒斯称之为"反应综合征"的整体性过程。[①] 因此,从根本上来讲,不存在完全没有外显表现的内在体验,也不存在完全与内在体验无关的外显表现。

第三,情绪表达与个体内在情绪体验并不完全一致。情绪表达是个体内在情绪体验的外显表现,但这种表现是经过了社会文化和个人经验"改造"过的表现。从格罗斯和埃克曼等的研究中可以发现,个体从幼年就已经开始了情绪社会化的历程,对于成年人来说,情绪的"伪装"表达已经成为不为自己察觉的人格特质。从这个角度上来讲,个体的情绪表达是否"真实"是一个相对概念。作为社会人的个体,其日常生活中所有的情绪表达都受到特定情绪表达规则的影响,而个体怎样表达自身的情绪恰恰是其所在文化中的情绪表达规则的反映。

### 三、情绪规则

情绪在人类的交流活动中扮演着重要的角色,人们往往通过一些非言语的方式(如表情、姿态等)来传达一定的讯息与意义。但是,人们表现出的情绪不一定就是实际体验到的情绪,同样,人们体验到的情绪也不总会是他所表现出来的情绪。1969年,艾克曼和弗里森用"情绪表达规则"来解释这一现象,由此最早提出了情绪表达规则的概念。之后的研究者从不同角度和领域对情绪表达规则展开研究,其中就包括工作情境中的情绪规则。

---

[①] 斯托曼.情绪心理学:从日常生活到理论[M].5版.王力,译.北京:中国轻工业出版社,2006:80.

在组织行为学中,情绪规则被界定为"组织用来管理情绪表达的正式或非正式的规范"。[1] 霍克希尔德曾提出情绪规则的两个重要概念:一是感受规则(feeling norms),指在具体情境中,情绪感受的范畴、强度、持久性,以及实施对象等方面的合适性,比如在婚礼上应该感到高兴;二是表达规则(expression rules),指在给定情境中表现出来的可以观察到的情绪的合适性,比如收到礼物应该表示感谢。她按照表现场所把情绪分为两类:个人生活中内心体验到的情绪和公共场合表现出来的可以观察到的情绪,并且指出它们都受到社会规则的制约。可以发现,这种定义强调情绪规则的集体特性和管理功能,认为情绪规则是从业者普遍遵守的规范。这种界定方式更加强调组织对个人情绪表达和体验的约束性,没有涉及个体如何理解和运用情绪规则。

从心理学角度来看,情绪规则是指个体在社会化过程中习得的,指导特定社会情境下表现社会期望情绪的一套规则。艾克曼将情绪表达规则调节外部情绪表现的方式概括为四种,分别是减弱真实情感的表现、夸大情绪表现、表现看似自然或中性的表情、表现完全不同于真实情绪的表情。[2] 这一观点强调了个体情绪规则的社会建构属性,为讨论个体如何理解和实践情绪规则留下了较大讨论空间。个体习得情绪规则的过程是能动而非被动的,因此,个体理解、认同乃至实际遵循的情绪规则之间并非总是一致。从个体角度来看,即便从业者面对相似的组织氛围和工作制度,其对情绪规则的理解也往往存在差异。尤其是当情绪规则以非正式规范的形式存在时,组织成员对情绪规则的理解和运用差异会更大。

结合上述观点,本研究认为"情绪规则"是一个多层次和多维度的概念。从概念的内涵边界来看,情绪规则包含着从组织规定到个人理解的多个层次。在表现形式上,情绪规则可以是明文规定的正式制度,也包括隐含的非正式规范。在内容上,情绪规则既包括对允许行为的描述,也包括对禁止行为的描述。

---

[1] CROPANZANO R, WEISS H M, ELIAS S M. The impact of display rules and emotional labor on psychological well-being at work[M]// PERREWE P L, GANSTER D C. Research in occupational stress and well-being. Amsterdam: Elsevier, 2004: 46.

[2] EKMAN P. Telling lies: clues to deceit in the marketplace, politics, and marriage (revised edition)[M]. WW Norton & Company, 2009: 32-42.

## 四、情绪劳动

"情绪劳动"(emotion labor)是 20 世纪后期组织行为学研究领域产生的一个概念,这一概念最早由霍克希尔德提出。1979 年,她将情绪劳动界定为个人"试图去改变情绪或感觉的程度或品质所采取的行动",指出情绪劳动是一种"心力的付出",而非"最后的结果"。[①] 1983 年,她进一步将情绪劳动界定为"个人致力于情感的管理,以便在公众面前创造一个大家可以看到的面部表情或身体动作"。情绪劳动能够被用来获得一定的报酬,因此具有使用价值。[②]

莫里斯和弗里德曼在对不同行业员工进行调查的基础上分析了情绪劳动的条件,将情绪劳动限定在人际交往的过程中。他们认为,情绪劳动是指人际交往中为了表达出组织所期望的情绪,员工必须进行的努力、计划和控制等活动。[③] 台湾学者吴宗佑对西方情绪劳动研究历程进行了梳理,在分析了十余种情绪劳动的概念后,认为情绪劳动的核心精神与本质是对情绪调节所付出的心力,情绪劳动的目的是工作考量,而情绪劳动发生的背景则是工作中的人际互动。在此基础上,他将情绪劳动界定为"个人在工作中与人互动时,基于工作考量,对情绪调节所付出的心力"。[④] 2002 年,布拉德里奇和格兰迪将情绪劳动分为两类,一类是工作焦点的情绪劳动(job-focused emotional labor),包括工作情境中人际互动的要求(频率、持续时间、强度、多样性等)与情绪控制(表达正向情绪与隐藏负向情绪)。另一类是员工焦点的情绪劳动(employee-focused emotional labor),主要包含表层行为和深层行为的情绪劳动策略。[⑤]

早期的情绪劳动研究主要来自于对私营部门员工的研究,例如空乘人员、酒店前台服务员、银行柜台职员等,由此产生的情绪劳动定义更加强调情绪劳

---

① HOCHSCHILD A R. The managed heart[J]. Political science quarterly,1983,561(4):8–26.

② HOCHSCHILD A R. The managed heart:commercialization of human feeling[M]. Berkeley,CA:University of California Press,1983:7.

③ MORRIS J A,FELDMAN D C. The dimensions,antecedents,and consequences of emotional labor[J]. Academy of management review 1996,21(4):986–1010.

④ 吴宗佑.工作中的情绪劳动:概念发展,相关变项分析,心理历程议题探讨[D].台北:台湾大学心理学研究所,2003.

⑤ BROTHERIDGE C M,GRANDEY A A. Emotional labor and burnout:comparing two perspectives of "people work"[J]. Journal of vocational behavior,2002,60(1):17–39.

动的目标是表达出社会期待的情绪。随着情绪概念引入公共服务领域,盖伊等学者基于公共服务过程中的劳动特点,提出"情绪劳动是一种工作,这种工作的完成需要投入、抑制或唤起员工的情绪。情绪工作的目的是影响他人的行动,其实施需要一系列个人和人际技能,例如唤醒和展示个体未感受到的情绪、感受他人的情感并相应改变他人的情感,展示出他人期望的情绪反应等"。[1] 综合来看,虽然学者们对于"情绪劳动"概念的表述具有一定的差异,但大都认为情绪劳动的内涵应包含以下三个方面:(1)情绪劳动发生在人际互动情境中;(2)个体通过情绪的表达以影响他人的情绪、态度和行为;(3)情绪的表现需要遵循一定的规则。

在本研究中,笔者将幼儿园教师的情绪劳动界定为幼儿园教师在课堂和学校环境中与学生、同事及家长进行人际交往时,为完成工作任务,对情绪进行调节并做出特定情绪表现的过程。在幼儿园保教实践中,优秀的教师善于"根据组织定义的规则和指导方针"调节自己的感受和情绪,这些规则和指导方针往往被称为感觉规则(feeling rules)[2]、显示规则(display rules)[3]或情感规则(emotional rules)[4],隐含地反映在一系列关于教师该如何体验和表达情绪的规范性信念中。具体来说,论文中的情绪劳动概念建立在以下基本观点的基础上:

其一,情绪劳动产生于人际互动过程中。幼儿园教师的人际交往对象十分多样,包含领导、同事、家长以及幼儿等。可以说,处在幼儿园教师这样一个职业角色中,工作场合中的任何一种人际交往都需要个体进行情绪劳动。因此,上述人际互动是捕捉教师情绪劳动实质的最佳窗口,本研究主要考察师幼互动、同事互动及家园互动中的教师情绪劳动。

其二,情绪劳动与工作任务密切联系。尽管个体在生活中的情绪体验与表达受到来自家庭、社会生活等多方面因素的影响,但情绪劳动主要聚焦与工作

---

[1] 盖伊,纽曼,马斯特雷希.公共服务中的情绪劳动[M].周文霞,孙霄雪,陈文静,译.北京:中国人民大学出版社,2014:75.

[2] HOCHSCHILD A R. The managed heart:commercialization of human feeling [M]. Berkeley, C A: University of California Press, 1983:56

[3] ASHFORTH B E, HUMPHREY R H. Emotional labor in service roles: the influence of identity[J]. Academy of management review, 1993, 18(1):88-115.

[4] ZEMBLAS M. "Structures of feeling" in curriculum and teaching: theorizing the emotional rules[J]. Educational theory, 2005, 52(2):187-208.

情景和组织要求紧密联系的情绪体验与表达。情绪劳动的目的往往是服务于工作需求,鉴于不同职业及同一职业具有效率、公平、民主、奉献等多种价值追求,情绪劳动的目的也往往具有多维性,并由此导向不同的情绪劳动策略。

其三,本研究所考察的情绪劳动包括幼儿园教师外显的情绪行为和内在的心理过程。教师的外显情绪表现对互动对象具有直接影响,而教师对自身情绪体验进行调节与管理的内在过程是情绪劳动的核心,因此,从外显行为与内在过程两个方面进行考察有助于整体把握幼儿园教师情绪劳动的本质。

## 第三节 研究设计

### 一、研究目标

本研究的目标是立足于我国幼儿园教育教学的实践场景,了解幼儿园教师情绪劳动的基本状况,描述不同人际互动场景中幼儿园教师的情绪体验、感知与行动,分析幼儿园教师情绪劳动的特征、性质与困境,探讨个体、情境及组织因素如何对幼儿园教师的情绪劳动产生影响,在此基础上探索未来支持幼儿园教师情绪劳动的可能路径与策略。

### 二、研究内容

为了实现上述研究目的,本研究着重探讨三个研究问题。一是幼儿园教师的情绪劳动具有哪些特征,为什么幼儿园教师需要在专业实践中需要付出较多的情绪劳动,如何理解幼儿园教师情绪劳动的价值?二是幼儿园中存在着怎样的情绪规则,这些情绪规则由谁决定,这些情绪规则在不同工作场景的人际互动中是否一致?三是幼儿园教师如何应对情绪规则,幼儿园教师在不同人际互动中的情绪劳动策略是怎样的?从上述研究问题出发,本研究的具体研究内容如下:

(一)师幼互动中的教师情绪劳动

本研究首先关注的研究内容是师幼互动中的教师情绪劳动。一方面,通过深入幼儿园教育教学现场,聚焦师幼互动情景中幼儿园教师情绪表达的频率、内容、产生及变化过程,呈现幼儿园教师情绪劳动的表现。另一方面,通过访谈研究探索师幼互动情景中幼儿园教师情绪劳动的心理过程,分析教师对自身专业实践中情绪劳动规则的洞察、理解与应对,分析影响幼儿园教师情绪劳动的组织与情境因素。

(二)家园互动中的教师情绪劳动

家园互动是幼儿园教师专业实践的重要组成部分,研究的第二部分聚焦幼儿园教师在家园互动中的情绪劳动。这部分着重考察家园关系变迁视角下幼儿园教师情绪劳动的现状与挑战,了解幼儿园教师在与家长互动中的多样化情绪体验,探讨幼儿园教师对幼儿园中关于家园互动规则的理解与感受,以及她们采取怎样的情绪劳动策略应对家园工作的复杂性。

(三)同事互动中的教师情绪劳动

幼儿园教师的专业实践具有合作性特征,群体性情绪劳动的考察有助于理解幼儿园教师专业实践的独特意义。这部分重点考察幼儿园教师专业实践的合作性特征及其对幼儿园教师情绪劳动的挑战,了解幼儿园教师在与同事互动中的情绪体验,分析幼儿园教师对相关情绪规则的理解与应对策略,探讨幼儿园组织因素如何对幼儿园教师情绪劳动产生影响。

## 三、研究方法与过程

(一)研究范式

情绪作为一种复杂的生理-心理现象,吸引着不同学科的研究者对其进行多方位多角度的考察,也催生了多样化的研究范式和研究方法。在本研究中,笔者拟采用质性研究方法对师幼互动中的教师情绪劳动进行深入考察。质性研究方法是"以研究者本人作为研究工具,在自然情境下采用多种资料收集方法对社会现象进行整体性探究,使用归纳法分析资料和形成理论,通过与研究对象互动对其行为和意义建构获得解释性理解的一种活动。"[①]质的研究方法既重视对人的思想世界的探询,又注重对人的行为的解释性理解。"研究者的任务是应用与研究对象的对话和观察等方式,在尽可能自然的情境下,了解人们的想法和做法,用一种开放的研究态度,了解实际发生的事件,用研究对象自己的概念、语言和习俗,支持探寻和体验他们所诠释的思想、情感和行动的架构,

---

[①] 陈向明.质的研究方法和社会科学研究[M].北京:教育科学出版社,2000:12.

是一个了解人们如何解释其经验世界的过程。"①之所以选择质性研究方法,主要基于以下几个方面的考虑:

第一,质性研究方法有助于拓展情绪劳动概念的内涵,深化关于幼儿园教师情绪劳动的认识。教师在师幼互动中的情绪劳动发生在幼儿园这一特定的社会情境中,与人们在日常生活中的情绪表现既存在相似性,又具有较大差异性。因此,深入幼儿园一日活动的现场,保持研究情景的真实性和自然性,将问题置于与各种因素有机联系的真实情境中,有助于展现幼儿园教师情绪劳动的独特性与复杂性。在具体的教育情境中,各种人格、心理健康、职业倦怠及工作满意度量表能够呈现教师情绪劳动的某些特征,但却无法呈现教师个体与文化、情绪与行动之间错综复杂的关系,难以阐释教师情绪劳动对于其专业实践的丰富意义。因此,深入理解幼儿园教师在工作情景中的情绪劳动,仅仅依赖量化研究是不够的。质性研究强调通过研究过程参与者之间的相互作用建构关于研究对象的解释性理解,这一研究取向对于理解情绪劳动现象中的动态性和复杂性具有重要的意义。

第二,质性研究有助于"深描"师幼互动过程,透视教师情绪劳动对其自身及互动对象的影响。质性研究适合在微观层面对事物进行细致、动态的描述与分析②,重视保持研究视野的整体性和相关性,这与本研究尝试考察师幼互动中教师情绪产生和发展的具体情境与过程、探讨情绪在幼儿教育中扮演的角色等研究问题十分契合。情绪劳动本身是一个过程性的存在。在师幼互动中,教师情绪从激活到消退在时间上具有延续性,在关系上涉及教师与幼儿之间的相互作用,质性研究在描述和揭示微观层面的个体行为及相互作用上具有独特的优势。此外,发挥质性研究语言描述的强大功能,将使本研究所探讨的复杂现象和力图阐明的观点更为清晰,有助于最大程度地呈现幼儿园教师情绪劳动的文化特征和个性特征。

第三,质性研究有助于反思幼儿园一日生活的制度安排,服务于学前教育改革的政策革新。本研究的一个重要目标是通过对幼儿园教师情绪劳动的微观考察,对我国幼儿教育改革背景下的幼儿园教师队伍建设相关政策制度进行

---

① 刘晓瑜.教育研究方法的新取向:质的教育研究方法[J].教育理论与实践,1998(5):18-20.

② 王彩凤,庄建东.学前教育研究方法[M].北京:北京师范大学出版社,2011:185.

评价与反思,从"情绪劳动"这一独特视角出发寻求提升幼儿教育质量的方向与策略。教育政策研究属于较为宏观的研究范畴,以往研究往往倚重量化研究所提供的大规模数据提供决策信息。实际上,政策设计到落实的过程并不遵循从理念到实践的线性逻辑,而是充斥着不同利益群体、价值取向以及文化传统等因素的复杂相互作用。尤其是在国家经济和社会发展制度的整体转型背景下,教育领域政策目标的提出与实现更是充满了挑战和不确定性。质性研究主张在自然情境中对事物的真实样态进行考察,注重研究者与研究对象之间的相互作用,有助于对政策落实过程中的种种变化与意义保持敏感,为政策诊断与改进提供更加丰富和深刻的资料。

(二)研究数据的收集

1. 观察法

在本研究中,笔者首先采用非参与观察法对师幼互动中的教师情绪劳动进行考察。在日常生活中,观察是人类获得对周围世界认识的最根本也是最直接的途径,观察不仅是人们通过感觉器官对事物进行直接感知的过程,也是大脑积极思考的过程。在质性研究中,观察法是来自人类学传统的资料搜集方法,也是民族志研究最常选用的方法。本研究之所以选择非参与式观察法,主要原因在于以下几个方面:第一,深入幼儿园一日活动的现场实地观察,在自然状态下对教师进行考察,有助于笔者对师幼互动中教师情绪劳动的具体表现和发展过程进行最直观的描述,获取生动朴素、真实可靠的一手资料。同时,非参与式观察有助于减少因笔者过度参与和介入对班级生态的影响,使观察数据的收集与描述更具客观性。第二,人们情绪的产生与发展转瞬即逝且具有情境性,实地观察有助于笔者捕捉影响教师情绪劳动的复杂因素和细节过程,这些信息难以通过问卷或访谈等调查方法获得。第三,在人际互动过程中,人们的情绪表现具有一定的自发性和无意识的特征,采用自我汇报的方法描述情绪表现和体验时往往存在较多的遗漏、添加、改编及修饰,因此,采用实地观察法对教师情绪劳动进行研究具有不可取代的必要性和优势,能够弥补自我汇报方法所搜集资料存在的局限。

同时,以观察法进行教师情绪劳动研究也具备一定的可行性。首先,情绪是一种多层次多维度的现象,以喜、怒、哀、乐、惧为代表的基本情绪具有明显可识别的外显表现。言语和非言语行为是个体情绪最重要的外显表现,也是他人捕捉和理解其所传达意义的重要标识,因此,情绪的可观察性是人际互动得以顺利开展的基础,也是情绪本身不可否认的基本属性。其次,在人际交往过程中,一方的情绪受到对方行为的直接影响,其情绪的产生与变化过程具有较为清晰的发展脉络,这样也使得研究者的描述与分析有迹可循。此外,国内外医学与营销领域中采用观察法对情绪劳动进行的研究较为丰富,这些研究为笔者运用观察法进行研究提供了可资借鉴的范例。

本研究中的观察资料来自对 N 市省级示范幼儿园 A 园的实地观察。A 园共有 14 个班级 28 名在班教师(不含保育员)。根据笔者希望接触"不同年龄、教龄和带班风格教师"的请求,A 园园长推荐了 3 名班主任教师及其所在班级的配班教师。3 名班主任教师是幼儿园骨干教师,平均教龄 16 年,是承担幼儿园教研工作和年轻教师专业发展帮扶工作的主要成员,配班教师则包含了不同专业发展阶段(教龄在 3~8 年)的年轻教师。园长认为这些教师"有的温柔细心,有的雷厉风行,都是非常有经验的老师",对于笔者理解教师与幼儿之间的情绪互动具有一定的代表性。研究者对这 3 个班级 6 名教师(笔者未将班级中的保育老师列入观察对象)与幼儿互动中的情绪表现进行了为期 12 周的观察。

经过一段时间的预观察,正式观察于工作日的上午开展,从晨间活动到中午午餐时间,持续时间为 3 个小时。由于观察期间所在班级出现全园集体出游、年级歌唱比赛、实习生带班等有别于班级常规教育活动的活动形式,笔者在每个班的观察单元并不连续,且 3 个班级的观察单元数量也并不均匀。其中,大班和小班各 3 个观察单元,中班为 6 个观察单元,12 个观察单元中笔者收集到 236 个教师具有明显情绪表现的师幼互动事件。观察涉及的活动时段包括:晨间活动(游戏与早操)、集体教学活动、角色游戏、户外活动、生活活动(早点与午餐)和过渡活动。笔者采用"事件取样"的方法记录具有明显情绪特征的师幼互动事件。在观察中,笔者对这些具有明显情绪特征的师幼互动事件产生的背景和过程进行了"白描式"的记录,包括教师的表情、动作、语言以及幼儿的回应等信息。

2. 访谈法

个体的主观体验是构成情绪的核心要素之一,本研究采用了一对一访谈及小组焦点访谈了解幼儿园教师在人际互动过程中真实的生活体验,挖掘教师对于自身情绪的个性化理解与阐释。以访谈法对幼儿园教师的情绪劳动进行考察,有助于增强对幼儿园教师生活体验的理解。观察研究有助于捕捉幼儿园教师情绪劳动的外显表现,而访谈研究有助于了解幼儿园教师在人际互动中的情绪体验及其对情绪事件的理解与反思。本研究中用于说明研究观点的访谈资料包括两个方面：

第一，实地观察期间的非正式访谈。在幼儿园开展实地观察期间，笔者围绕观察中发现的问题对包括所观察班级的6名教师及其他班级的10名教师进行了随机访谈。具体访谈问题包括：某个事件中教师为什么会生气/高兴？怎么看待事件中孩子的行为？怎么看待事件中教师的反应？哪些因素会影响教师的情绪状态？教师应如何表达自己的情绪？在访谈结束后，将观察记录和访谈录音进行整理编码，对二者进行反复研读比对后提炼出分析框架。最终，参与访谈的教师一共有16位，他们的年龄在22~45岁之间，教龄在3~25年之间。论文在呈现访谈信息时隐匿了这些教师的真实姓名，以 N-1 到 N-16 作为教师的代号。

第二，与幼儿园教师开展的个别访谈与焦点小组访谈。为了进一步收集幼儿园教师情绪劳动相关研究资料，笔者借助本单位公费师范生硕士返校进行课程学习、开题及答辩的契机，对本单位2017级、2018级及2019级公费师范生硕士开展了8次个别访谈与7次焦点小组访谈（表1-3）。选择公费师范生硕士作为访谈对象，主要是出于研究需要和条件的综合考虑。首先，情绪情感的话题具有较高的敏感性，很难在缺乏信任关系的情况下展开访谈。参与研究的公费师范生在本科阶段曾修习过笔者的课程，对笔者具有一定的信任度，且受访者相互之间也比较熟悉，因此容易进入对话状态。其次，参与访谈的研究生来自全国各地的不同幼儿园，有助于带来地域文化及管理制度等相关信息，深化对幼儿园教师情绪劳动话题的讨论。最后，参与访谈的研究生具有一定的专业基础和工作经验，其经验和能力基础有助于对情绪劳动话题展开反思性讨论，最大程度满足研究资料丰富性的需求。本书对访谈信息的编码为访谈时间+受访者代号，例如，20230524JH 代表的是来自2023年5月24日受访者 JH 的访谈实录。

表1-3 受访公费师范生信息一览表（32人）

| 访谈类型 | 访谈时间 | 访谈时长 | 受访者教龄 | 受访者代号（工作地）|
|---|---|---|---|---|
| 个别访谈 | 2022.12.4<br>2022.12.7 | 50分钟 | 7年 | MN（甘肃）|

续表

| 访谈类型 | 访谈时间 | 访谈时长 | 受访者教龄 | 受访者代号(工作地) |
|---|---|---|---|---|
| 个别访谈 | 2022.11.5<br>2022.11.13<br>2022.11.20<br>2022.11.26 | 200分钟 | 1年 | XX(陕西) |
| 个别访谈 | 2022.11.5<br>2022.11.12 | 90分钟 | 1年 | WT(陕西) |
| 小组访谈 | 2023.5.24 | 180分钟 | 7年 | JH(广西)<br>ZM(江西)<br>GM(广西)<br>XJ(云南)<br>XM(陕西) |
| 小组访谈 | 2023.6.1 | 200分钟 | 5年 | HM(陕西)<br>JM(安徽)<br>XH(甘肃)<br>HJ(浙江) |
| 小组访谈 | 2023.7.23 | 180分钟 | 2年 | XY(四川)<br>WY(甘肃)<br>ML(广西)<br>WC(陕西) |
| 小组访谈 | 2023.7.24 | 180分钟 | 2年 | WR(甘肃)<br>YB(甘肃)<br>LL(甘肃)<br>YX(陕西) |
| 小组访谈 | 2023.7.25 | 180分钟 | 1年 | XR(新疆)<br>LJ(湖南)<br>HY(贵州)<br>YL(重庆) |

续表

| 访谈类型 | 访谈时间 | 访谈时长 | 受访者教龄 | 受访者代号(工作地) |
| --- | --- | --- | --- | --- |
| 小组访谈 | 2023.7.26 | 180 分钟 | 1 年 | JY(陕西)<br>RH(河南)<br>QZ(四川)<br>LX(云南) |
| 小组访谈 | 2023.7.28 | 180 分钟 | 1 年 | ZY(陕西)<br>YM(云南)<br>HZ(陕西)<br>HX(贵州) |

# 第二章

# 文献综述

## 第一节 情绪劳动研究的发展脉络

### 一、情绪劳动研究的萌发

#### (一)情绪劳动概念的提出

霍克希尔德是最早发展情绪理论的社会学家之一。她按照表现场所把情绪分为两类:个人生活中内心体验到的情绪和公共场合表现出来的可以观察到的情绪,并且指出它们都受到社会规则的制约。霍克希尔德进一步解释了情绪感受规则和表达规则发挥作用的机制。她认为,个体在成长过程中所遇到的情感上的榜样和警示事件会帮助个体形成一定的情感意识(emotion ideologies),并使其突出和符号化。例如,儿童因某种情绪表达受到老师的惩罚时,他就会逐渐形成在教室中控制这种情感表达的意识。通过社会化,个体成功地获得与不同的行为情境有关的情感意识,这些意识的总和组成情感文化最一般形式的约定。通过这种方式,社会的情感文化促使人们形成了一系列在不同情境中应如何体验和表达情绪的复杂观念,这种文化从情感意识上对个体的情绪感受和反应给予了限制。

1983年,霍克希尔德正式提出"情绪劳动"这一概念。通过对Delta航空公司服务员与客户交往的调查,她发现,为了有效完成工作,除需要认知和体力方面的付出外,员工还需要根据社会规范调控他们的情绪感受及其表达。霍克希尔德把需要通过情绪努力才能完成工作这一现象称为"情绪劳动",并把它定义为"管理好情绪以创造公众可以观察到的面部和肢体表现",由于这种情绪是在公共场合表现的,而且"其表现是为了获得工资,因此它具有使用价值"。① 为了进一步探讨情绪劳动的职业特征,霍克希尔德区分了高度情绪劳动和低度情绪劳动的职业。区分标准包括:(1)涉及与公众面对面(或声音之间)的接触。(2)要求员工使他人产生一种情绪状态(例如,感动或害怕)。(3)允许雇主通过训练和监督的方式,对员工的情绪活动进行某种程度的控制和约束。根据这三个标准,霍克希尔德提出了6种需要高度情绪劳动的职业,包括:(1)专业性、技术性以及同类中的特定职业;(2)经营管理者;(3)销售人员;(4)办事员及其同类中特定的职业;(5)服务性工作(不含家庭工作)中的特定职业;(6)私人家庭工作者。② 情绪劳动概念的提出,为人们探讨情绪在社会生产中的意义提供了重要的概念工具。

(二)情绪劳动研究的路径分化

随着"情绪劳动"概念得到更多学者的关注,两种不同的研究路径逐渐显现。其一是策略分析的路径,注重阐释情绪劳动的心理过程。其二是结构分析的路径,注重构建情绪劳动的测量结构。随着情绪工作研究的深入,这两种分析路径渐趋融合。

在策略分析路径方面,以霍克希尔德为代表的学者着重对人们在工作场景下的情绪劳动策略进行识别与分析。霍克希尔德提出,人们在许多情境中都需要进行情绪工作或情绪管理,以保持自我的展示符合情感意识、感受规则和表达规则。为了感受和表达恰当的行为而进行的情绪劳动策略包括以下几种:(1)身体工作。即人们试图改变对情境的生理反应。例如,人们通过深呼吸来获得平静感。(2)表层行为。人们操纵他们的外在表达姿态(面部表情、姿势、手势或语调等),并希望这种行为能够使他们感受和体验到这种表情所传递的情感。(3)深层行为。这是一种发自内心的伪装工作,使个人觉得自己伪装的情绪仿佛真的变成了自我的一部分,然后再由内而外地影响外在的情绪表达,其情绪管理的焦点是内在的情绪感受。(4)认知工作。人们激活和特定情感相联系的思想和认知,以产生这种情感。表层行为与深层行为的划分成为情绪劳

---

① 霍克希尔德.心灵的整饰:人类情感的商业化[M].成伯清,淦卫军,王佳鹏,译.上海:上海三联书店,2020:21.
② 霍克希尔德.心灵的整饰:人类情感的商业化[M].成伯清,淦卫军,王佳鹏,译.上海:上海三联书店,2020:181-188.

动策略最为经典的分析框架。①

在后续研究中,研究者尝试从不同角度对情绪劳动策略进行区分。基于霍克希尔德对情绪体验和表达一致性关系的探讨,阿什福斯和汉弗瑞将情绪劳动策略划分为表层行为、深层行为与真实情绪表达三个维度。他们认为虽然真实情绪表达不需要个体有意识地去调节自己的情绪和付出自身的努力,但这也可作为情绪劳动的策略之一。②从情绪调节的过程出发,格兰迪和麦里将情绪劳动策略划分为前情调节策略和反应调节策略。③前者是个体针对诱发情绪的情境因素进行的预防性调节策略,例如情境选择、情境修正、注意转移及认知改变等。后者是个体对已经产生的情绪感受进行调节的策略,例如对情绪进行增强、减弱、延迟及加速处理。④此外,有研究者根据策略实施的方向将情绪劳动策略分为参与策略和转移策略。前者指个体正视并投身事件引发的情绪状态,通过认知和行为进行调整和改善;后者指个体回避或排斥事件引发的情绪状态,通过行动或认知的回避和转向进行自我调节。也有研究者根据策略实施范围,将情绪劳动策略分为扩展策略和限制策略。前者指当事人对自己产生的情绪状态作释放和外显处理,后者指当事人对自己的情绪状态作收缩和内敛处理。⑤

在结构分析路径方面,有研究者认为情绪劳动并不只是涉及情绪调节策略的变量,探讨情绪劳动的不同构面成为他们的追求。莫里斯和弗里德曼将情绪劳动划分为一个可测量的四维结构,分别是情绪工作频率(顾客与服务行业员工之间交往的次数)、情绪表达规则的注意水平(互动的持久性和规则要求的强度)、情绪表达的多样性(开展工作需要表达的情绪种类)、情绪失调(内心体验

---

① 特纳,斯戴兹.情感社会学[M].孙俊才,文军,译.上海:上海人民出版社,2007:31-32.
② ASHFORTH B E, HUMPHREY R H. Emotional labor in service roles: the influence of identity[J]. Academy of management review,1993,18(1):88-115.
③ GRANDEY A A, MELLOY R C. The state of the heart: emotional labor as emotion regulation reviewed and revised[J]. Journal of occupational health psychology,2017,22(3):407.
④ GROSS J J. The emerging field of emotion regulation: an integrative review[J]. Review of general psychology,1998,2(3):271-299.
⑤ 田国秀,余宏亮.教师情绪劳动策略的分段、分层与分类[J].全球教育展望,2021,50(8):93-102.

与组织要求表达的冲突程度)。① 这一四维结构兼顾情绪劳动的心理与行为层面,使情绪劳动的内涵更加全面,也更易于反映不同职业中的情绪规则特征。基于莫里斯和弗里德曼的研究,克莱默和戈登斯把情绪劳动划分为情绪失调和情绪努力的两个维度。情绪失调指个体的情绪分离状态,是内在情绪体验与组织要求相冲突的结果。情绪努力与情绪失调相对,是指员工积极改变内外相冲突的过程。② 此外,布拉德里奇等学者根据情绪调节关注点的差异,从情绪劳动的外在工作特性和内在心理特性两个角度诠释情绪劳动的内涵,认为情绪劳动分为"工作中心"和"人员中心"两个维度。工作中心的情绪劳动描述职业的情绪要求,它主要从交流的频率、强度、种类、持续时间等方面对情绪工作进行测量;人员中心的情绪劳动描述满足组织和工作情绪要求的员工心理行为过程,它主要根据员工的情绪调节过程、情绪失调等来研究情绪劳动。将上述维度相结合,布拉德里奇和李提出了情绪劳动的六维度结构,分别是:(1)频率;(2)强度;(3)规则多样性;(4)持久性;(5)表面行为;(6)深层行为。③ 研究者的多元分析视角反映出情绪劳动研究是一个综合性的研究领域,需要从多角度、多层面、多方法进行探讨。

(三)情绪劳动的双重后果

在研究早期,研究者主要关注情绪劳动对个体产生的消极影响。例如,霍克希尔德把马克思的异化理论运用到其关于情绪劳动的阐释中。她认为,工作中的情绪规则要求个体突出表达某种情感、压制另一部分情感或者调动客户的特定情感,这使得个体在公共意义上而不是私人意义上运用情感。当所表达的情感一而再、再而三地与内在感受相分离时,个体就会产生自我疏远、异化和不真诚感。④ 霍克希尔德进一步探讨了异化的发生机制及其对员工个人的影响。在组织环境中,组织结构迫使员工依据工作的要求调控他们的情绪感受和表

---

① MORRIS J A, FELDMAN D C. The dimensions, antecedents, and consequences of emotional labor[J]. Academy of management review, 1996, 21(4): 986–1010.

② KRUML S M, GEDDES D. Exploring the dimensions of emotional labor: the heart of Hochschild's work[J]. Management communication quarterly, 2000, 14(1): 8–49.

③ BROTHERIDGE C M, LEE R T. Development and validation of the emotional labor scale [J]. Journal of occupational and organizational psychology, 2003, 76(3): 365–379.

④ 霍克希尔德. 心灵的整饰:人类情感的商业化[M]. 成伯清,淡卫军,王佳鹏,译. 上海:上海三联书店, 2020: 225–227.

达,相比于组织对个体行为的控制来说,要求员工对情绪进行调控意味着组织对员工的控制水平加深了。对于工作中的个体来说,情绪不再是私人的、内在的、自由的感受,而是与工作责任和义务相联系。从积极的一面来说,当个体的内在感受与组织要求相一致时,个体不需要付出太大的意志努力就可以表现出适宜的情绪情感,这种情绪劳动能够帮助个体更加有效地完成工作,也能够帮助员工维护自我的完整性,塑造合格和称职的职业形象。从消极的一面来说,当组织要求个体表现出与其内心感受不一致的情绪时,个体一方面需要花费大量的时间和精力协调组织要求和自我感受之间的矛盾,另一方面则会在这一过程中体会到反复的冲击和痛苦。当这种情况持续且长期地出现时,则可能会引起员工的情绪失调,对员工的情绪健康造成损害。此外,工作中迫使人们否认自身情感所带来的不真诚感很有可能进入员工生活的其他领域,例如家庭和亲密关系,进一步扩大可能的负面效应。

随着对不同职业角色情绪劳动研究的探索,情绪劳动的正向价值也受到研究者的关注。一方面,情绪劳动有助于促进组织绩效和目标的达成,有助于维护从业人员的良好形象。例如,情绪劳动有助于警务人员在错综复杂的处警情境中落实规范执法要求,以情绪劳动手段对人际关系给予积极影响。[①] 情绪劳动让人际互动变得更具有可预测性,并帮助工作者避免一些令人尴尬的人际问题,还可能为工作者带来某些潜在利益。[②] 另一方面,情绪劳动有助于促进个体主观幸福感。从资源守恒理论出发,人们具有保存、保护及建立其所重视的资源的基本动机。尽管个体在情绪劳动中需要消耗资源,但当个体付出的资源得到补充甚至得到额外的补偿时,情绪劳动可能会产生积极的效果,个体的工作满意度及幸福感会增加。[③] 如廖春春在研究情绪劳动对旅游景区员工幸福感的影响时,发现旅游景区员工采用深层行为可以弥补员工情绪劳动所耗费的情绪资源,还可以提升其任职成就感与工作积极性,满足员工胜任需求、自主需求和关系需求。当上述三大基本心理得到满足时,员工的幸福感会得到提升。[④] 因此,情绪劳动往往被视为一把"双刃剑",使得情绪劳动治理成为管理者与个体

---

[①] 曹鑫钰,江勇.警务人员情绪劳动与绩效提升[J].云南警官学院学报,2021(4):50-57.

[②] 李红菊,许燕,张宏宇.情绪劳动研究的回顾与展望[J].中国临床心理学杂志,2007(4):409-411.

[③] 汪义贵,彭聪,吴国来.情绪劳动研究的回顾与展望[J].心理研究,2012,5(4):63-72.

[④] 廖春春.情绪劳动对旅游景区员工幸福感的影响研究[D].南昌:江西财经大学,2023.

的共同责任。

## 二、情绪劳动研究的拓展

### (一)情绪劳动研究理论视角的拓展

霍克希尔德从社会学理论视角出发将情绪劳动界定为个体在工作过程中努力地进行情感管理,以便于在公众面前创造出一种可观察的脸部表情或身体动作。霍克希尔德主要强调情绪劳动需要员工付出个人努力和能量资源作为成本,管理和表达情绪的直接目的是实现组织目标和要求,从而获得工资和报酬。[①] 阿什福斯和汉弗瑞从组织行为学的理论视角出发,结合服务类职业特点对情绪劳动的内涵进行了更加具体的探讨。他们将情绪劳动界定为服务交易过程中表达组织期望情绪的行为,以促进任务表现和自我表达为目标。与社会学家霍克希尔德强调对内心感受的管理不同,阿什福斯和汉弗瑞认为员工的外在情绪表达行为才是组织管理的主要目标,因为外显情绪表现能够直接被顾客和组织所感知。因此,组织会通过各种手段(如奖惩、反馈)来管理员工的情绪表现,进而提高客户满意度和忠诚度来实现组织目标。[②]

格兰迪将情绪调节理论引入情绪劳动的研究之中,从心理学视角探讨个体情绪体验和表达的心理机制。他认为,在从事情绪劳动的过程中,员工为了展示组织所要求的情绪行为,需要不断监控和调节自己的情绪状态和行为,尽量协调自己真实的情绪感受和组织表达规则之间的不一致。这一协调过程不仅需要个体付出一定的心理努力和资源,更重要的是,个体会积极地采取一些有效策略进行情绪状态和行为的调节。[③] 综合来看,从社会学视角展开的研究更加注重情绪劳动的交换价值,将情绪劳动视为社会结构对个体身心的管控手段,侧重分析情绪劳动交换价值的社会建构过程及其异化现象;组织行为学领域的研究者更加重视情绪劳动的工具价值,将情绪劳动视为提升组织效益和顾客满意度的重要手段,侧重探讨情绪治理的策略与成效;心理学视角的研究注

---

[①] HOCHSCHILD A R. The sociology of feeling and emotion[J]. Selected possibilities sociological inquiry, 1975, 45(2-3): 280-307.

[②] ASHFORTH B E, HUMPHREY R H. Emotional labor in service roles: the influence identity [J]. Academy of management review, 1993, 18(1): 88-115.

[③] GRANDEY A A. Emotion regulation in the workplace: a conceptualization and scale development[J]. Journal of occupational health psychology, 2000, 5(1): 95-110.

重分析情绪劳动的心理调节过程,注重考察情绪劳动对个体认知、行为及身心健康状况的影响。多学科研究者的参与拓展了情绪劳动研究的理论边界,使情绪劳动这一概念得以应用于微观、中观及宏观层面研究问题的探讨,也使情绪劳动研究逐渐走向深入。

（二）情绪劳动研究的跨文化趋势

情绪规则是社会文化规范不可分割的一部分,不同的教育环境对幼儿园教师情绪劳动的期望可能不同。① 同时,文化在塑造个体认知、情感和动机的过程中发挥着根本性作用。因此,探讨不同文化群体情绪劳动形式、规则、策略差异是情绪劳动研究的趋势之一。有研究者认为,情绪劳动在不同的文化中也展现出不同的特点,尤其在东西方文化中差异较为明显。在美国社会,人们普遍将情感整饰看作是自我控制的外在形式,是社会强加在个人身上的。与之相反,日本社会中自我控制的要求已经被内化到个人人格结构的内核之中,这种对自我的控制被视为自我教养的一部分。机构对个人的要求已经作为教化融入人格结构,也就不存在表演着的自我和真实自我之间的冲突了。② 与上述观点类似,有研究者认为集体主义文化强调管理关系和情绪调节,个体在社会化过程中习得情绪控制与调节的必要性,也因此对维护社会和谐的情绪展示规则有更大的认可度。对他们来说,通过表层行为管理情绪似乎也没有那么难以忍受。研究发现,表层行为与个体情绪倦怠的联系在个体主义文化样本中更加稳健。③

在学前教育领域,有研究者对中国和挪威幼儿园教师的情绪劳动进行跨文化比较研究,发现两国幼儿园教师都认为保教工作中必须付出情绪劳动,挪威幼儿园教师更强调情绪劳动的专业性。中国教师和挪威教师在工作中都经历着积极情绪和消极情绪,但中国幼儿园教师的情绪劳动背景更为复杂。例如,低师幼比、复杂的家园关系、幼儿安全保障及教学检查都使中国幼儿园教师面

---

① LEE M, VAN VLACK S. Teachers' emotional labour, discrete emotions, and classroom management self-efficacy[J]. Educational psychology,2018,38(5):669-686.

② 淡卫军.情感,商业势力入侵的新对象:评霍赫希尔德《情感整饰:人类情感的商业化》一书[J].社会,2005(2):184-195.

③ ALLEN J A,DIEFENDORFF J M,MA Y. Differences in emotional labor across cultures:a comparison of Chinese and US service workers[J]. Journal of business and psychology,2014,29:21-35.

临着比挪威同行更大的压力。① 日益增加的跨文化研究表明,不同国家的样本在情绪劳动的关键结构、情绪劳动和倦怠之间的关系方面存在文化差异。因此,文化是解释情绪劳动相关变量关系的重要一环。在前因方面,情绪表现规则与社会文化的契合度影响着个体对情绪规则的认知与态度。在后果方面,社会文化影响着个体对情绪策略的理解、应用及实际影响。

(三)情绪劳动研究中的方法融合

在情绪劳动概念提出的初期,研究者主要通过质性研究方法讨论不同职业群体的情绪劳动特征。20世纪90年代后,伴随研究者对情绪劳动结构的探索,量化研究方法逐渐成为情绪劳动研究的主流方法。在量化研究方面,当前国内外学者注重开发设计情绪劳动测量工具,着重对不同样本群体的情绪劳动相关变量进行问卷调查或实验研究。例如,格兰迪从情绪劳动的二维结构出发开发了情绪劳动的测量工具,包括深层行为和表层行为两个子维度。迪芬多夫等开发的情绪劳动策略问卷测量了表层行为、深层行为及自然表现三个维度,该工具得到了广泛使用。② 国内学者张一楠、孙阳等也分别在前人研究的基础上编制了适合我国幼儿园教师群体的情绪劳动测量工具。③④ 在此基础上,研究者对情绪劳动的前因变量、后效变量及多变量之间的关系进行了广泛探究。量化研究有助于探讨情绪劳动与相关心理要素及工作要素之间的因果关系,对于组织管理及个人身心健康的优化具有较强的指导意义。

在质性研究方面,研究者主要以自身为研究工具,采用民族志研究、叙事研究、现象学研究、扎根理论等方法对不同群体的情绪劳动体验、情绪劳动过程及文化意义进行探讨。例如,赞比勒斯通过对一名小学教师为期三年的民族志个案研究,发现情绪劳动是科学教学的重要组成部分,科学教学需要关注积极情

---

① HONG X M, ZHANG M Z. Early childhood teachers' emotional labor: a cross – cultural qualitative study in China and Norway[J]. European early childhood education research journal, 2019,27(4):479 – 493.

② DIEFENDORFF J M, CROYLE M H, GOSSERAND R H. The dimensionality and antecedents of emotional labor strategies[J]. Journal of vocational behavior, 2005, 66(2):339 – 357.

③ 张一楠. 幼儿教师情绪劳动及其影响因素研究[D]. 郑州:河南大学,2008.

④ 孙阳. 幼儿教师情绪劳动发展特点及与情绪耗竭的关系[D]. 长春:东北师范大学,2013.

感文化的创造。[①] 伊朗学者对英语教师线上教学中的情绪劳动进行解释现象学分析，描述了学生参与、材料覆盖及评估带来的压力及教师的应对策略。[②] 我国学者通过田野观察、访谈法等质性研究方法对新手教师、农村教师以及特殊教育教师等群体的情绪劳动进行聚焦，呈现了教师群体内部情绪劳动的差异性与复杂性。[③④] 同时，随着不同学科视角对情绪劳动研究的推动，混合研究设计成为当前研究的重要趋势。例如，在新冠疫情期间，美国学者采用探索性序列混合研究设计对高校教师开展远程教学的情绪劳动进行分析，检验了情绪劳动的性别差异[⑤]；荷兰学者对封锁时期的教师教学实践与体验进行访谈与问卷调查，识别出"放松型""担忧与压力型""快乐工作型"三类教师，并发现积极支持的主管以及与同事的联系是非常时期重要的工作资源[⑥]。混合研究设计有助于使质性研究与量化研究相互弥补，为情绪劳动相关研究提供更加丰富的研究证据。

## 第二节　教育活动中的教师情绪研究

在过去的二十年里，教育研究越来越关注情绪对教育教学的重要性。美国教育学家哈格里夫斯认为情感是教学的核心。从字面上讲，情绪包含了最具活力的品质，因为它们从根本上讲是关于运动的。情绪渗透在生活之中，人们所说所做的每一件事情均包含情绪的成分。情绪反映在生理活动之中，反映在表

---

① ZEMBYLAS M. Emotion metaphors and emotional labor in science teaching[J]. Science education, 2004, 88(3): 301 – 324.

② GHYASI M, GURBUZ N. Emotional labor and emotional capital: an interpretive phenomenological analysis of teachers of English[J]. Plos one, 2023, 18(4): e0283981.

③ 梁茜. 农村初任教师情感劳动的动因、过程及影响因素：基于对11位农村初任教师的访谈研究[J]. 教师教育研究, 2019, 31(2): 75 – 83.

④ 陈玉佩. 建构亲密与控制情绪：幼儿教师的情感劳动研究——以北京市3所幼儿园的田野调查为例[J]. 妇女研究论丛, 2020(2): 45 – 62.

⑤ AUGER G A, FORMENTIN M J. This is depressing: the emotional labor of teaching during the pandemic spring 2020[J]. Journalism & mass communication educator, 2021, 76(4): 376 – 393.

⑥ KUPERS E, MOUW J M, FOKKENS – BRUINSMA M. Teaching in times of COVID – 19: a mixed – method study into teachers' teaching practices, psychological needs, stress, and well – being[J]. Teaching and teacher education, 2022, 115: 103724.

达方式之中,反映在个体行为之中。① 情绪存在于个体内、人际间及组织间等不同层面,研究不同层面的情绪问题往往需要不同的理论与方法侧重。不同水平的情绪对个体与群体的作用方式及效果存在较大差异,因此,在情绪研究中区分不同层次十分必要。借用杜瓦斯在《社会心理学的解释水平》中提出的解释水平框架,本章将从个体内水平、人际互动水平、群体间水平对情绪研究的既存理论和观点进行梳理。

## 一、个体内水平的教师情绪研究

### (一)关于教师情绪健康的研究

教师的情绪表征是教师情绪研究的一个重要组成部分。由于教育工作的复杂性,教师被认为是情绪困扰和情绪障碍的高发群体,已有研究中关于教师负向情绪的论述占据大多数。在这类研究中,除部分研究者对教师的"过激情绪"②焦虑、抑郁、自卑、嫉妒、压抑和消沉等"情绪障碍"或"情绪问题"③进行的经验阐释和理论分析外,不少研究者采用实证研究方法和技术手段对教师的情绪表征进行了测量、描述与分析。例如,夏喜成和邵小珍对教师的"课间话题"进行记录和统计发现,"埋怨少数学生""迁怒其他学生"和"议论管理制度"三类及类似的话题占教师闲聊总量的79.4%,指出教师的"课间话题"潜伏着教师的情绪障碍。④ 陈小建和李长庚对农村教师的心理健康水平进行测评,发现农村教师的心理问题包括恐惧、焦虑、抑郁、自卑、烦躁、易怒等。⑤ 马艳云采用Zung抑郁自评量表对中职教师抑郁情绪状态进行调查,结果显示仅有36.61%的教师正常,大多数教师处于或轻或重的抑郁状态之中。⑥ 关艳丽通过问卷调查发现,中学政治教师的情绪问题包括紧张焦虑、抑郁情绪、消沉情绪、激动易

---

① 斯托曼.情绪心理学:从日常生活到理论[M].5版.王力,译.北京:中国轻工业出版社,2006:3.

② 徐国荣.教师在教育中过激情绪的产生[J].上海教育,1996(1):24-29.

③ 王洪欣,王玫.高校青年教师情绪困扰问题分析与对策思考[J].中国高教研究,2002(7):58-59.

④ 夏喜成,邵小珍.新课程实施中的教师情绪障碍及对策建议:由教师"课间话题"引发的思考[J].上海教育科研,2006(3):72-74.

⑤ 陈小建,李长庚.农村教师消极情绪的成因及其自我调适[J].农业考古,2006(3):317-319.

⑥ 马艳云.关于中职教师抑郁情绪状态的调查研究[J].职教论坛,2011(27):88-92.

怒、冷漠自卑和过度的积极情绪。① 此外,一些关于"教师压力"和"职业倦怠"方面的研究虽然没有对教师情绪做出直接描述,但也对教师情绪问题的普遍存在提供了佐证。例如,刘丹对安徽省241名幼儿园教师进行问卷调查发现,大部分幼儿园教师已出现明显的职业倦怠症状,在倦怠的三个维度上,情绪枯竭维度的得分最高,出现明显症状的人数也最多。②

(二) 关于教师情绪调节的研究

教师的情绪管理和调节是教师情绪研究中最为热点的研究。早期关于教师情绪调节的探讨,主要着眼于教师情绪对教学的消极影响,体现出明显的"外控性"特征,即从社会对教师角色的规范与期待出发,要求教师做好情绪调节工作。例如,有研究者建议教师在课前充分备好课、临堂前设法抛开一切烦恼杂念、在课堂中控制激情力避愤怒。③ 还有研究者强调教师的情绪应当具有高尚性、深刻性和坚定性,教师在教学中要积极进行自我调节,保持上述情绪品质是教师热爱教育事业、认真完成教学工作的重要条件。④ 这些研究虽然强调了教师情绪调节的重要性,但对于如何进行情绪调控的论述却相对空泛。随着心理学研究成果的丰富,一些研究者依据心理学理论提出了更加具体的教师情绪调节策略和技术,例如情绪控制的"红黄绿灯法"⑤、合理情绪疗法⑥、理性情绪疗法⑦以及心理匹配、归因控制、自我暗示、沟通、排解和规避⑧等。

在教师情绪调节方面,"情绪智力"概念的引入具有十分重要且特殊的意义。"情绪智力"作为一种理论的提出与检验始于20世纪90年代,它强调情绪信息的加工能力是一种综合性的智力形式,其对个体的成长与发展、工作与生活都具有重要意义。"情绪智力"理论的引入一定程度上促使我国研究者从关注情绪的消极影响转向发掘情绪的积极意义。90年代末到新世纪初,不少研究

---

① 关艳丽.中学政治教师的不良情绪对教学的影响[D].长沙:湖南师范大学,2011.

② 刘丹.幼儿教师职业倦怠与人格特征、情绪智力关系的研究[D].上海:上海师范大学,2007.

③ 尹智勇.浅谈教师的临堂情绪和教学效果[J].生物学教学,1995(1):46.

④ 王佳敏.教师情绪与教学的内在关系[J].教育评论,1999(2):83-84.

⑤ 李刚.教师控制情绪的"红黄绿灯法"[J].北京教育,2003(4):45.

⑥ 方方.教师心理健康自我教育的良方:合理情绪疗法[J],北京教育,2004(9):51-53.

⑦ 郭军.理性情绪疗法视野下的教师心理健康对策[J],中小学教师培训,2006(8):54-56.

⑧ 郭伟.高职教师课堂教学情绪的调节策略[J].成人教育,2011(4):81-82.

者依据情绪智力理论对教师的情绪调节展开研究。有研究者以问卷的方式对中学教师的情绪知觉、情绪理解、情绪表达和情绪管理能力进行调查,发现中学教师在教学过程中既体验到正性情绪也体验到负性情绪;虽然中学教师认为在教学过程中应更多表现出正性情绪,而在教学的实际过程中,他们体验到更多的负性情绪。① 也有研究者通过对情绪智力理论的演绎,认为优秀的教师都是高情商者。高情商教师应当具有较好的心理学知识,能从自己的生理状态、情感体验和思维中辨认自己的情绪,准确表达情绪;能通过语言、声音、仪表和行为辨认情绪,从而达到把握自己说服别人的目的;对人类复杂个体的表情的心理来源有较深了解,从而认识、分析别人情绪产生的原因和传送的意义;能接受各种情绪,进行情绪思维的引导等。② 可以说,情绪智力理论为教师情绪调控问题的探讨奠定了积极的基调,并提供了有价值的分析框架。

## 二、群体水平的教师情绪研究

国内研究者对于群体水平的教师情绪研究主要聚焦在对情绪与教学关系问题的探讨上。不少研究者从自身工作经验出发,对教师情绪状态对其教学行为、教学过程及教学效果的影响等问题进行了论述。例如,有研究者从知识传递的角度出发,依据美国心理学家的研究结论,即教学中62%的信息传递依靠的是教师的非言语行为,认为教师的情绪在很大程度上决定着教师在教学过程中的面部表情、音调、手势、动作等非言语行为的表现,是影响教学效果的重要因素。③ 也有研究者从教师的角色与地位出发,认为教师作为课堂师生双边活动的主导者,其情绪是情感的渗透源。在教学中,教师的情绪不仅会对学生的情绪产生影响,同时也影响着整个课堂氛围④,左右着整个课堂教学过程⑤。具体来说,教师在教学中的情绪状态可以分为消极情绪和积极情绪,其中,积极情绪包括满意、爱、轻松等,而消极情绪包括不满意、恨、紧张、自卑、嫉妒、焦虑、抑

---

① 杨晓萍.中学教师情绪智力及其相关因素的研究[D].兰州:西北师范大学,2009.
② 何安明.教师情绪智力培养的基本策略[J].中国成人教育,2007(8):100-101.
③ 郭惠智.教师的情绪对教学的影响[J].心理发展与教育,1985(2):59-52.
④ 毛纪庚,李小宝.谈教师的情绪与课堂气氛的关系[J].思想政治课教学,1996(9):22-23,41.
⑤ 尹智勇.浅谈教师的临堂情绪和教学效果[J].生物学教学,1995(1):46.

郁和消沉等。①② 研究者普遍认为,教师要想获得良好的教学效果,就应当保持自身的积极情绪,努力克服消极情绪的影响。③

早期研究者关于教师情绪与教学关系探讨的一个显著特点是将教学与情绪相分离,认为教学主要是知识与信息传递的过程,而情绪则是对这一过程起推动或阻碍作用的影响因素。由于人们把理性和情绪视为对立的两面,研究者对情绪也一般采取"警惕"或"利用"的态度。④ 随着我国新课程改革的启动,"教学活动是一个信息和情感的交流过程"理念逐渐普及,教学过程不再仅仅被看作知识传递的过程,同时也是师生交往和情感互动的过程。这一时期研究者开始强调教学活动本身的互动性和情感性,并且将情绪互动视为教师专业实践的重要组成部分。例如,有研究者这样论述,"一方面,教师每天都要面对许多教学上的挑战,人际互动是其专业实践中不可或缺的一个组成部分,这种人性化的专业情境无时无刻不在冲击着教师的情绪状态;另一方面,教师会把自我投入专业实践,把个人和专业身份融为一体,这使得教师对其专业和互动同伴(如学生、家长、同事、校长等)倾注了大量情感,从而也导致自己的情绪更加容易受到对方的影响。因此,教学与情绪密切相关"。⑤

### 三、人际互动水平的教师情绪研究

#### (一)关于教师情绪类型与原因的研究

心理学家一般把情绪分为积极与消极两种类型,积极情绪指包含着愉悦感受的情绪类型,源自于人们对自身目标的接近。积极情绪的探讨主要集中在师爱与关怀的领域,人们把"关怀"看作是爱或感情的一种类型,研究者认为对儿童的关怀情绪是女教师或基础教育教师的主要特征。也有对中学教师的研究发现,只有10%的教师主动谈起关怀或爱,70%的教师认为对儿童的爱是与高

---

① 郭惠智.教师的情绪对教学的影响[J].心理发展与教育,1985(2):59-52.

② 王翠萍,齐晓栋.教师情绪问题调适理论与方法探析[J].社会心理科学,2004,19(4):4.

③ 王佳敏.教师情绪与教学的内在关系[J].教育评论,1999(2):83-84.

④ 尹弘飚.教师情绪:课程改革中亟待正视的一个议题[J].教育发展研究,2007(6):44-48.

⑤ 尹弘飚.教师情绪:课程改革中亟待正视的一个议题[J].教育发展研究,2007(6):44-48.

兴、愉悦、满意等一系列情绪相关的情感。① 就教师产生积极情绪的原因来看，已有研究发现儿童积极学习并获得进步是教师积极情绪产生的关键诱因，个别儿童的进步尤其是最初发展迟缓儿童的进步能够给教师带来较大的满足感。同时，当儿童积极回应教师，师生关系良好时，教师也能体验到愉悦的感受。此外，已毕业的学生来探望自己、儿童之间友好合作、处理完工作任务、获得同事的支持以及得到家长的支持与尊重都能够让教师产生愉悦的感受。②

教师在学校生活中也会体验到各种负向情绪，生气和失望是最主要的负向情绪体验。引发教师失望和生气的原因有很多，大部分诱发事件都和教师目标不一致相关，例如，学生的问题行为、学生对规则的违抗等。③ 在课堂环境之外，教师的负向情绪还与同事的不合作、家长违反学校规范的行为、家长不关心和不负责任的行为相关。如果教师认为学生不良学业成绩的原因是懒惰或不专心，也会产生负向情绪。④ 此外，劳累和压力也会导致教师产生负向情绪。一般情况下，教师对于自身的负向情绪会感到羞愧，但很多情况下，教师也会通过假装生气来对学生进行管理。还有研究者对教师的焦虑情绪进行研究，认为新教师更容易体验到焦虑，当他们对教学没有把握、不确定能够达到目标、与家长难以沟通时，都会体验到焦虑。⑤

（二）关于教师情绪功能与影响的研究

在国外的相关研究中，研究者对教师情绪功能或影响的探讨主要集中在两个方面。其一是教师情绪对其自身的影响。有研究者认为，负向情绪有助于教师集中注意力。当负向情绪产生的时候，个体的神经系统、血压等各种生理机能得到快速激活，能够使个体集中注意力。教师的负向情绪之所以在班级管理

---

① SUTTON R E. The emotional experiences of teachers[C]. Paper presented at the annual meeting of the American Educational Research Association. New Orleans, LA. 2000.

② SUTTON R E, WHEATLEY K F. Teachers' emotion and teaching: a review of the literature and directions for future research[J]. Emotional psychology review, 2003, 15(4): 327–358.

③ SUTTON R E. The emotional experiences of teachers[C]. Paper Presented at the Annual Meeting of the American Educational Research Association. New Orleans, LA, 2000.

④ REYNA C, WEINER B. Justice and utility in the classroom: an attributional analysis of the goals of teachers' punishment and intervention strategies[J]. Journal of educational psychology, 2001, 93: 309–319.

⑤ TICKLE L. New teachers and the emotions of learning teaching[J]. Cambridge journal of education, 1991, 21(3): 319–329.

和纪律维护的过程中占有重要地位,也正是因为教师情绪能够同时使教师自身和儿童集中注意力。① 研究发现,教师情绪能够通过三种方式影响教师的记忆力。第一,关于记忆内容的研究表明,有情绪刺激的内容往往比没有情绪刺激的内容更能保持长久。第二,强烈的感情能够提高个体对关键细节的记忆,但会破坏个体对背景细节的记忆。例如,当教师关于自己对某个学生的违规行为很生气的记忆很深刻时,往往不记得当时其他学生的反应。第三,当个体在情绪激活状态时接收信息,很可能会影响信息的记忆。例如,当教师高兴时更能想起高兴的记忆而非伤心的记忆。② 此外,教师的情绪还影响到教师的思维和问题解决能力。已有研究表明,在积极的情绪状态中,教师更容易产生有创造力的主意和教学策略,帮助他们有效解决教育教学过程中遇到的问题,从而达到自己的目标。教师目标的达成又会进一步激发他们的正向情绪,这样就能形成正向情绪的循环系统。③

其二是教师情绪对儿童的影响。在学校生活中,情绪是影响师生关系和班级氛围的重要因素。已有研究表明,教师有效的情绪技能有助于师生间建立良好的关系,并且对儿童适应学校生活、获得良好的学业表现、改善儿童的学习过程、增强儿童的学习动机以及提升儿童的记忆力和创造力方面都具有重要的作用。④ 美国教育学家哈格里夫斯曾提出"情绪是教学活动的核心",认为情绪作为一种动机性的力量,是激发和诱导儿童学习和发展的重要因素,在学校生活中占据着重要的地位,因此,"教育是一种充满激情的职业"。⑤

在教师专业发展方面,情绪是评价教师能力"强弱"的重要指标。在用于评价教师能力的52种指标中,有38种在本质上是情感性的,只有14种与教师的

---

① EMMER E T. Toward an understanding of the primacy of classroom management and discipline[J]. Teach education,1994(6):65-69.

② PARROTT W G,SPACKMAN M P. Handbook of emotions[M]. 2nd ed. NewYork:Guilford Press,2000:476-490.

③ FREDRICKSON B L, BRANIGAN C A. Emotions: current issues and future directions[M]. New York:Guilford Press,2001:123-151.

④ FREDRICKSON B L. The broaden-and-build theory of positive emotions[J]. Philosophical transactions of the Royal Society London B:biological sciences,2004,359,1367-1377.

⑤ HARGREAVES A. The emotional practice of teaching[J]. Teaching and teacher education,1998,14(8):835-854.

知识和某些技能相关。① 正向情绪对于创造良好的班级氛围具有积极作用,特纳等研究发现,教师的幽默是低回避-高控制课堂的典型特征,而高回避-低控制班级中很少有教师的幽默表现。② 教师的负向情绪往往会对儿童产生消极影响。有研究表明,儿童能够清楚地意识到教师的负向情绪并受到不同程度的影响,教师的斥责会让他们感到渺小、失望、伤心、内疚以及羞愧。对于儿童来说,即便教师在批评其他同学,他们也会产生自己被批评的移情感受。③ 对于年幼的儿童来说,当教师表达出生气和愤怒情绪时,他们往往会陷入苦恼或无措状态,而不是改正行为去满足教师的需要。里维斯对中学和小学课堂的研究发现,教师负向情绪表达策略(例如,当学生犯错时大声斥责)的运用与学生的分心及问题行为呈正相关。④

(三)关于师生或师幼互动中教师情绪表达的研究

国外一些研究者对于教师与儿童在互动过程中的情绪表现进行了研究。俊安对幼儿教育现场的观察研究发现,教师对于消极情绪的表达具有较大个体差异性,一些教师会把自己的消极情绪感受不加掩饰地表达出来,而另一些教师很少在幼儿面前表露消极情绪,这些教师一般会在和孩子说话前将自己的情绪进行中性化处理⑤。普罗森等研究者对教师与不同年龄段学生互动时的情绪表达进行了观察研究。他们发现,小学教师在工作中表达出大量的愉悦情绪和非愉悦情绪,非愉悦情绪表达总体上占有更高的比例。教师情绪表达的平均频率从一年级到五年级呈递减趋势,生气和高兴是两种最常见的情绪。教师的生气情绪往往在学生缺乏纪律的情境中出现,而高兴情绪主要产生在学生获得学业成就的情境中。此外,该项研究发现,教师高兴和生气情绪的强度在五个年

---

① 舒尔茨,等.教育的感情世界[M].赵鑫,等译.上海:华东师范大学出版社,2009,序:1.

② TURNER J C,MIDGLEY C,MEYER D K,et al. The classroom environment and students' reports of avoidance strategies in mathematics:a multi-method study[J]. Journal of education psychology,2002(94):88-106.

③ THOMAS J A,MONTOMERY P. On becoming a good teacher:reflective practice with regard to children's voices[J]. Journal of teacher education,1998(49):372-380.

④ LEWIS R. Classroom discipline and student responsibility:the students' view[J]. Teaching and teacher education,2001(17):307-319.

⑤ AHN,HEY JUN,CYNTHIA STIFTER. Child care teachers' response to children's emotional expression[J]. Early education and development,2006,17(2):253-270.

级中都呈中等水平。①

在教师与儿童的互动过程中,二者的情绪是一种相互影响的关系。有关于教师对幼儿情绪回应的研究表明,教师一般会鼓励幼儿积极情绪的表达,同时鼓励幼儿表达出对他人的同情。而对于幼儿的消极情绪,教师会采用安慰(语言和身体接触)、分心、问题解决、教给幼儿表达情绪的其他方式等策略帮助幼儿来应对。② 此外,考察教师对不同年龄和性别幼儿情绪表达的回应发现,学步儿教师比学前教师更多地回应幼儿的积极情绪,并更多地鼓励幼儿积极情绪的表达。在对幼儿消极情绪的回应方面,学步儿教师更常用身体接触式安慰以及分心等策略,学前教师往往通过语言调节的方式。此外,对于女孩的消极情绪表达,教师提供更多的身体接触式安慰和分心,而对于男孩则更倾向于教给他们表达情绪的适宜方式。这项研究也发现,部分教师很少教给幼儿表达消极情绪的适宜方式,也很少对幼儿的移情能力进行引导,这两种策略实际上有助于促进幼儿情绪性能力发展,因此,教师有必要在培训项目中关注自身情绪能力的提升。③

国内研究者对于师生或师幼互动中教师情绪表达现象的研究始于上个世纪八九十年代,至今也产生了较为丰硕的研究成果。例如,任杰曾对课堂情境中的师生情感互动进行了探讨,他以观察、问卷及访谈等方法,对初中教师和学生之间情感互动的特点进行研究,把课堂上的情感内容分为三个方面:(1)情感倾向,包括正性情感和负性情感;(2)情感表达方式,包括言语方式和非言语方式,其中非言语方式包括表情、态势和语调三个方面。(3)教师的空间位置,包括讲台上、讲台下、在学生中间、面对学生和背对学生。他认为,师生课堂情境中的情感表达与体验具有一致性,教师的情感状态能使学生产生相同的情感状态,学生的情感状态会对教师产生相同的影响;教师的情感状态是师生情感互动的主导方面,引导并调节师生情感互动的方向与性质;在课堂情境中,正向情

---

① PROSEN S,SMRTNIK – VITULIC H,SKRABAN P. Teachers' emotional expression in interaction with students of different ages[J]. C. E. P. S Journal,2011(1):141 – 157.

② AHN H J. Child care teachers' strategies in children's socialization of emotion[J]. Early child development and care,2005,175(1):49 – 61.

③ JUN AHN H,STIFTER C. Child care teachers' response to children's emotional expression [J]. Early education and development,2006,17(2):253 – 270.

感导向的师生情感互动,有利于师生课堂内外关系的发展。[①] 杨斌和唐小红对中学课堂教学中师生情感互动的有效性问题进行了考察,认为当前师生情感互动中存在着师道尊严占主导地位,师生地位不平等,以及片面强调知识与技能,忽视情感态度与价值观等问题,造成师生情感互动低效的结果。在此基础上提出了建立民主平等的师生关系,师生共同参与;营造融洽和谐的课堂氛围,师生情感交融等改进策略。[②]

我国最早对师幼互动中教师情绪表达进行探讨的是刘晶波,她在师幼互动行为的研究中对互动过程中的情感特征进行了考察。在把师幼互动中教师的情感特征分为正向、中性和负向三个维度的基础上,她发现,在教师开启的师幼互动行为中,以对幼儿存有明显的不满、厌烦的负向情感特征表现得最多,而对幼儿表示友好、喜爱的正向情感的行为出现最少,不带有鲜明情绪色彩的中性行为所占比例居于前两者之间。此外,教师对于大班幼儿的负向施动行为频次显著多于小班幼儿。教师在作为施动者时,往往对待小班幼儿更为亲切、温和,而对大班幼儿则带有更多的不满甚至厌烦情绪。[③] 巨金香从情感视阈对师幼互动进行了研究,发现不同年龄班的师幼互动具有不同的情感特征,积极情感型互动是小班教师与幼儿的主导型互动,而大班消极情感型互动占的比例最高。同时,不同的活动场景对师幼互动也具有影响,消极情感型师幼互动在生活活动中出现的频率最高。从互动主题来看,消极情感型互动是以约束纪律为主题的师幼互动的主导性质,情感流露、抚慰情绪、激发情感和娱乐的主导性质都是积极情感型互动。从互动的开启者来看,由教师开启的师幼互动中,消极情感型互动所占比例最大,且消极情感型互动在幼儿开启的师幼互动中所占比例也是最高。[④]

---

[①] 任杰.课堂情境中师生情感互动特点的研究[J].广州师院学报,1999,20(8):49-54.

[②] 杨斌,唐小红.中学课堂教学中师生情感互动的有效性探究[J].四川教育学院学报,2010(8):53-57.

[③] 刘晶波.社会学视野下的师幼互动行为研究:我在幼儿园看到了什么[M].南京:南京师范大学出版社,2006:80-81.

[④] 巨金香.情感视阈中的师幼互动研究[D].长春:东北师范大学,2006.

## 第三节 幼儿园教师情绪劳动研究

### 一、幼儿园教师情绪劳动概述

（一）幼儿园教师情绪劳动的原因

幼儿教育工作者每天都要从事体力、脑力和高度情绪化的工作。情绪劳动持续时间长、情绪互动多样性和情绪劳动强度高是幼儿园教师情绪劳动的主要特征。[①] 在一项针对美国 K-12 教师的研究中，100%的受访教师表示参与了情绪劳动。[②] 幼儿园教师成为高情绪劳动者的原因主要有以下几个方面：一是学龄前是幼儿社会性和情绪发展的关键时期，促进幼儿情绪健康和稳定的教学目标要求教师能够调节自身的情绪。二是受到幼儿身心发展特征的影响，学龄前阶段教学的不可预测性较高，对幼儿园教师的情绪表现要求更高。三是幼儿园教师的工作涉及与家长、同事以及行政领导的互动，复杂和频繁的人际互动加大了幼儿园教师的情绪工作压力。四是学前教育市场化使幼儿园教师面临着更大的工作量和问责压力。此外，幼儿园教师往往面临着歧视、不公平和投诉，社会地位的不平等等困扰，也要求她们进行更多的情绪调节工作。[③] 总体而言，幼儿园教师职业的目标、内容及环境使幼儿园教师必然面对复杂且程度较高的情绪劳动。

（二）幼儿园教师情绪劳动的表现

师幼互动是影响幼儿园保教质量的关键因素，因此师幼互动中的教师情绪劳动也最受关注。在师幼互动中，教师的情绪劳动通常被幼儿行为所诱发，且随着幼儿行为的变化、教师目标的达成以及其他外在因素的影响呈现出变化态势。[④] 我国学者将幼儿园教师的情绪劳动分为以下三个方面：(1)展示积极情

---

[①] ZHANG L, YU S, JIANG L. Chinese preschool teachers' emotional labor and regulation strategies[J]. Teaching and teacher education, 2020, 92:103024.

[②] BROWN E L, HORNER C G, KERR M M, et al. United States teachers' emotional labor and professional identities[J]. KEDI Journal of educational policy, 2014, 11(2):205-225.

[③] ZHANG L, YU S, JIANGI L. Chinese preschool teachers' emotional labor and regulation strategies[J]. Teaching and teacher education, 2020, 92:103024.

[④] 许倩倩. 师幼互动中的教师情绪研究[D]. 南京:南京师范大学, 2014.

绪。幼儿园教师通过聊天问候、鼓励劝慰、关怀照顾等方式,维护师幼关系;(2)利用情绪教学。例如,幼儿园教师通过展示温和或生气的情绪来管理班级;利用不同的情绪表达辅助教学,帮助幼儿理解教学内容等;(3)隐藏消极情绪。幼儿园教师出于对幼儿的保护通常会有意识地控制消极情绪的宣泄等。[①]

此外,少数研究关注到幼儿园教师在家园互动中的情绪劳动。我国的一项调查发现,幼儿园教师在家园沟通、家长参与幼儿园工作、亲职教育三种家长工作内容中都存在表层表现、深层表现和自然表现三类情绪劳动表现。在家园互动中,家长的不理解、个人空间的侵占以及教育观念不一致等因素会使幼儿园教师面临许多需要情绪劳动的情境。幼儿园教师在情绪调适失败后会面临诸多困境,具体表现为:(1)情绪失调,即个体的情绪感受与组织要求的情绪之间出现不可调和的差异。(2)情绪隐藏,即个体掩饰、装扮自己真实的情绪感受,按照组织要求的情绪去表达自我。(3)情绪偏差,即个体外部表现的情绪与组织要求的情绪不一致。[②]

### (三)幼儿园教师情绪劳动的群体特征

群体包括两个或两个以上彼此互动、彼此依赖的人,他们的需要和目标使得彼此相互影响,群体就是为了共同的目的而聚集在一起的人。[③] 在我国,群体工作的特征赋予幼儿园教师情绪劳动独特内涵,同事关系的维护成为情绪劳动的必要组成部分。在两教一保或三教轮保的教师配备制度下,幼儿园教师与其班级同行形成了一个专业共同体,但三者之间的关系却存在主班教师主导式、平等协商式、"2+1"式、角色倒置式、"一致对外式"等多种关系模式。为了维护群体关系,幼儿园教师需要付出大量的情感劳动。朱玉从幼儿园教师的同事关系出发,认为幼儿园教师职业具有以下特征:(1)同质化的性别空间,幼儿园是以女性为主的社会场所。(2)竞争化的社会生存,在幼儿园中存在排他性竞争与累积性竞争。(3)分群化的社会生态,班级教师群体是一个天然的利益单元。(4)悬殊化的社会分层,幼儿园教师社会内部是一个不平衡的社会生态,其

---

[①] 刘淑珍.师幼互动中的教师情绪劳动研究[D].保定:河北大学,2023.
[②] 徐婵.家长工作中幼儿教师情绪劳动的困境与消解:符号互动论视角的访谈研究[J].教育与教学研究,2022,36(11):52-64.
[③] ARONSON E,TIMOTHY D,AKERT R M.社会心理学[M].侯玉波,等译.北京:中国轻工业出版社.2005:240.

中有着各种力量、因素导致的社会分层。(5)合作的紧密性,班级内任何活动都离不开主班教师、配班教师、保育员之间的合作。① 这些特点使幼儿园教师群体区别于其他教师群体,也使幼儿园教师的情绪劳动区别于其他学段教师的情绪劳动。对于幼儿园教师而言,她们既可以通过个体化的策略开展情绪劳动,也可能通过集体化的策略相互支持,即通过"集体情感劳动"来确保情绪表达符合规则。②

## 二、幼儿保教工作中的情绪规则

对于幼儿园教师而言,工作中的情绪展现受到许多显性或隐性规则的制约。情绪规则反映了文化期望、社会标准或专业规范,这些规则以内化的自我调节或外部控制的方式指导教师的情绪劳动。维诺格拉德对美国小学教师的调查发现,教师情感表达的普遍规范包括对学生有感情、表现出对学科和学生的热情、避免公开表现极端情绪、热爱工作以及具有幽默感等。③ 国内学者通过对中学教师的研究识别出四项教师情绪规则,包括满怀激情地从事教学、隐藏负面情绪、保持积极情绪以及利用情绪实现教学目标,并提出社会文化影响着教师对情绪、情绪规则以及师生交流方式的理解。在我国重视人际和谐的文化传统中,教师在工作中的情绪表达范式相对克制,更倾向于采用与情境紧密联系的沟通方式(间接、隐含及非语言)进行交流。④ 在幼儿教育阶段,英国学者卡罗提出幼儿园教师需要在工作中保持快乐、有趣和微笑,平等对待所有幼儿,避免展现负面情绪等。⑤ 谷渊博发现支配幼儿园教师情绪展现的规则包括展现积极情绪、隐藏消极情绪和适度展现消极情绪。这些规则一方面源于职业要求或园所要求,另一方面源于幼儿园教师自己对道德层面或职业理解层面的感知

---

① 朱玉.以班级为单位的幼儿教师群体关系研究[D].南京:南京师范大学,2013.

② 陈玉佩.建构亲密与控制情绪:幼儿教师的情感劳动研究:以北京市3所幼儿园的田野调查为例[J].妇女研究论丛,2020(2):45-62.

③ WINOGRAD K. The functions of teacher emotions: the good, the bad, and the ugly[J]. Teachers college record,2003,105(9):1641-1673.

④ YIN H B,LEE J C K. Be passionate, but be rational as well: emotional rules for Chinese teachers' work[J]. Teaching and teacher education,2012,28(1):56-65.

⑤ VINCENT C,BRAUN A. Being 'fun' at work: emotional labour, class, gender and childcare [J]. British educational research journal,2013,39(4):751-768.

和判断。① 总体而言,在大量的情绪劳动研究中,关于教师情绪规则的研究十分有限。由于不同学段教师的工作对象与环境差异较大,中小学阶段教师所重视的情绪规则在幼儿教育阶段并不完全适用,因此进一步探讨学前教育机构中的情绪规则十分必要。

### 三、幼儿园教师的情绪劳动策略

霍克希尔德提出了情绪劳动具有表面工作和深层工作两种典型策略,后续研究者大多沿用了这一经典分析框架②。针对上述情绪劳动策略,研究者进一步探讨了二者的使用条件、频次及相互关系。多数研究认为这两种策略相互排斥,即使用一种策略意味着不使用另一种策略。③ 然而,也有研究者认为两种策略的使用并不冲突,教师会同时使用表层工作与深层工作策略。④ 除了上述两种情绪劳动策略,迪芬多夫等学者提出真实情绪的表达也是工作中情绪劳动的一种独特策略,拓展了情绪劳动策略的分析框架。⑤ 国内学者对迪芬多夫的问卷进行修订,发现幼儿园教师的情绪劳动策略包含自然表现、深层表现和表层表现三个维度,反映了情绪劳动策略维度的跨文化特征。⑥ 在策略选择上,研究发现我国幼儿园教师使用表层表现策略的频率大大低于深层表现和自然表现,且自然表现策略使用频次和深层表现策略不相上下,是幼儿园教师最常用的情绪劳动策略。⑦

---

① 谷渊博.幼儿教师情绪劳动的职业特征、影响因素与作用机制[D].西安:陕西师范大学,2022.

② 尹坚勤,吴巍莹,张权,等.情绪劳动对幼儿园教师的意义:一项定量研究[J].华东师范大学学报(教育科学版),2019,37(6):109-122.

③ AUSTIN E J, DORE T C P, O'DONOVAN K M. Associations of personality and emotional intelligence with display rule perceptions and emotional labour [J]. Personality and individual differences, 2008, 44(3):679-688.

④ SUTTON R E. Emotional regulation goals and strategies of teachers[J]. Social psychology of education, 2004, 7(4):379-398.

⑤ DIEFENDOREF J M, CROYLE M H, GOSSERAND R H. The dimensionality and antecedents of emotional labor strategies[J]. Journal of vocational behavior, 2005, 66(2):339-357.

⑥ 孙阳,张向葵.幼儿教师情绪劳动策略与情绪耗竭的关系:心理资本的调节作用[J].中国临床心理学杂志,2013,21(2):256-259,262.

⑦ 尹坚勤,吴巍莹,张权,等.情绪劳动对幼儿园教师的意义:一项定量研究[J].华东师范大学学报(教育科学版),2019,37(6):109-122.

为了进一步考察幼儿园教师情绪劳动策略的群体内差异,研究者采用潜在剖面分析的方法来探究幼儿园教师情绪劳动策略的潜在类别。例如,刘丹等根据情绪策略的使用方式,将幼儿园教师的情绪劳动策略划分为积极型、内热型、珍爱型和冷淡型四种类型。除冷淡型外,其他三种类型都呈现出高水平深层表演的特点。[①] 洪秀敏和张明珠发现幼儿园教师情绪劳动存在积极参与型、中度参与型、低度参与型、消极参与型四种类型,并指出当前幼儿园教师情绪劳动普遍存在外在情绪表现和参与性较低的特点。[②] 王元等结合幼儿园教师情绪劳动的三种策略,将幼儿园教师的情绪劳动策略划分为均衡型、积极调整型、无为型、乐于调整型四个类别。[③] 上述研究发现证实了幼儿园教师情绪劳动策略运用的复合性特征,但对幼儿园教师情绪劳动策略应用的情境性和动态性探讨较少。

### 四、幼儿园教师情绪劳动的影响因素

新西兰学者进行的一项研究发现,与父母和同事的艰难互动、不合理的管理制度以及繁重的工作量是幼儿园教师情绪劳动的影响因素。[④] 综合国内外相关研究发现,幼儿园教师情绪劳动的影响因素包括个人、家庭、园所的组织管理等几个方面。

#### (一)个体因素

幼儿园教师的情绪劳动首先与其个体特征密切联系。情绪劳动是幼儿园教师在工作情境中与外界发生互动时的情绪调节过程,因此个体的人格特征可能对其产生重要的影响。[⑤] 有研究发现,移情能力较强的人更倾向于进行情绪

---

[①] 刘丹,缴润凯,王贺立,等.幼儿教师情绪劳动策略与职业倦怠的关系:基于潜在剖面分析[J].心理发展与教育,2018,34(6):724-729.

[②] 洪秀敏,张明珠.幼儿园教师情绪劳动类型及其对工作满意度的影响:基于六省市幼儿园教师的潜在剖面分析[J].教师教育研究,2021,33(1):68-74.

[③] 王元,张德佳,马洪瑞,等.幼儿园教师情绪劳动策略潜在类别及其与组织承诺的关系[J].中国心理卫生杂志,2023,37(11):955-100.

[④] JENA-CROTTET A. Early childhood teachers' emotional labor[J]. New Zealand interactional research in early childhood education,2017,20(2),19-33.

[⑤] 廖化化,颜爱民.情绪劳动的效应、影响因素及作用机制[J].心理科学进展,2014,22(9):1504-1512.

劳动。[1] 外向型的人更能够感受到外界所要求的积极情绪,因而更多地表现出真实的情感,更倾向于深层工作;而神经质的个体则更多地感受到消极情绪,更倾向于采用表层工作以符合外界的要求。[2] 性别也被认为会影响幼儿园教师的情绪劳动。相比较于男性,女性被认为更擅长和更适合从事情绪劳动,也更希望通过表现积极的情绪来获得外界的认可,因此她们比男性更经常地使用表层行为和深层行为等策略。[3] 在学历方面,低学历的幼儿园教师在工作中更易采取表层行为策略,而深层行为策略的应用未出现学历差异。在年龄方面,有研究发现年龄会影响幼儿园教师的情绪劳动,成熟教师拥有更丰富的教学工作经验,能够较为灵活地进行情绪劳动,而新手教师处于"生存关注"阶段,会更为频繁地采取表层行为进行情绪劳动。不过,也有研究发现不同年龄组幼儿园教师的情绪劳动未呈现显著差异。[4] 此外,也有研究发现心理资本与幼儿园教师的情绪劳动有关,心理资本显著调节了表面行为和深度行为对工作倦怠的影响。[5]

(二)组织和环境因素

从社会建构主义的观点看,幼儿园教师的情绪劳动是在与外部环境相互作用的过程中建构起来的。幼儿园作为幼儿园教师主要的工作场域,园所的性质、管理方式、组织气氛的差异以及家长和社会对幼儿园教师的要求都会影响其情绪劳动。早期的研究发现,人际互动的频率、持续时间和常规性是情绪劳动的前因。当工作需要与他人频繁接触时,个体的情绪劳动程度更高。[6] 面对情绪投入要求较高的工作,教师对学校氛围的感知会影响他们的情绪劳动。有

---

[1] WRÓBEL M. Can empathy lead to emotional exhaustion in teachers? The mediating role of emotional labor[J]. International journal of occupational medicine and environmental health,2013,26:581-592.

[2] DIFFENDORFFI J M,RICHARDI E M. Antecedents and consequences of emotional display rule perceptions[J]. Journal of applied psychology,2003,88(2):284.

[3] ZHANG Q,YIN J,CHEN H,et al. Emotional labor among early childhood teachers:frequency,antecedents,and consequences[J]. Journal of research in childhood education,2020,34(2):288-305.

[4] 张一楠.幼儿教师情绪劳动及其影响因素研究[D].开封:河南大学,2008.

[5] PENG J X,HE Y,DENG J,et al. Emotional labor strategies and job burnout in preschool teachers:psychological capital as a mediator and moderator[J]. Work,2019,63(3):335-345.

[6] MORRIS J A,FELDMAN D C. Managing emotions in the workplace[J]. Journal of managerial issues,1997:257-274.

研究发现幼儿园教师对学校氛围的感知对表层行为具有负面影响,但对深层行为产生了积极影响。① 同时,幼儿园教师感知到的领导风格也会影响其情绪劳动,公平和支持性的领导风格更有助于教师开展工作。公仆式领导风格有助于增强幼儿园教师的组织承诺,激发幼儿园教师的深层行为和情绪自然表达。② 此外,幼儿园教师的情绪劳动也受到同事关系的影响。同事行为和亲密行为正向预测幼儿园教师的自然表现和深层表现策略,园长限制行为对情绪劳动策略影响不显著。③ 总体而言,幼儿园教师情绪劳动的强度与策略选择受到工作环境的制约,每一所幼儿园都有其独特的文化、组织和管理制度,良好的工作环境有助于提升幼儿园教师的专业认同感,进而改善幼儿园教师情绪劳动的策略选择。④ 一旦这些外部环境缺少足够的支持,教师将面临着更加严重的情绪劳动负担。

### 五、幼儿园教师情绪劳动的影响

#### (一)幼儿园教师情绪劳动对自身的影响

情绪劳动是幼儿园教师专业实践的重要组成部分,同样也会对教师自身产生正向或负向的影响。对幼儿园教师而言,大量的情绪卷入潜藏着一定的风险。霍克希尔德对情绪劳动的批判观点强调个体在协调组织要求和自我感受的过程中可能会出现情绪失调。这一观点在关于幼儿园教师情绪劳动的实证研究中得到证实,许多研究发现情绪劳动是幼儿园教师职业倦怠的促进剂,尤

---

① YAO X, YAO M, ZONG X, et al. How school climate influences teachers' emotional exhaustion: the mediating role of emotional labor[J]. International journal of environmental research and public health, 2015, 12(10): 12505 - 12517.

② ZHENG X, JIANG A, LUO Y. Do servant leadership and emotional labor matter for kindergarten teachers' organizational commitment and intention to leave? [J]. Early education and development, 2023, 34(7): 1489 - 1505.

③ 王元,王唯一,索长清. 幼儿园组织气氛类型及其与幼儿园教师情绪劳动的关系[J]. 上海教育科研, 2020(2): 93 - 96, 18.

④ XIE S, LIANG L, LI H. Emotional labor and professional identity in chinese early childhood teachers: the gendered moderation models[J]. Sustainability, 2022, 14(11): 6856.

其是表层工作与幼儿园教师的情绪衰竭、人格阶梯以及低成就感密切相关。[1][2]关于深层工作与幼儿园教师职业倦怠的关系有不同的研究结论，一些研究发现深层工作与职业倦怠有较弱的正相关关系，也有研究发现深层工作有益于教师的身心健康。[3] 深层工作对健康有益的效果被归因于深层工作中的真实表达，真心实意的感受抵消了表演的感觉，创造了成就感并最终减少了情绪疲惫。类似结论在情绪劳动与教师幸福感的研究中也得到证实。教师的幸福感是其在与同事和学生的合作过程中构建的个人职业成就感、满意度及合目的性。研究发现表层工作对个体幸福感有长期的负面影响，而深层行为和真实表达则与教师幸福感呈正相关。[4] 因此，多数研究鼓励教师在工作中更多使用深层工作的情绪劳动策略，以此减轻情绪劳动可能对自身健康带来的负面影响。

尽管大量研究揭示了情绪劳动尤其是表层工作对个体的负面影响，但也有研究认为幼儿园教师可能是一个独特的群体。幼儿园教师不仅能够通过深层工作中提高工作成效，也能够从表层工作的认知和应用中受益。当教师能够理解课堂中的情绪规则时，参与表层工作也有助于教师改善工作表现。[5] 总体而言，情绪劳动对幼儿园教师的正向影响表现在以下几个方面。（1）提高教育教学的效率。幼儿园教师利用情绪在不同的情境里进行角色建构与转换，能有效提高教育教学的效率。（2）维持安全有序的班级生活。幼儿园教师展现积极情绪、适度表达消极情绪也有助于幼儿维持有组织的、规范的、安全的班级生活，减轻幼儿园教师维持班级秩序的压力。（3）增进幼儿园教师的成就感与自我效能感。教师积极情绪的诱因常常是幼儿的行为，良好的师幼关系能帮助教师从

---

[1] ZHANG Q, YIN J, CHEN H, et al. Emotional labor among early childhood teachers: frequency, antecedents, and consequences[J]. Journal of research in childhood education, 2020, 34(2): 288-305.

[2] NTIM S Y, QIN J, ANTWI C O, et al. Early childhood educators' emotional labor and burnout in an emerging economy: the mediating roles of affective states[J]. Heliyon, 2023, 9(3).

[3] NÄRING G, VLERICK P, VAN DE VEN B. Emotion work and emotional exhaustion in teachers: the job and individual perspective[J]. Educational studies, 2012, 38(1): 63-72.

[4] REN T, LI X. The effect of emotional labour on professional well-being among early childhood teachers based on structural equation modelling[J]. Applied mathematics and nonlinear sciences, 2024, 9(1): 1-16.

[5] BROWN E L, VESELY C K, MAHATMYA D, et al. Emotions matter: the moderating role of emotional labour on preschool teacher and children interactions[J]. Early child development and care, 2018, 188(12): 1773-1787.

工作中中获得幸福感。[1]

### (二)幼儿园教师情绪劳动对幼儿的影响

教师是幼儿成长发展中的重要他人,其心理健康水平将直接影响幼儿身心能否健康发展,甚至对幼儿的终身发展都具有重要影响。[2] 幼儿园教师在专业实践中会付出大量情绪劳动,而这些情绪劳动在师幼互动、家园合作、教学活动组织中发挥着重要作用。忽视幼儿园教师这一职业自身的情绪属性,不利于幼儿园教师职业的专业化发展。[3] 大量研究发现,幼儿园教师对情绪劳动策略的使用以及他们对情绪表现规则的认知与师幼互动质量密切相关,应用深层工作策略有助于教师尊重和支持幼儿,理解情绪规则也有助于教师情绪劳动策略的决策。[4] 关于幼儿园教师情绪衰竭以及师幼互动关系的研究发现,幼儿园教师的情绪耗竭程度越高,其在课堂上与儿童的互动质量越低。相对于情绪疲惫较少的幼儿园教师,情绪疲惫较高的幼儿园教师对幼儿表现出更低质量的教学支持、情感支持和课堂组织。[5] 国内有研究发现,幼儿园教师情绪劳动表层策略使用越多,师幼关系依赖性较强,师幼关系质量越低;幼儿园教师情绪劳动深层策略使用越多,师幼关系依赖性越弱,师幼关系质量越高。[6]

还有研究者探讨了幼儿园教师情绪劳动与幼儿社会情绪发展之间的关系。幼儿与教师或同伴之间积极的人际关系会预测其学龄前情感知识的增长。即幼儿园教师的情绪劳动会影响师幼之间的人际关系,进而影响幼儿的情绪发展

---

[1] 许倩倩.师幼互动中的教师情绪研究[D].南京:南京师范大学,2014.

[2] 张傲子,张琦,石小加,等.情绪意识对幼儿教师心理健康状态的影响[J].中国健康心理学杂志,2022,30(1):65-70.

[3] 洪秀敏,张明珠.幼儿园教师情绪劳动类型及其对工作满意度的影响:基于六省市幼儿园教师的潜在剖面分析[J].教师教育研究,2021,33(1):68-74.

[4] BROWN E L, VESELY C K, MAHATMYA D, et al. Emotions matter: the moderating role of emotional labour on preschool teacher and children interactions[J]. Early child development and care,2018,188(12):1773-1787.

[5] ANSARI A, PIANTAI R C, WHITTAKER J V, et al. Preschool teachers' emotional exhaustion in relation to classroom instruction and teacher-child interactions[J]. Early education and development,2022,33(1):107-120.

[6] 刘慧娟.幼儿园教师情绪劳动策略与师幼关系的关系研究[D].沈阳:沈阳师范大学,2017.

和今后的学习成就。① 有研究者在格兰迪情绪劳动与社会情绪学习整合模型（SEL）框架下,证实了教师的自然行为和表面行为对其教学效果的预测作用,并且发现教师情绪劳动对幼儿学习方式和社会情感发展的中介路径在不同岗位的教师中存在显著差异。② 此外,有研究发现无论教师的行为方式和课堂教学管理方式如何,教师的积极表达能力都正向预测了学生的社会能力。整体而言,关于教师情绪劳动与幼儿发展关系的研究成果日益丰富,多数研究成果表明支持幼儿园教师情绪劳动,尤其是最大限度地减少教师的情绪衰竭,是促进高质量课堂及幼儿发展的有益策略。

### (三)幼儿园教师情绪劳动对园所的影响

幼儿园教师的情绪劳动对幼儿园保教质量、园所的科学发展均有一定的意义。一方面,幼儿园教师是保教活动的组织者和引导者,教师在保教活动中是否保持了稳定良好的情绪状态将影响幼儿在活动中的状态;另一方面,幼儿园教师积极健康的情绪管理是能够对幼儿园良好组织气氛和工作氛围的形成产生积极的促进作用的,并以此推动幼儿园教育革新,促进园所的科学、健康发展。③ 相关实证研究表明,当员工根据组织情绪规则表现出适当的情绪行为,有助于提高工作效率和服务质量,进而提高组织的竞争力。④ 对于幼儿园教师而言,教师理解并采取恰当的情绪劳动策略有助于提高教育质量,进而促进园所的发展和评估结果。相反,假如幼儿园教师在情绪劳动过程中出现职业倦怠,则可能会影响教师继续从事教师职业的意愿和能力,进而增加离职意愿。⑤ 与此同时,由情绪劳动导致的教师流失对学校的整体发展也存在负面影响,因为

---

① TORRES M M, DOMITROVICH E C, BIERMANI L K. Preschool interpersonal relationships predict kindergarten achievement: mediated by gains in emotion knowledge[J]. Journal of applied developmental psychology, 2015, 39: 44 - 52.

② XIE S, WU D, LI H. The relationship between chinese teachers' emotional labor, teaching efficacy, and young children's social - emotional development and learning[J]. Sustainability, 2022, 14(4): 2205.

③ 王卫国. 基于专业标准的幼儿教师情绪管理对策探析[J]. 教育探索, 2015(1): 37 - 40.

④ ASHFORTH B E, HUMPHREY R H. Emotional labor in service roles: the influence of identity[J]. Academy of management review, 1993, 18(1): 88 - 115.

⑤ HONG J, ZHAO J M, PAN R Y. Effects of emotional labor on the turnover intention of kindergarten teachers: a moderated mediation model[J]. Social behavior and personality: an international journal, 2023, 51(10): 1 - 11.

教师离职需要学生调整状态去适应新教师的教学方式,也需要学校管理人员和教师导师分配更多的时间、精力和资源去培养成熟优秀的教师。① 这些研究也进一步强调了教师情绪劳动与园所发展之间的交互作用,幼儿园需要将支持教师情绪劳动作为教师队伍建设乃至园所发展战略的一部分,不断优化和完善幼儿园的组织环境。

## 第四节　文献总结与反思

上述文献综述呈现了当前教师情绪研究的整体状况和大致脉络,对这些研究进行客观分析有助于笔者吸取前人研究经验,对自身研究目标进行准确定位,并在此基础上探索进一步推进研究的方向。可以发现,已有文献的主要贡献体现在以下几个方面:第一,从研究范围上看,当前教师情绪研究涉及教师情绪与教学的关系、教师情绪与学生发展的关系、教师情绪表征以及教师情绪调节等各个方面,研究范围和视角十分丰富,研究的应用价值取向鲜明。第二,从研究数量上看,虽然教师情绪研究的总体数量不多,但教师情绪问题日益引起研究者的关注,近年来相关研究呈现明显增长的趋势,尤其是教师情绪调节和情绪管理方面的研究数量较多,许多理论研究者和一线教师围绕教师情绪问题提出了丰富的理论见解和实践经验,为教育教学活动的改善提供了可行的途径与策略。在这样的趋势下,甚至有研究者提出,教育研究正在呈现一种"情感转向"。② 纵观上述研究,虽然教师的情绪研究已经逐渐引起我国研究者的关注,但不难发现这一领域的研究还存在较大的拓展空间。

第一,从研究对象来看,幼儿园教师情绪劳动的独特性尚未得到充分探讨。在国内外已有研究中,对教师情绪劳动的定义一般借用的是霍克希尔德的经典定义,分析思路的出发点是教师职业与其他职业情绪劳动表现及策略的共性,差异分析也往往体现为情绪劳动程度大小的量性差异。然而,教师职业与其他服务型行业在工作情境、目标、内容及伦理规范方面存在着质的差异。幼儿园

---

① 余凤燕,郑富兴.因果机制与管理路径:国外教师情绪劳动研究综述[J].比较教育学报,2021(6):101-115.

② 王兆璟,张艳艳.论教育研究的情感转向[J].社会科学战线,2023(5):249-258.

教师作为情绪劳动者,其特殊性不仅在于情绪劳动的程度多少,更在于情绪劳动是保育工作的核心,与保教工作促进公平与发展的价值追求密切联系,是定位幼儿园教师职业社会价值的根本所在。因此,幼儿园教师情绪劳动的探索不仅需要关注其事实层面,更需要导向对幼儿园教师情绪劳动价值的思考。

第二,从研究视角上看,目前关于教师情绪劳动的研究大多将情绪视为教师内在的心理过程,从人际互动角度对教师情绪劳动进行的研究较为缺乏。首先,在当前的研究文献中,关于教师情绪劳动的研究总体数量较少,研究者往往将情绪视为观念或行为的附属产品,专门或系统对教师情绪问题展开的研究相对较少。其次,在已有关于教师情绪劳动的研究中,研究者大多从静态视角对教师情绪劳动的结构进行分析,缺少在自然情境中对幼儿园教师情绪劳动实际特征与过程的研究,忽视对教师情绪劳动产生的互动情境和情绪在教育教学活动中扮演角色的分析,使得教师情绪劳动研究呈现抽象化及碎片化的特点,难以呈现幼儿园教师情绪劳动现象的生动性、丰富性与复杂性。

第三,从研究内容上看,目前关于幼儿园教师情绪劳动的研究主要着眼于"师幼互动"领域。尽管"师幼互动"是幼儿园教师人际交往最为频繁且影响深远的领域,但不可否认的是,教师在师幼互动中的情绪劳动状况会受到其他工作关系的影响,尤其是教师与同事、家长之间的社交关系。因此,本研究进一步拓展幼儿园教师情绪劳动的视角,分别考察幼儿园教师在师幼互动、同事互动及家园互动中的情绪劳动,并对三者之间的关系进行探讨。以期描绘更加完整的幼儿园教师情绪劳动的图景,呈现相互交织、连续和复杂的人际互动模式及情绪劳动相互影响的机制,为探索未来可能的改进措施提供一定的现实依据。

最后,从研究方法上看,已有关于教师情绪的研究较多采用理性思辨、心理测量和心理实验法,采用质性研究方法的研究较少,以进入研究现场进行实地观察展开的质性研究更加缺乏。心理测量和心理实验在整体把握教师情绪劳动的结构、个性特征以及考察情绪成分与其他变量的关系等方面具有较大贡献,而质性研究擅长于从整体上呈现幼儿园教师情绪劳动的过程及其互动意义。本研究通过质性研究聚焦幼儿园教师情绪劳动,有助于识别情绪规则的文化背景与组织特征,探讨我国文化背景下幼儿园教师情绪劳动策略选择的微观机制,以期对已有研究进行补充与拓展。

# 第三章

# 师幼互动中的幼儿园教师情绪劳动

自霍克希尔德提出"情绪劳动"概念后,不同职业领域的情绪劳动被广泛地探讨,而幼儿园教师职业的情绪劳动也日益被重视。教师的情绪劳动在师幼互动中如何表现?幼儿园中存在着怎样的情绪劳动规则?教师在师幼互动中会有哪些情绪劳动策略?本章着重对幼儿园教师情绪劳动的外显表现进行考察与分析,对师幼互动中的教师情绪劳动进行探讨。

## 第一节 师幼互动中教师情绪表达的基本情况

### 一、幼儿园教师情绪表达的类型

情绪表达是幼儿园教育教学活动的重要组成部分,无论是晨间活动、生活活动或是教学活动,幼儿园活动的每个环节都包含着大量的教师情绪表现。为了考察教师情绪表达在师幼互动中的表现与特征,笔者以事件取样的方法收集了6位教师在12个观察单元中的师幼互动行为,共获得236例教师具有明显情绪表现的师幼互动事件。笔者在对这些事件进行反复阅读与思考后,尝试对师幼互动中的教师情绪表达做了以下分类。

(一)以情绪效价为依据,师幼互动中的教师情绪表达可以分为正向情绪与负向情绪

在情绪心理学研究中,情绪效价是描述情绪特征的重要维度。"效价"是某物质引起生物反应的功效单位。根据情绪对个体生理产生的整体功效,情绪总体上可以分为正向性(积极性)情绪或负向性(消极性)情绪。例如,喜悦和爱

具有积极的效价,这些情绪能够使人们感到放松和愉悦,提高快乐的荷尔蒙分泌,而愤怒、恐惧则具有消极的效价,这些情绪让人们感到紧张与焦虑,使血压上升,并提高人们应激激素的分泌。[①] 以所表达情绪的效价为依据,师幼互动中的教师情绪表达从总体上也可以分为正向情绪和负向情绪两类。考虑到每个互动事件中的情绪强度存在变化,且侧重点有所差异,笔者参考特纳对基本情绪的分类方式对师幼互动中的教师情绪表达进行了如下分类:

1. 愉悦－高兴情绪

中班教学活动时,老师请小朋友创编儿歌。提问前两名幼儿时,幼儿只能说出替换的儿歌中的关键词汇,需要老师的引导才能把完整的一句歌词说出来。而后,老师提问到了优优:"拍手唱歌,除了笑呵呵,我们高兴的时候还能怎么样呢?优优。"优优站起来大声回答:"拍手唱歌抱一抱,抱呀抱一抱。"优优的回答让老师欣喜不已,一边鼓掌一边说:"真棒!优优把完整的一句都编出来了!我们跟他一起学一学,预备,起!"

在这段互动中,教师引导幼儿对刚刚学过的儿歌进行创编。由于"拍手唱歌抱一抱"这句儿歌的句式较为复杂,教师之前提问的几名幼儿都没有能够完成进行创编,只有优优成功进行了完整的创编,显示出高于其他幼儿的思维和语言水平,由此诱发了教师愉悦的情绪,教师则通过言语和非言语表现方式对幼儿进行了鼓励。

2. 不满－生气情绪

大班教学活动时,老师请小朋友各自在座位上进行写生。当老师把几支不同颜色的画笔放在幼儿的桌子上时,六名幼儿争先恐后地抢起来,让老师感到十分不满:"干吗干吗?(拍了一下桌子)都坐下!"两名最后拿到笔的幼儿似乎有些不满意:"换一个。"老师瞪了他们一眼:"不要换,拿到什么就是什么,都能写,换什么?"随后转身离开。

在这段互动中,幼儿对画笔的抢夺行为诱发了教师的不满情绪,教师通过言语和非言语方式向幼儿传达了自己的感受以及要求他们停止抢夺的意图。

3. 失望－难过情绪

大班教学活动时,老师向幼儿展示象形文字的图片。在这节课中,孩子们

---

① PROSEN S,SMRTNIK – VITULIĆ H,POLJŠAK ŠKRABAN O. Teachers' emotional expression in interaction with students of different ages[J]. C. E. P. S journal,2011(1):141 – 157.

一直处于比较兴奋的状态。老师先请幼儿看了"水"字的象形字图案,请他们猜一猜是什么字,在提问了几名幼儿后,老师向幼儿展示了"水"的汉字图片,幼儿看到自己猜对了,纷纷大声欢呼:"耶!耶!耶!"等幼儿的声音稍降低后,教师拍了一下手:"现在请所有人嘴巴闭上。这节课有没有比赛啊?"幼儿回答:"没有!"老师用平静的语气说道:"只是认个字,就是让你们看看以前老祖先画的图,可是你们上课的纪律让老师太失望了。"(语气逐渐低落,露出失望的表情)班级逐渐安静下来。

这段互动发生在教学活动即将结束的时段,幼儿在发现自己猜对了答案后大声欢呼,这一行为引发了教师的失望情绪,教师用自己的言语和非言语行为向幼儿传达了自己的感受。

笔者共对三个班级进行了 12 个半日活动的观察,其中小班和大班各观察了 3 个半日活动,中班观察了 6 个半日活动,共搜集到 236 个教师具有明显情绪表现的师幼互动事件。这些互动事件的年级分布情况见表 3-1:

表 3-1　教师不同情绪特征师幼互动事件的分布(一)

| 情绪类型 | | 小班<br>(3 个半日活动) | 中班<br>(6 个半日活动) | 大班<br>(3 个半日活动) | 总计 |
| --- | --- | --- | --- | --- | --- |
| 正向情绪 | 愉悦-高兴 | 24 | 54 | 24 | 102 |
| 负向情绪 | 不满-生气 | 17 | 55 | 59 | 134 |
| | 失望-难过 | 2 | 1 | 0 | |

可以发现,教师在教育教学活动中的情绪起伏十分频繁,每个班级的教师在半日活动中都与幼儿展开大量具有明显正向或负向情绪特征的互动。教师高频率的情绪起伏一定程度上反映了幼儿园教师职业的情感属性。在这些案例中,以教师正向情绪表现为特征的互动事件共有 102 例,教师在互动过程中的情绪处于愉悦到高兴之间的变化序列之中。以教师负向情绪表现为特征的事件共有 134 例,其中数量最多的是处于不满到生气之间的负向情绪互动事件,此外还有少数属于失望到难过之间的负向情绪互动事件。

从上表中教师情绪互动事件的平均值来看,三个班级教师的正向情绪互动事件在频次上没有显著差异,教师在半日教学活动中平均与幼儿展开 8~10 次以正向情绪为特征的互动。在以教师负向情绪表现为特征的互动事件中,可以发现较为明显的年级差异,即从小班到大班教师以负向情绪为特征的互动事件呈递增趋势,且大班的负向情绪互动事件与中小班呈显著差异,这一结果与刘晶波对教师开启的师幼互动行为性质具有年级差异的结论具有一致性,即教师往往对待小班幼儿更为亲切温和,而对大班幼儿的行为中带有更多的不满和厌烦情绪。[1] 由于本研究的样本有限,这一结论并不具有推广性,但一定程度上能够反映教师情绪受到不同阶段工作任务的影响。就笔者的观察而言,由于小班幼儿处于入园适应阶段,教师对于幼儿的行为表现具有较高的容忍度,因此更倾向于采用平和或正向情绪对其进行引导。大班幼儿面临着入学准备的任务,教师为了督促幼儿养成良好的学习与生活习惯,往往对于其违规行为的容忍度较低,倾向于通过负向情绪来约束和规范幼儿的行为。

**(二)以情绪产生的方式为依据,师幼互动中的教师情绪表达可以分为有明显诱因的情绪和无明显诱因的情绪**

在笔者所搜集到的案例中,教师情绪的产生包括两种方式。第一种是存在明显外部诱因的情绪。在师幼互动中,教师的情绪表达往往由幼儿的某种行为诱发。在这种情况中,教师的情绪反应是针对幼儿行为的回应。

生活活动时,老师要求小朋友:"洗手之后去拿花卷上位,等老师给你端牛奶。"几名小朋友洗完手后围着篓子挑选花卷,老师看到后走向他们(用力拍了一下手,提高音量):"好了,拿一个就走掉,摸得脏死掉了,别人还怎么吃啊?拿走了,不要摸来摸去的,摸得脏死掉了。"(语速逐渐加快,不满)

在这个案例中,幼儿挑选花卷的行为是教师负向情绪的直接诱因。教师情绪的产生过程如图3-1所示:

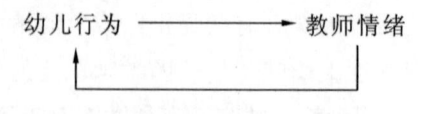

幼儿行为 ⟶ 教师情绪

图3-1 有明显诱因的教师情绪

第二种是无明显外在诱因的情绪,在这种情况中,教师的情绪表达没有明确或直接的外部诱因,而是教师为了引发或改变幼儿行为而自发展现的情绪。此类教师情绪产生的原因主要来自于教师内在的心理过程。

---

[1] 刘晶波.社会学视野下的师幼互动行为研究:我在幼儿园看到了什么[M].南京:南京师范大学出版社,2006:81.

## 第三章 师幼互动中的幼儿园教师情绪劳动

教学活动时,等小朋友们坐好后,老师开始讲课:"好,看看我这里有什么。马上看看我的黑板上什么来了。"(平和语气)老师把一张圆形的图片放在黑板后面,用手轻轻向上推,使它渐渐呈现在幼儿眼前,"咦,会是什么呢?"(面带微笑,语气轻柔)。随着图片的上升,孩子们开始发出"嘿嘿"的笑声。老师轻声提醒:"好,不要发出这样的声音,藏在心里。"当图片完全出现时,老师快速把它拿到黑板前方:"当当当当!"(面带笑容,语气欢快)幼儿纷纷大声喊道:"圆形!"

在上述案例中,教师通过积极情绪的表达来吸引幼儿的兴趣与注意力,引导幼儿对教学活动的参与。这类情绪的产生过程表现为教师的情绪表现在前,幼儿的回应行为在后,具体如图3-2所示:

教师情绪 ⟶ 幼儿行为

图3-2 无明显诱因的教师情绪

在笔者所观察到的案例中,教师所有的负向情绪表达都由幼儿某种形式的违规行为引发,而在教师的正向情绪中,有64个互动事件中的教师正向情绪表达具有明显诱因,有38个互动事件中的教师正向情绪表达没有明显的外在诱因(图3-2)。

表3-2 教师不同情绪特征师幼互动事件的分布(二)

| 情绪表达类别 | 正向情绪 频次 | 正向情绪 百分比 | 负向情绪 频次 | 负向情绪 百分比 |
| --- | --- | --- | --- | --- |
| 有明显诱因的教师情绪表达 | 64 | 62.7% | 134 | 100% |
| 无明显诱因的教师情绪表达 | 38 | 37.3% | 0 | 0 |

教师的情绪是否存在诱因一定程度上可以作为判断教师外显情绪表现是否具有相应内在情绪体验的参考依据。有明显诱因的情绪是教师对幼儿行为的即时回应,无论是正向情绪还是负向情绪,这时教师表达出的情绪往往伴随着与外显表现相对一致的内在情绪体验。对于没有明显诱因的正向情绪来说,

教师的情绪属于为了对幼儿施加影响而"表演"出来的情绪,这时就存在着两种可能:第一种是教师向幼儿表现出了正向情绪,但实际上没有愉悦的内在体验。按照霍克希尔德的理论观点,这种情况就属于教师以"表层行为"策略进行的情绪劳动。第二种是教师向幼儿表现出了正向情绪,同时自己也具有愉悦的内在体验。这种情况一定程度上可以看作教师以"深层行为"策略进行情绪劳动的表现。

## 二、幼儿园教师情绪表达的具体场景

幼儿园教师情绪表达的场景布置如表3-3所示:

表3-3 教师情绪表达的场景分布

| 情绪类别 | 过渡活动 | | 教学活动 | | 生活活动 | | 晨间活动 | | 户外活动(散步/游戏) | | 角色游戏 | | 总计 |
|---|---|---|---|---|---|---|---|---|---|---|---|---|---|
| | 频次 | 比例 | 频次 | 比例 | 频次 | 比例 | 频次 | 比例 | 频次 | 比例 | 频次 | 比例 | |
| 负向情绪 | 52 | 38.8 | 64 | 47.8 | 10 | 7.5 | 6 | 4.4 | 2 | 1.5 | 0 | 0 | 134 |
| 正向情绪 | 7 | 6.9 | 65 | 63.7 | 2 | 2 | 15 | 14.7 | 8 | 7.8 | 5 | 4.9 | 102 |

从上表中可以发现,教师负向情绪表达出现频率最高的场景是教学活动(47.8%),其次是过渡活动(38.8%)、生活活动(7.5%)、晨间活动(4.4%)和户外活动(1.5%)。在教师正向情绪表达方面,出现频率最高的场景是教学活动(63.7%),其次是晨间活动(14.7%)、户外活动(7.8%)、过渡活动(6.9%)和角色游戏(4.9%)。总体来看,上述数据显示了教师情绪表达的场景具有两个较为鲜明的特征:

第一,教学活动同时是教师正向和负向情绪表达的高峰环节。教学活动作为教师有目的、有计划地引导幼儿学习各种知识技能的活动,是一日活动中教师最为重视的环节。为了保障教学活动顺利、有效地开展,教师除了需要在"后台"精心设计活动方案、准备活动材料,还需要在教学活动中通过语言、动作、表情等"前台"设置营造教学氛围,维护班级秩序,推动教学活动的进程。从这个层面上来看,教学活动需要教师大量的情绪投入,教师的正向与负向情绪表达都是教育教学活动的重要组成部分,在教育教学活动中扮演着吸引幼儿兴趣与注意力,引导幼儿思维与行为等多种角色。

第二,过渡活动是教师负向情绪表达的高发时段。过渡活动是幼儿园一日活动从一个环节转向另一个环节的衔接环节。在幼儿园中,大、中、小班的半日活动平均有四个过渡环节,这些活动既是上一个活动的总结环节,也是下一个活动的准备环节。过渡活动一般具有两个作用,第一是为教师与幼儿提供短暂的休息与调整时间;第二是为教师的个别指导或随机指导提供机会。在过渡活动中,幼儿从集体活动转入小组活动或个别活动,幼儿个性化的需求凸显,同伴冲突或违规行为的发生概率较高,从而更容易诱发教师的负向情绪。同时,由于集体活动具有较为明确的教学目标与任务,当幼儿出现较为轻微的违规行为时,教师往往采取忽略或简单的提醒加以制止,避免班级管理与组织活动在教学活动中占据太多时间。这样一来,活动结束后的过渡环节就成为教师集中解决集体活动各种"遗留问题"的时段,也使得过渡活动成为教师负向情绪高发的时段。

### 三、教师情绪表达指向的对象

情绪表达是教师通过言语和非言语行为使自身情绪外显,向互动对象传达自身感受与意图的过程。幼儿园教师情绪表达指向对象的分布如表3-4所示:

表3-4 教师情绪表达指向对象的分布

|  | 个别幼儿 A—B |  | 个别幼儿 A—B—C |  | 群体幼儿 A—C |  | 总计 |
|---|---|---|---|---|---|---|---|
|  | 频次 | 百分比 | 频次 | 百分比 | 频次 | 百分比 |  |
| 正向情绪 | 41 | 40.2 | 19 | 18.6 | 42 | 41.2 | 102 |
| 负向情绪 | 76 | 56.8 | 23 | 17.1 | 35 | 26.1 | 134 |

注:A指教师,B指幼儿个体,C指幼儿群体。

从上表中可以发现,在具有正向情绪特征的师幼互动事件中,教师指向个别幼儿的情绪表达有60次,占总数的58.8%,指向群体幼儿的情绪表达有42次,占总数的41.2%,教师指向个别幼儿的情绪表达略高于指向群体幼儿的情绪表达。在具有负向情绪特征的师幼互动事件中,教师指向个别幼儿的情绪表达有99次,占总数的73.9%,指向群体幼儿的情绪表达有35次,占总数的26.1%,二者之间有着较为显著的差异。

从数据上来看，无论是正向或负向情绪，教师指向个别幼儿的情绪表达都要高于指向群体幼儿的情绪表达，这一特点在负向情绪互动事件中更为突出。教师是否更倾向于对个别幼儿进行引导鼓励或批评制约呢？仔细对各个案例进行分析可以发现，教师指向个别幼儿的情绪表达较多实际上是一种"假象"。如果将教师纯粹针对个别幼儿和群体幼儿的情绪表达定义为A—B和A—C模式，那么教师针对个别幼儿的情绪表达还存在另一种A—B—C模式。这种模式主要出现在以集体形式组织的活动中，即教师通过对个别幼儿正向或负向的情绪回应，为群体幼儿树立榜样或对群体幼儿进行"威慑"。

小班过渡活动时，老师带领幼儿一起玩儿歌接龙的游戏，找到点点时，点点没有接上来，老师请他坐下："点点有点不好意思，我再来找一个小朋友试试看，雨琪，雨琪，你在哪里？"雨琪响亮地接唱回应，"我在这里，我在这里，你好不好？"老师高兴地鼓起掌："给雨琪鼓鼓掌！很大方，声音很响亮，真不错！我们再来啊。（转为平和）"

大班教学活动时，老师请幼儿对简体汉字"山"和象形文字"山"的图案进行比较。老师指着两个字问道："它们是不是有点像？"幼儿一起回答："是。""都是中间怎么样啊？长长的，高高的，两边都是——"班里的幼儿一起轻声对老师的问题进行补充回答："短，小。"这时，瑞瑞忽然高声喊道："上面还有一横！"老师板起面孔："全班小朋友告诉瑞瑞，他干吗了？"（提高音量）孩子们异口同声地回答："插嘴！"。

可以发现，在第一个案例中，教师对雨琪的表扬具有双重意图。首先，引导群体幼儿对雨琪进行表扬，能够对雨琪良好的个人表现予以最广泛的认可，增强雨琪的自信心；其次，由于点点没能够接上儿歌，其他幼儿很可能会在点点的影响下产生自我怀疑，怯于对教师进行回应，表扬雨琪的良好表现能够为其他幼儿树立积极的榜样，一定程度上也能对其他幼儿产生引导和鼓舞的作用。在第二个案例中，教师对瑞瑞的批评同样具有双重意图，一方面，教师严厉的语气和表情能够迅速有效地制止瑞瑞的行为，使瑞瑞认识到自己的错误；另一方面，教师请幼儿集体指出瑞瑞的错误也能够提醒班级中的其他幼儿遵守课堂纪律，对其他幼儿产生威慑和警示的作用。A—B—C模式是教师在集体教育教学活动中经常采用的模式，这种模式一方面能够发挥个体的榜样示范作用，另一方面能够发挥集体的监督作用，是教师将个别教育与集体教育相结合的体现。

## 第二节 幼儿园教师情绪表达的形式

在人际交往的过程中,符号是传递信息与情感的媒介。在符号互动论者看来,人们的生活中充斥着各种各样的符号——"一种能够有意义地代表某种事物的东西,包括示意、动作、手势、共同遵守的规定以及最主要的书面和口头语言"①。米德认为符号的内涵是"有意义的姿势"与"有意义的交流"。② 语言是人际互动过程中最重要的符号,但符号并不局限于语言,还包括"非言辞的姿势"与"非言辞的交流",例如打招呼、点头、使眼色等。心理学家阿尔特·蒙赫拉比在一系列实验的基础上得出这样一个公式:一句话的影响力=7%语言+38%声音+55%的面部表情。③ 情绪作为教师向幼儿传递信息和表达情感的工具,包含着言语与非言语符号的整体性运用,并呈现出一定的个性与职业特征。

### 一、教师情绪的非言语表达

(一)面部表情

面部表情是人们通过面部来表达思想感情的身体语言的一种,它主要凭借眼睛、眉毛、嘴巴以及面部肌肉的变化体现出来。生理学家研究发现,人的面部肌肉由24双肌筋交错构成,其中6双通过舒展来表示愉快的情绪,18双则用来表示不愉快的情绪。最早对人类面部表情进行研究的当属达尔文,他从进化论的角度主张人类有着共同的进化根源,所以都是用类似的面部表情来表达情感。汤姆金等学者也认为情绪具有先天普遍性的表情。艾克曼研究发现,快乐、生气和悲伤等基本情绪的面部表情具有跨文化的普遍性。④ 同样,基本情绪的面部表情也最容易为幼儿所识别。国内学者研究发现,幼儿最先能够较好识别的是高兴表情,其次是愤怒、悲伤表情,再次是恐惧、惊奇和厌恶表情。绝大多数3岁左右的幼

---

① 罗伯特. 社会学[M]. 上海:上海译文出版社,1999:178.
② 米德. 心灵、自我与社会[M]. 上海:上海译文出版社,2005:67.
③ ALBERT M. Silent messages: implicit communication of emotions and attitudes[M]. 2nd ed. Bemont CA: Wadsworth Pub,1981:5.
④ EKMAN P. Cross-cultural studies of facial expression[M].//EKMAN P. Darwin and facialexpression: a century of research in review. New York: Academic Press,1973:169-170.

儿能够正确识别高兴的面部表情,其中一半幼儿能够识别愤怒表情。[1]

在教师与幼儿的互动过程中,面部表情是传达教师喜、怒、哀、乐、憎等多重情绪的重要途径。在实地观察中可以发现,笑容是教师正向情绪的重要标志,在102个具有正向情绪特征的师幼互动中,教师的表情包括"微笑""笑容满面""出声欢笑"等,其中"微笑"的出现频率最高(83次),其次是"出声欢笑"(12次)和"笑容满面"(7次)。在笔者的观察中,教师在问候、表扬、引导幼儿及与幼儿轻松聊天时都会展现出微笑表情,微笑不仅是教师引导幼儿的策略,也是一定文化背景中交际礼仪与习惯的体现。"笑容满面"和"出声欢笑"是比微笑强度更大的情绪反应,一般出现在幼儿出现符合或高于教师预期的良好行为与学业表现及教师与幼儿共同游戏情境。在教师具有负向情绪特征的师幼互动中,"皱眉"和"瞪"是常见的面部表情,这些表情往往针对幼儿正在或曾经发生的违规行为出现。由于师幼互动主题的转换较为频繁,一般而言,无论是正向还是负向的情绪表现,教师的面部表情持续时间普遍较短。

## (二)身体动作

身体动作和姿态是展现教师情绪的另一扇窗口。笔者在观察中发现,师幼互动中教师情绪表现的身体动作主要包括以下几种类型:

### 1. 表演和展示性动作

这类动作是教师在表演角色的情绪,或通过角色展现自身情绪时出现的行为表现,其目的包括帮助幼儿识别某种情绪、用自身情绪感染和调动幼儿等,往往出现在教学或游戏活动中。

中班教学活动时,儿童诗《请进来》。在熟悉了儿童诗的内容后,老师和小朋友一起进行角色表演,老师扮演敲门者朗读上一句,小朋友一起回答下一句。儿童诗的最后一句,幼儿:"如果你真的是风,请钻进来吧!"老师:"从哪里钻呢?"幼儿:"请你从门缝里自己钻进来吧!"老师张开双臂:"哟,风来咯,风来咯。"(假装自己是风儿跑到小朋友的面前),引得孩子们哈哈大笑。

### 2. 激励和支持性动作

这类动作是教师向幼儿表示欢迎、邀请、关爱、认可和表扬等情绪情感时出现的动作,是教师正向情绪的重要外显行为特征。笔者观察到的具体行为包括

---

[1] 王振宏,田博,石长地,等.3~6岁幼儿面部表情识别与标签的发展特点[J].心理科学,2010,33(2):325-328.

鼓掌(17次)、拥抱(8次)、抚摸(12次)、鞠躬(5次)、点头(8次)。

小班过渡活动时,老师坐在小朋友对面的椅子上点名,依次念每位小朋友的名字:"小雪:""到!"听到小雪响亮清脆的回答,老师抬头微笑着说:"表扬小雪,因为她的声音很响亮。来,小雪和老师抱一抱。"小雪快步走上前与老师拥抱,带着满足的笑容回到座位。

3. 警示和强制性动作

这类动作是教师向幼儿表示制止、拒绝、警告、惩罚等意图时出现的行为,往往出现在教师负向情绪激活程度较高的情况下,是教师负向情绪的重要外显行为特征。在笔者的观察中,常见的具体动作包括迈步趋近(32次)、用力拍手(8次)、敲击桌面或黑板(5次)、用力抽甩纸张(4次)等。

大班教学活动时,老师讲解了加法的运算方法后,给每位幼儿分发了两张作业纸。这两张作业纸上分别有加法和减法题,教师向幼儿指出了需完成的题目的位置,并且要求不要做作业纸上其他的题目。在幼儿做作业期间,教师分组查看,发现卡卡把减法题也做了,非常生气,用铅笔在桌子快速敲击,大声问道:"这个要不要做啊,你告诉我!"卡卡惊恐地看着老师,摇了摇头。老师把第二张作业纸盖在第一张上面,语气缓和了一些:"不做你画它干吗?做完了就收起来,做第二份作业。"

(三)语气语调

在汉语交际中,语气是思想感情运动状态支配下语句的声音形式,由情感因素和声音形式两个方面构成。语调则是说话时声音的停连、轻重、高低等方面的变化。[①] 在人际交流过程中,语气语调给语言涂上丰富的情感色彩。例如,气粗声重常用来表示愤怒的情绪,气满声高常用来表现喜悦的情感,气徐声柔则传达满意的情感。有研究表明,中国父母在与婴儿相互交往过程中较少使用面部表情,而更多地使用语言和语调。[②] 对于幼儿园教师而言,幼儿的身心发展特点不仅要求教师注重语言内容的准确性,还强调教师具备丰富和优美的语言形式。生动且富于感染力的语气语调是吸引幼儿兴趣的良方,也是幼儿园教师语言素养的体现。[③]

---

① 周芸,邓瑶,周春林.现代汉语导论[M].北京:北京大学出版社,2011:58.
② 孟昭兰.情绪心理学[M].北京:北京大学出版社,2005:85.
③ 江爱军.浅议幼儿教师提高语言素养的途径[J].学前教育研究,2007(7-8):151-152.

语气语调的变化是识别教师情绪变化过程的重要指标。在笔者的观察中，教师的正向情绪表现为语气轻柔欢快，语调上扬，语句中包含大量"哇""哦""吗""呢"等表示认可、赞叹、询问的语气词。

大班教学活动，儿歌《小鳄鱼》。

老师："好，你们都想成为幸运的小鳄鱼吗？"（语气轻柔，升调）

幼儿："想！"

老师："那我们来看看，这首小鳄鱼的歌你们学会了吗？"（语气轻柔，升调）

幼儿："学会了！"

老师："好，我们从这边一个一个轮流来唱，准备好了吗？"（语气轻柔，升调）

幼儿："准备好了！"

师幼互动过程中，教师负向情绪在语气语调方面的主要特点包括语速明显加快，音量明显提高，语调以降调为主，语气以反问、质问等强硬而有攻击性的为主。

中班过渡活动时，老师请值日生小朋友摆放角色游戏要用的玩具和道具，鹏鹏和南安两个人一起摆放餐厅游戏的厨房玩具，这个厨房玩具是三面封闭一面开放的整体道具，两个人挪了半天不知道方向应该朝哪边，最后斜着放在了一个不正确的位置。老师看到后很生气："哎呀（降调），两个男孩子值日生，你们把厨房这样放，厨师还怎么工作啊？（停顿）你们看看，厨师是站在哪里的？厨师应该站的是苗苗的位置，现在这样厨师还怎么工作？（加重语气）厨师怎么工作？请问（重音），厨师还怎么工作？"鹏鹏和南安不安地拖着厨房左右转动，还是不知道怎样摆放，最后老师走过去把厨房摆到了正确的位置。

## 二、教师情绪的言语表达

除了表情、动作和语气语调，教师情绪的另一个重要表现是与幼儿对话中的言语内容和形式。为进一步考察师幼互动中教师情绪的言语特征，笔者对每个案例中教师情绪激活期间（与非言语行为相伴随）的言语信息进行了逐句编码。其中，A 与 B 的码号分别代表正向与负向情绪，中间的数字码号表示所属案例序号，最后的数字表示言语行为序号，例如，A－5－11 表示教师正向情绪互动事件中第 5 个案例的第 11 个言语行为。

（一）正向情绪表达过程中的言语类型及其分布

在 102 个教师具有正向情绪的师幼互动事件中，排除教师仅通过非言语行为表达情绪的 5 个案例，其余 97 个案例中共有 156 例言语行为，分别属于以下

5种类型。

### 1. 认可与表扬

上文中的数据显示,62.7%的教师正向情绪由幼儿良好的行为表现所引发。当幼儿出现良好的表现时,教师不仅通过微笑、点头等非言语行为传递满意之情,也会同时用言语对幼儿进行表扬和鼓励。在教师具有正向情绪特征的师幼互动中,对幼儿表示认可或表扬的言语行为数量较多,共有48例,约占所有言语行为的30.8%。教师的认可与表扬的言语行为主要包括:(1)肯定幼儿的回答。例如,"你们都说对了。"(A-5-11)"哦,因为风吹,风一吹,云就改变了形状。"(A-37-63)(2)表扬幼儿的行为表现。例如,"你都吃完啦,太厉害了!"(A-23-45)"你们太厉害了,能从一数到一百,我都数不到一百,快,给自己鼓鼓掌!"(A-82-134)。

### 2. 诱导与引导

对于教师来说,情绪不仅是人际互动中自身内在情感体验的自然流露,也是教育教学活动中一种有意识有目的的教学手段。在教师具有正向情绪特征的师幼互动中,诱导与引导性言语行为共有61例,约占全部言语行为的39.1%。教师诱导与引导言语行为的内容十分多样,主要包括:(1)诱导幼儿兴趣与注意。例如,"哇,你们看,银杏树,上次我们来的时候还是绿的呢,现在怎么样啦?"(A-60-104)"想知道每个小组叫什么名字,他们设计的标记是什么样子吗?"(A-55-90)(2)引导幼儿思维。例如,"这是怎么回事呢?"(A-1-2)"哦,你发现了,这里是什么?"(A-52-80)(3)引导教学进程。例如,"好,我们来看看,这首小鳄鱼的歌你们学会了吗?"(A-8-19)"坐好的小朋友,老师马上要来变一个魔术,把你的头,埋在膝盖上。(微笑,语气轻快)"(A-92-149)

### 3. 表演与展示

表演与展示性语言是伴随教师正向情绪的另一种言语行为类型,共有13例,约占所有言语行为的8.3%。在教育教学活动中,为了吸引幼儿的兴趣与注意力,教师经常通过生动而富有感染力的语言展现教学内容,例如演唱儿歌、朗诵儿童诗、角色扮演等。表演与展示性的言语往往与丰富且略带夸张的动作表情相互结合,是幼儿园教师全面调动自身内在力量来吸引和感染幼儿的专业表现。例如,"吹呀吹,云彩变成了胖娃娃(双手捧脸,微笑)"(A-36-62)"刚才有个叔叔从好远好远的地方来找朋友,他在你们的帮助下,终于找到了所有的大拇哥,他说:'谢谢你们,谢谢你们!'(竖起大拇指,笑容满面)"(A-97-156)

### 4. 问候与聊天

在幼儿园一日活动中，除了有目的的教育教学活动，教师与幼儿之间也存在一些非教育性的人际互动，这类互动多发生在晨间活动、过渡活动、户外散步或游戏等组织程度较低的活动环节。在自然轻松的情境下，教师常常以言语及非言语行为流露出对幼儿的欢迎、关注以及喜爱之情。在教师具有正向情绪特征的师幼互动中，问候或与幼儿聊天的言语行为共有19例，约占所有言语行为的12.2%。例如，"蓉蓉早，今天早上没有跟哥哥一起来呀？"（A-49-77）"小狗（玩具）蛮可爱的，谁给你买的呀？"（A-52-84）

### 5. 玩笑与游戏

在教师具有正向情绪特征的师幼互动中，玩笑与游戏言语行为共有15例，约占所有言语行为的9.6%。与问候和聊天一样，玩笑与游戏言语行为是教师在较为轻松状态下的言语行为，往往不以影响或改变对方的行为为目标，是教师与幼儿融洽关系的体现。（1）玩笑言语。例如，"又没说是你（踢开了隧道玩具），你心虚了吧？"（A-62-107）（2）游戏言语。例如，"又是一个黄豆子，不得了了，这个黄豆子已经两次没有炒熟了，再炒不熟，就要变成烂豆子了。"（A-28-52）

正向情绪表达过程中教师言语类型的分布如图3-3所示：

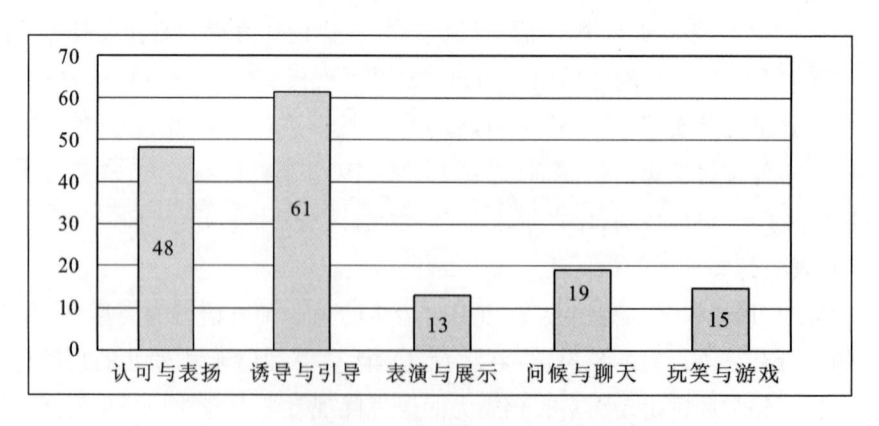

图3-3 正向情绪表达过程中教师言语类型的分布

从图中可以发现，在教师具有正向情绪特征的师幼互动中以"诱导与引导"言语数量最多（61例，占总数的39.1%），其次是"认可与表扬"言语（48例，占总数的30.8%），问候与聊天（19例，占总数12.2%）、玩笑与游戏（15例，占总数9.6%）、表演与展示（13例，占总数8.3%）这三种言语类型的出现频率较低。

在教师具有正向情绪特征的师幼互动中,言语类型的分布一定程度上能够体现出教师的情绪观念。首先,"诱导与引导"言语出现频率较高反映了教师对于情绪对幼儿的引导功能有着较为自觉的认识,注重在教育教学过程中表现出自身的积极情绪引导幼儿知识、技能及思维发展。这一点在笔者的访谈中也充分体现,例如,"教师的情绪很容易带动孩子的情绪和想法,尤其在组织教学活动的时候,孩子有时候注意力不集中或者对活动不是很感兴趣,那老师就要想办法去带动他们,老师情绪比较积极比较投入的话,孩子也容易进入状态。"(T03-12)"你看老师上课的时候表情和语言都会比较丰富,这是由孩子的年龄特点决定的,有经验的老师都知道怎么样去调动孩子,孩子感兴趣了,活动才能组织下去,年龄越小的小孩越是这样。"(T01-8)对于教师来说,正向情绪是组织教育教学的重要手段和策略,因此"诱导和引导"言语出现的频率最高。

其次,"认可和表扬"言语的广泛存在反映了教师也十分重视自身情绪对幼儿情绪情感的支持作用。在笔者的观察中,教师在教育教学过程中不仅对幼儿良好的行为表现给予及时认可与表扬,同时也在幼儿面临困难与挑战时提供支持和鼓励,不少老师也在访谈中强调了表扬幼儿的必要性,"孩子有进步的时候就要好好表扬,因为孩子都希望老师关注他……你表扬一个孩子,也就给其他孩子树立了一个榜样。"(T02-26/32)"表扬孩子也是比较讲究的,我觉得最重要的是时机和方法,老师的表扬要及时,而且要具体,告诉孩子他们到底哪里做得好,这样他们才知道以后该怎么做,还有就是老师的态度要真诚,就像你刚才提到的,眼神和表情都要到位。"(T05-14)。

再次,从总体上来看,"问候与聊天"与"玩笑与游戏"言语出现频率较低。除了笔者取样时间的影响,这一现象也与幼儿园一日活动的时间安排存在联系。在笔者的观察中,幼儿园一日活动的时间安排十分紧凑,上午的半日活动包括入园、早操、早点、集体教学活动以及游戏等,每个时段都有较为明确的学习及生活任务的安排,教师和幼儿展开自由聊天的时间很少(案例中的聊天言语大多来自所观察班级的户外散步时间,该班每周只有一个半天进行户外散步)。平时,在繁忙而紧张的工作状态中,教师与幼儿的玩笑言语也相对较少。

(二)负向情绪表达过程中的言语类型及其分布

在134个教师具有负向情绪特征的师幼互动事件中,排除教师仅通过非言语行为表达情绪的3个案例,其余131个案例中共有323例言语行为,分别属于以下7种类型。

1. 指示性言语

"指示性言语"是教师通过发出指令来影响幼儿行为的言语行为类型,向幼儿传达的信息是:去做什么、停止做什么以及怎样去做。在教师具有负向情绪特征的师幼互动中,"指示性言语"共有63例,约占所有言语行为的19.5%。教师指示性言语的内容主要包括:(1)指示幼儿行为趋向,即指示幼儿开启或停止某行为。例如,"好了,拿一个(馒头)就走掉。"(B-2-3)"你不要管人家,管你自己!"(B-55-110)(2)指示幼儿的行为方式。例如,"快点嘞,都在等你呢!"(B-47-96)"声音响,听不见!"(B-51-100)

指示性言语的句式结构简单,以祈使句为主,虽然有少数指示性言语以"请"字开头,但教师的语气往往比较强硬,透露出不容幼儿抗拒的权威性。指示性言语的目的在于幼儿行为的改变和问题的解决,在面对幼儿违规行为时,传递教师负向情绪的指示性言语是驱使幼儿做出回应的最为便捷的方式。

2. 揭示性言语

揭示性言语是教师向幼儿描述其违规或不当行为的言语行为,向幼儿传达这样的信息:你正在或过去有哪些不恰当的行为表现。在教师具有负向情绪特征的师幼互动中,揭示性言语行为共有124例,约占所有言语行为的38.4%。从揭示性言语行为的形式上来看,又可以分为直接揭示和间接揭示两种类型。(1)直接揭示。直接揭示是指教师用描述的语言直接告诉幼儿他们存在哪些违规行为。例如,"西乐,别人的汗巾都放抽屉了,只有你的还在手上!"(B-1-1)"没有作业也不知道喊老师,也不举手,就坐在这里发愣。"(B-58-119)(2)间接揭示。间接揭示是指教师通过反问、设问和语气强硬的疑问等句式暗示幼儿存在违规行为。例如,"你为什么每次都不举手?"(B-50-99)"你为什么要在那儿描来描去的呀?"(B-42-82)

在揭示性言语中,直接揭示言语共有58例,往往体现出说话者抱怨和埋怨的语气,一般出现在中低强度的负向情绪表达中;间接揭示言语共有66例,常表现出说话者强烈的质问语气,一般出现在高强度的负向情绪表达中。在负向情绪表达中,揭示性言语的目的是提醒幼儿注意并修正自己的违规行为,往往与指令性言语行为相伴出现。在某些案例中,教师也会用揭示性言语来代替指令性言语,促使幼儿修正自身的行为。

3. 警示性言语

警示性言语是教师通过告知幼儿行为后果与责任的方式提醒幼儿进行自

我约束的言语行为,向幼儿传达的信息是:如果不遵循教师的指令,将会承担怎样的后果。警示性言语共有42例,约占全部言语行为的13%。警示性言语依据言语内容可以分为提醒、警告和恐吓三个层次。(1)提醒。这类言语向幼儿所暗示的后果较为模糊或轻微,共有9例。例如,"第二次了,灿灿。"(B-60-122)"今天有两个人往前跑了,我马上来找他。"(B-128-317)(2)警告。这类言语明确告知幼儿其行为可能招致的后果或惩罚,但这些后果和惩罚与具体事件相联系,属于较为合理的范畴。这类言语共有18例。例如"不知道我在说什么的人,等会画画的画纸我不会发给你!"(B-38-75)"如果老师教过了你还不会,下午就请爸爸妈妈留下来,老师和爸爸妈妈一起来教你!"(B-128-323)(3)恐吓。这种警示言语常常涉及幼儿所恐惧的事物或体验,向幼儿传达明显的厌恶和排斥情绪。这类言语共有15例。例如"怎么不送到他爸爸手术室去呢?给他肚子开开看看为什么疼,瞎疼!"(B-98-229)"明天我再来看,如果还是你在那边晃来晃去,找不到朋友,你就直接到小二班去!"(B-71-147)

4. 声明与解释性言语

声明与解释性言语是教师向幼儿重申或解释行为规则和要求的言语行为,这种言语行为向幼儿传递的信息是:老师的要求是什么,为什么要这样做。在教师具有负向情绪特征的师幼互动中,声明与解释性言语共有31例,约占所有言语行为的9.6%。在幼儿出现违规或不恰当的行为时,教师常常会向他们重新提出或解释行为规则,例如,"早就讲了,只有在运动的时候,衣服的拉链是可以拉开的,其他的时候你要么就是脱,要么就把拉链拉好。"(B-5-10)"我刚才说请前排的小朋友起立,我没有说全部的小朋友起立,听清楚老师在说什么!"(B-124-301)"不管什么事情都不能打人,用嘴巴说。"(B-118-282)

在负向情绪表达过程中,教师做出声明或解释的原因在于他们认为幼儿忘记或没有准确理解要求,从而对幼儿进行再次提醒。由于幼儿的行为表现与教师预期不符,教师的言语往往表现出较为浓厚的不满和不耐烦情绪。

5. 评价与判断性言语

评价与判断性言语是教师对幼儿能力、品质、行为或学业表现做出的价值评估。在负向情绪表达过程中,评价和判断性言语往往带有明显的夸张性和攻击性。在教师具有负向情绪特征的师幼互动中,评价和判断性言语共有12例,占所有言语行为的3.7%。从内容来看,评价和判断性言语包括:(1)指向幼儿能力或品质的评价。例如,"一天到晚自以为聪明!"(B-16-25)"像你这样挑三拣四的人,还有人愿意跟你做朋友啊?没有人愿意的!"(B-81-199)(2)指向幼儿行为表现的评价。例如,"胆小的样子,瞎胆小!"(B-76-187)(3)指向幼儿行为结果的评价。"摇(头)的人等会你唱起来就有节奏,不摇(头)的人唱起来就是瞎唱!"(B-79-196)"今天的上下楼梯是最差的!"(B-128-310)

6. 讽刺与宣泄性言语

讽刺与宣泄性言语是教师在负向情绪的影响下对幼儿进行的攻击行为。在教师具有负向情绪特征的师幼互动中,讽刺与宣泄性言语共有19例,占所有言语行为的5.9%。(1)讽刺性言语。"说相声呢?啊?"(B-64-134)"干吗把作业给别人看,你写得好写得对啊?"(B-54-108)(2)宣泄性言语。"那个手再放进去,马上永远放进去,把那个手吃掉拉倒!"(B-83-205)"你完了你!"(B-66-137)"白给你讲了是吧!"(B-77-192)

7. 质问与反驳性言语

质问与反驳性言语是指教师对幼儿的行为趋向、行为结果、自己及他人的感受、身份等进行提出质疑,让幼儿认识到自己的错误。在教师具有负向情绪特征的师幼互动中,质问与反驳性言语共有32例,占所有言语行为的9.9%。例如,早操归来后,教师对幼儿上下楼梯不扶扶手的表现很不满意:"上楼梯下楼梯都要干什么?"(B-128-313)面对幼儿的同伴冲突,教师质问大声叫嚷的欢欢:"别人是有意撞你的吗?"(B-29-61)东东在老师提问佳佳时插嘴,老师对此感到不满:"你也叫佳佳啊?"(B-49-98)宝来在教室里用力甩自己的胳膊,老师看到后严肃制止:"这么多小朋友在一起,你打到别人怎么办?"(B-110-262)

负向情绪表达过程中教师言语类型的分布如图3-4所示:

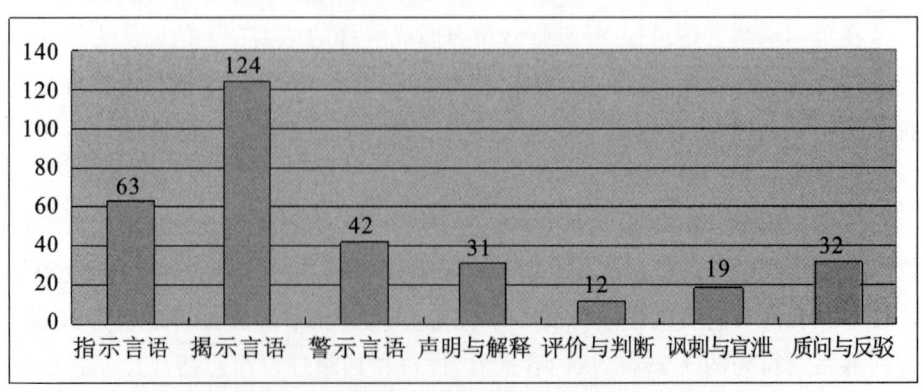

| 言语类型 | 数量 |
| --- | --- |
| 指示言语 | 63 |
| 揭示言语 | 124 |
| 警示言语 | 42 |
| 声明与解释 | 31 |
| 评价与判断 | 12 |
| 讽刺与宣泄 | 19 |
| 质问与反驳 | 32 |

图3-4 负向情绪表达过程中教师言语类型的分布

由图可知,在教师具有负向情绪特征的师幼互动中,言语类型按照数量从高到低依次为揭示性言语(共124例,占总数38.4%)、指示性言语(共63例,占总数19.5%)、警示性言语(共42例,占总数13%)、质问与反驳性言语(共32例,占总数9.9%)、声明与解释性言语(共31例,占总数9.6%)、讽刺与宣泄性言语(共19例,占总数5.9%)以及评价与判断性言语(共12例,占总数3.7%)。

首先,可以发现的是,教师负向情绪表达过程中的言语类型较之正向情绪表达过程中的言语量和言语类型都更加丰富。在言语量方面,笔者所提取和分析的是教师情绪激活期间与非言语行为相伴随的言语信息,97个包含言语信息的正向情绪互动事件中有156例言语行为(平均每个事件1.6例),而131个包含言语信息的负向情绪表达事件中有323例言语行为(平均每个事件2.5例)。不考虑笔者取样时存在的误差,这一现象一定程度上反映了教师在负向情绪被激活的情况下,更倾向于用语言表达自己的感受和要求,并以此对幼儿的行为产生影响。在言语行为类型方面,负向情绪表达中的言语行为类型也更加丰富多样,体现了教师多样化的目标与策略。

其次,上文分类显示,教师的负向情绪都由幼儿的行为表现所引发,这意味着教师的情绪表达是对幼儿行为的回应,而言语与非言语行为都是应对策略的表现。从上图来看,教师在应对幼儿违规行为时最通常的做法首先是通过直接或间接的方式告知幼儿他们存在着违规行为,其次是发出指示促使幼儿改变行为趋向和行为方式,再次是对幼儿进行提醒、警告或恐吓。当教师认为幼儿忘记或不了解规则时,会对规则和要求进行"声明与解释",而当教师认为幼儿的行为是明知故犯、毫无理由或后果严重时,就会对其发出"质问与反驳"。此外,虽然出现的频率不高,教师在负向情绪表达过程中也存在对幼儿进行贬损评价、讽刺挖苦以及纯粹宣泄性的言语行为。

再次,在上文细化的分析中可以发现,教师负向情绪表达过程中的言语形式也颇具特点,即存在着大量的反问、设问和疑问句式。例如,在揭示性言语中,以问句形式为标志的间接揭示言语高于半数,而质问与反驳性、讽刺与宣泄性言语中也存在大量的疑问或反问句式。在汉语表达句式中,反问和质问是带有明显否定意向和强烈情感色彩的句式,教师在负向情绪表达过程中大量使用这一句式,表现出他们试图在气势上压倒幼儿,并在思想和行动上发挥主导作用的意图。

## 第三节　幼儿园教师情绪表达的变化模式

在考察幼儿园教师情绪的产生与发展过程时,笔者发现教师的情绪并非处于一成不变的状态,而是随着教师目标的达成情况、幼儿的反馈情况以及其他因素的介入情况等发生着持续而又相对稳定的变化。笔者在对所有师幼互动事件进行梳理的基础上,以教师情绪变化的趋势为主要标志,归纳出师幼互动中教师情绪变化的四种典型类型。

### 一、"转化－调节"型

"转化－调节"型的情绪变化是指教师的某种情绪被激活后,情绪状态在短时间内由最初的中高强度转化为低强度的过程。这种类型的情绪变化具有两个特点:第一,教师的情绪效价没有发生改变,而情绪强度由强转弱。在正向情绪互动事件中,该类型表现为教师的情绪由高兴转为平和;在负向情绪互动事件中,该类型表现为教师的情绪由生气、恐惧或失望转为平和。教师情绪强度发生转化的判断依据主要是语气、动作和表情的变化,例如,语速明显放缓,音高明显降低以及动作幅度减小等。第二,教师在情绪表达过程中表现出对自身情绪有意识的控制和调节。在笔者看来,由于教师情绪强度由强转弱的时间十分短暂,无论教师自己是否意识到,这种转化都并非情绪自然消退的过程,而是包含意识参与的调节过程。

大班教学活动时,老师拿出几张绘有象形字图案的画纸,用平和的语气开始讲课:"你们都认识了很多的字,今天老师也带来了——(看到几位小朋友在下面窃窃私语,皱起眉头,大声问道)听不听啊?听不听啊?(停顿了2秒钟,幼儿安静下来)也带来了很多的图案,想要请你们来猜猜看,到底是什么字。(语气逐渐转为平和)"

大班教学活动时,老师请幼儿设计一个'日'字的图形画在黑板上。西西画了一个放射光芒的太阳图案,并做了解释:"爸爸说因为天上有一个太阳,所以框子里面就画一横,我们有两个眼睛,所以框子里面就画两横。"老师听到后非常高兴:"(鼓掌,微笑)太了不起了,你们听清楚了吧?"幼儿七嘴八舌地回答:"听清楚了""没有"……老师用手势示意大家安静,语气转为平和:"好,那请西西再说一遍。"

第三章　师幼互动中的幼儿园教师情绪劳动

从上述两个案例中可以发现,教师在正向情绪或负向情绪互动事件中都存在着"转化-调节"型的情绪变化趋势。在第一个案例中,正在讲课的教师发现幼儿没有认真听讲,于是通过语气、表情和言语向幼儿传达自己的不满,意在制止幼儿讲话的行为。当幼儿安静下来后,教师负向情绪表达的目的基本达成,于是教师的情绪转为平和,继续讲课。在第二个案例中,教师在听到幼儿完整而有逻辑的叙述后非常高兴,并对幼儿进行了鼓励。然而,随后老师的问题使课堂秩序稍显混乱,在这种情况下,教师有意识地调整自身情绪,用平和的语气和平静的表情引导幼儿恢复课堂秩序。

在正向情绪互动事件中,教师高强度的情绪往往随着互动主题或对象的变更而发生转化,转化过程较为流畅自然,教师有意识的调节过程表现得并不明显。与之相较,教师在负向情绪表达过程中有意识进行情绪调节的表现更为明显,例如,教师往往会通过言语停顿、视线转移以及身体移动等策略协助情绪调节,为情绪转化创设时间与空间条件。在笔者的观察中,教师负向情绪表达过程中的"转化-调节"型主要表现为三种情况:第一种是幼儿及时修正违规行为,教师负向情绪表达的目的达成,继而情绪转化为平和;第二种是幼儿并未做出令教师满意的回应,而教师出于完成更重要或更紧迫任务的考虑(例如,避免教学活动中断等)对自身情绪进行了抑制;第三种是有他人介入,打断互动过程或对幼儿行为进行解释,促使教师的情绪发生转化。

## 二、"终止-回避"型

"终止-回避"型的情绪变化是指当教师的情绪被激活后,教师的情绪状态在互动过程中没有发生明显转变,而教师的情绪表达因互动一方离开现场而终止的过程。"终止-回避"类型的特点有:第一,教师的情绪效价和强度在互动过程中没有明显的转变;第二,教师的情绪表达因自己或幼儿的离开而终止,教师的情绪变化趋向因互动的中断而无法判断。在教师正向情绪表达过程中,互动过程的终止往往比较自然流畅;在负向情绪表达过程中,互动过程的终止则在一定程度上体现出教师或幼儿避免进一步发生冲突的回避意愿。

中班晨间活动时,小朋友们各自选择了喜欢的活动项目进行锻炼。妈妈送阳阳来到操场,"老师早!"阳阳轻声问好,老师微笑着迎上前,用手摸了摸他的头:"阳阳,你剪头发啦?"阳阳笑着点点头,然后转身去和小伙伴一起玩游戏。

中班教学活动时,老师在讲完教学内容后,请幼儿分组活动,其中两组测量方形纸张,两组测量长方形纸张,还有一组按照购物单进行计数购物。老师要求每名幼儿都要完成以上三项任务,做完一项后自己到别的组进行交换。在各组查看了一番后,老师发现购物组已经人满为患,而一开始就选择购物活动的小满仍然挤在购物组中,没有去别的组交换活动。于是老师怒气冲冲地喊道,"小满,你从一开始就站在这个地方买,到现在你都没做完!(语气重,音量高)你就站在这个篓子面前,最近了,到现在还没有结束!"小满抬头看见老师正在瞪着自己,慌忙低下头,把购物单在桌子上来回推动,既没有离开,也没有说话。老师瞪了小满一眼后,随即转身离开,继续查看其他组的活动。

在第一个案例中,幼儿的问候触发了教师正向情绪的共鸣回应,随后,幼儿离开使互动终止,教师的情绪状态在短暂的互动过程中没有发生明显改变。在第二个案例中,小满长时间在购物组活动的行为违背了教师在活动前的要求,由此触发了教师的负向情绪。教师通过言语向小满表达了自己的不满后,没有等待幼儿做出进一步的回应,带着不满情绪离开而终止了互动。"终止-回避"型与"转化-调节"型的区别在于,前者教师在幼儿离开的情境下终止了情绪表达,教师没有在互动过程中表现出调节自身情绪的努力,而后者教师则表现出明显的情绪调节过程。在笔者的观察中,教师情绪变化的类型主要与互动场景有关,"终止-回避"型往往发生在晨间活动、游戏活动、过渡活动以及教学活动时的小组活动中,这些活动中教师更多地与个别幼儿进行交流,师幼互动频繁且时间短暂。教师的某种情绪被激活后,往往在情绪状态尚未发生转变时,互动过程已经终止,教师情绪的消退或调解过程发生在师幼互动过程之外。"转化-调节"型则主要发生在集体教学或以集体形式组织的活动中。在这些活动中,教师由于无法离开互动现场,往往需要有意识地对情绪进行调控,从而形成了情绪变化的"转化-调节"型。

### 三、"升级-冲突"型

"冲突-升级"型的情绪变化主要存在于教师负向情绪互动事件中,是指教师负向情绪被激活后,随着师幼互动进程的推进,教师情绪状态在最初的强度水平基础上再次增强,表现出从不满到愤怒的变化过程。这一过程反映了教师与幼儿之间观念、立场以及角色的冲突。在笔者的观察中,教师负向情绪在以下四种情形中会发生升级:

## 第三章 师幼互动中的幼儿园教师情绪劳动

1. 幼儿反驳致使教师负向情绪升级

大班课后的过渡活动时,老师对这节课的纪律不太满意:"今天上课没有插嘴的人起立。"看到幼儿陆续起立,老师进一步提醒并提出要求:"有人是瞎站的啊,自己想想你有没有插嘴。有的人举手还在那边'嗯嗯'了半天,没有'嗯'的人也起立。(停顿)好,这些人先去小便喝水。"看到点点起身后,老师有些不满地喊住他:"点点你还好意思啊,坐下。"点点有些不服气:"我没有'嗯'。"这时老师快速从椅子上站起来,大声说道:"没有'嗯'可是你插嘴啦,每天上课就你们这几个人!你有没有插嘴?自己说有没有插嘴?有没有听别人的意见?"点点不再说话,一脸不高兴地回到座位坐下。

在这个案例中,教师最初的不满情绪源自幼儿建立在不准确的自我评价基础上的不当行为,当教师通过"指示性言语"纠正幼儿的行为时,幼儿提出了自己的反驳意见,这一反驳行为成为新的刺激事件,致使教师负向情绪发生升级。

2. 幼儿解释致使教师负向情绪升级

大班教学活动时,老师请幼儿选择班里的一位老师进行写生。孩子们绘画期间,老师到各个小组进行查看。看到君竹的画时,老师有些不满意:"有的人身体画那么一点点小,我给她那么大一张纸。你为什么要在那描来描去的呀?这边碎碎叨叨的是什么东西啊?"君竹小声地回答:"衣服。"老师听后提高了音量:"那你有没有把她身体先画出来啊?"君竹不再说话。"那么大一张纸画那么一点点小,"老师一边数落一边抽走了君竹的画纸,重新给她换了空白的纸,"重画!"

在这个案例中,当发现幼儿的绘画不符合自己的要求时,教师负向情绪产生,并以质问的口气向幼儿传达自己的不满。对于教师来说,"你为什么要在那描来描去的呀?这边碎碎叨叨的是什么东西啊?"是一种不满情绪的表达,并不是真的想得到君竹的回答,而对于君竹来说,她并不能完全理解教师的这一意图,而是依据字面意思回答了老师的问题,虽然幼儿的行为和言语都没有表现出对教师的反驳,却依然引起了教师更强烈的情绪反应。

3. 幼儿回应不及时致使教师负向情绪升级

大班生活活动时,乐乐和朱朱边吃饭边讲话,老师看到后发出警告:"乐乐,你跟朱朱搬椅子到旁边去讲。"由于两名幼儿的位置距离老师较远,两人似乎不知道老师正在提醒他们,仍然没有停止讲话。这时,老师快步走到两人面前,提高了音量:"还在讲话,马上要收馄饨了,不吃给人家吃!"两人立刻停止讲话,转身拿起勺子大口吃饭。

在这个案例中,教师发现乐乐和朱朱边吃饭边讲话后,对他们发出了警告,然而这一警告却没有得到幼儿的关注和及时回应。在这种情况下,虽然幼儿没有及时回应存在着客观的原因(由于距离远而没有听见),教师的负向情绪仍然走向升级。

4. 幼儿新的违规行为致使教师负向情绪升级

中班教学活动时,奇奇应老师的要求到黑板上测量一块方形的"布",老师帮助奇奇用钉子把"尺子"固定在"布"的旁边。当两人同时背对着其他幼儿时,几名幼儿开始轻声讲话。老师没有回头,拉长音调提醒了一句:"是谁啊?"小满大声告发:"是宋林!"这时,老师忽地转过身,面带怒容:"小满,你听到宋林的啊?(大声)你听到的啊?他声音这么小你都听到的呀,这说明你没在看奇奇做作业,你就关注宋林呀?"小满似乎被吓了一跳,不安地挪动了下身体,接着把右手拇指放入口中咬起来,不想这一举动引起了老师更大的怒气:"那个手再放进去,马上永远放进去,把那个手吃掉拉倒!"

在这个案例中,小满与君竹一样,没有理解教师"是谁呀?"这句问话的意图是提醒大家不要讲话,而是非常"诚实"地揭发了讲话的宋林。这一行为显然与教师希望所有人都不要讲话的期望相违背,因而触发了教师的消极情绪。同时,教师的反应也显然超出了小满的预期,因此他在受到老师的训斥时十分震惊和紧张,下意识地用咬手指的方式缓解紧张情绪,不想这一行为又进一步激怒了教师。

回顾上述的几个案例可以发现一个有趣的现象,当教师表达出负向情绪时,无论幼儿是反驳、解释、不予回应或是沉默,都可能进一步激怒教师,并招来教师更为严厉的训斥。这一现象该如何理解呢?情绪理论学家艾夫里尔认为情绪的生物学基础在很大程度上依赖于评价,就愤怒情绪而言,在心理层面,它的目的在于对知觉到的错误的纠正。在社会文化层面,它的目的是支持已接受的行为标准。[①] 从上述观点来看,如果将触发教师负向情绪的第一个行为定义为"错误行为 A",那么在接下来的互动过程中,只有幼儿及时修正该行为,或有其他因素干扰互动过程,中断了教师对幼儿行为的评价,教师的负向情绪才能

---

① 斯托曼. 情绪心理学:从日常生活到理论[M]. 王力,译. 5版. 北京:中国轻工业出版社,2005:97.

进入"转化-调节"或"终止-回避"型。在上述案例中,幼儿的反驳、解释、不予回应或沉默等行为都没有导向"错误行为 A"的纠正,反而成为阻碍"错误行为 A"纠正的障碍,形成另一个需要纠正的"错误行为 B",从而引发了教师更为强烈的负向情绪表达。

### 四、"持续-扩散"型

"持续-扩散"型的情绪变化是指教师的情绪被激活后,教师的情绪状态在一个或连续的多个互动事件中保持相对稳定。这种类型的特点有:第一,教师的情绪效价不变,情绪强度相对稳定。第二,教师相对稳定的情绪强度在一个或连续的多个师幼互动事件中持续。这种类型主要存在于集体教学或以集体形式组织的活动中。

中班教学活动时,老师请小朋友自由分组,给自己的小组命名并绘制标志。所有的小组绘制完毕后,向幼儿一一展示各组的标志。

教师:好,请小朋友们把笔套起来,然后脸面对黑板。现在我们黑板上面的小标志就是刚才我们小朋友设计的标记,想知道分别是哪一组的吗?(神秘的语气,微笑)

幼儿:想!(部分幼儿,音量较低)

教师:想知道吗?

幼儿:想!(全体幼儿,音量提高)

教师:想知道每个好朋友组叫什么名字,他们设计的标记是什么样子的吗?

幼儿:想!(全体幼儿,音量再次提高)

教师:这个是什么呢?

幼儿:小汽车(小汽车组)!

中班晨间活动结束后,老师对多名幼儿早上的表现非常不满。

教师:小雨,你今天是值日生,马上保不住了我看你,一大早就在那里蹦!早上那个毽子也是,投掷那个毽子,不得了了,那个毛都被你们拔光了,地上一片!一个宝儿,一个奇奇,一个宋林,还有童童,你这个值日生也保不住了。明天,接火车我再来看,哪些人在这里抢朋友,不知道去找朋友。阳阳也是的,阳阳呢?

幼儿赶快站起来。

教师:明天我再来看,如果还是你在那边晃来晃去,找不到朋友,你就直接到小二班去,朋友是你晃来晃去的(找到的)？朋友在你面前也看不见,(老师模仿阳阳走路的样子)慢慢就过去了,像你这样永远找不到朋友！眼睛要看,找到一一了,就不要再走了,还在走还在走,谁愿意跟你做朋友啊?！明天我再来看,你还在那儿晃,就请你走！(停顿,语气变化,转向平和)好,第一组第二组去小便喝水。

在上述的两个案例中可以发现,教师的正向情绪表达或负向情绪表达过程中都存在着"持续－扩散"的情绪变化类型。在第一个案例中,师幼之间的互动发生在幼儿分组活动之后,不少幼儿还在互相交流或摆弄绘画材料,没有做好转入集体活动的准备。因此,为了快速吸引幼儿的注意力,提高幼儿参与活动的积极性,教师通过自身愉悦情绪的表达营造了一个充满神秘感和趣味性的氛围,并通过反复的三次问话成功吸引了全体幼儿的注意力,教师的情绪效价和强度在这一过程中都没有发生明显的转变,而是持续到接下来的话题中。在第二个案例中,老师对晨间活动中多名幼儿的表现都十分不满,因此在回到教室后对他们进行了集中的批评教育。以教师互动对象的变化作为划分情绪互动事件的依据可以发现,上述案例包含了教师与小雨,教师与宝儿、奇奇、宋林、彤彤,教师与阳阳这三个互动事件,在第一和第二个事件中,教师的愤怒情绪在整个互动过程中保持不变,且教师负向情绪的表达对象从一名幼儿向其他幼儿扩散,因此,教师情绪在两个事件中的变化都属于"持续－扩散"型,在第三个事件中,教师与阳阳的互动结束后,其情绪有一个明显的调节过程,因此这个事件中教师情绪变化属于"转化－调节"型。

在上述内容中,笔者分析了师幼互动事件中教师情绪变化的趋势,发现师幼互动中教师情绪的变化具有四种基本类型:"转化－调节"型、"终止－回避"型、"升级－冲突"型和"持续－扩散"型,它们的分布情况见表3-5和表3-6：

表3-5 教师情绪变化类型的分布

| 情绪变化类型 | 正向情绪 | | 负向情绪 | |
| --- | --- | --- | --- | --- |
| | 频次 | 百分比 | 频次 | 百分比 |
| "转化－调节"型 | 26 | 25.5 | 75 | 56 |
| "终止－回避"型 | 39 | 38.2 | 28 | 20.9 |

续表

| 情绪变化类型 | 正向情绪 ||  负向情绪 ||
|---|---|---|---|---|
| | 频次 | 百分比 | 频次 | 百分比 |
| "升级-冲突"型 | 0 | 0 | 22 | 16.4 |
| "持续-扩散"型 | 37 | 36.3 | 9 | 6.7 |
| 共计 | 102 | 100 | 134 | 100 |

表3-6 教师情绪变化类型的情境分布

| 活动情境 | 正向情绪 ||| 负向情绪 ||||
|---|---|---|---|---|---|---|---|
| | "转化-调节"型 | "持续-扩散"型 | "终止-回避"型 | "转化-调节"型 | "持续-扩散"型 | "终止-回避"型 | "升级-冲突"型 |
| 教学活动 | 23 | 31 | 11 | 43 | 4 | 13 | 9 |
| 晨间活动 | 1 | 0 | 14 | 3 | 1 | 0 | 2 |
| 过渡活动 | 1 | 0 | 7 | 27 | 4 | 9 | 7 |
| 户外散步 | 1 | 6 | 5 | 1 | 0 | 0 | 1 |
| 生活活动 | 0 | 0 | 2 | 1 | 0 | 6 | 3 |

基于以上案例与数据的分析，师幼互动中的教师情绪变化具有以下几个方面的特征：

第一，总体上来看，师幼互动中教师的情绪变化以"转化-调节"型为主。在师幼互动过程中，当教师产生正向情绪或负向情绪后，多数情况下会对自身情绪表达的强度和持续时间进行有意识地调节和控制。这意味着教师在师幼互动中的情绪表现并非仅仅是自发的情绪反应，而是受到幼儿园教师职业独特的工作目标、任务与环境的影响，遵循着具有职业特征的情绪表达规则。从笔者的观察来看，教师面向幼儿的情绪表达遵循着"表现正向情绪""表现负向情绪""抑制正向情绪"和"抑制负向情绪"的情绪表达规则。

第二，教师情绪的变化类型与活动情境具有密切联系。"终止-回避"型主要发生在晨间活动、过渡活动、户外散步、生活活动等非集体组织形式的活动中，而"持续-扩散"型和"转化-调节"型主要发生在集体教学活动中。从霍克希尔德情绪劳动的理论来看，"持续-扩散"型和"转化-调节"型都体现了教师有意识对自身情绪表现进行调节的努力,是教师情绪劳动的体现。因此,这一定程度上能够说明教师在集体教学活动中更多地对自身情绪进行调控,而在非集体组织形式的活动中,教师调节和控制自身情绪的情况较少。

第三,教师负向情绪变化的"升级－冲突"型和"持续－扩散"型时有发生。这两种情况一方面能够反映教师在负向情绪表达过程中存在着情绪失控的情况,另一方面也能够反映教师一定程度上对负向情绪的约束功能具有一定的依赖性,倾向于通过自身负向情绪的表达驱使或制止幼儿的行为。

## 第四节 师幼互动中的教师情绪劳动过程

### 一、教师正向情绪的诱发事件

功能主义情绪理论认为,情绪的产生源自个体对于刺激事件的评价,是人们对事件知觉到利害关系的反应。[①] 个体对刺激事件的评价不仅依赖于生理和心理的基础,也受到社会文化与事件情境的影响。相同的事件不一定引发人们同样的情绪反应,而相似情境中的情绪反应某种程度上却能够反映群体共识。对于教师来说,师幼互动中的情绪表现是反应组织文化和个人观念的风向标,体现着他们对幼儿"哪些行为有益,哪些行为有害"的价值判断,以及形成这些判断的依据。在本节中,笔者着重探讨幼儿园教师情绪产生与发展的过程是怎样的,在师幼互动的过程中教师不同的情绪是由哪些事件诱发的以及为什么这些事件会诱发教师不同的情绪反应。

在前文关于教师情绪的分类中可以发现,教师的正向情绪依据产生方式可以分为两类,一类是具有明显外在诱因的正向情绪,另一类是没有明显外在诱因的正向情绪。就前者而言,诱发教师正向情绪的事件主要包括以下几种类型:

(一)幼儿符合教师期待的行为

本研究中探讨的正向情绪主要是指满意－愉悦的情绪。从认知理论的角度来看,愉悦情绪的产生往往与追求目标和实现目标的过程紧密联系。在生活

---

① 斯托曼.情绪心理学:从日常生活到理论[M].王力,译.5版.北京:中国轻工业出版社,2005:81.

## 第三章　师幼互动中的幼儿园教师情绪劳动

中,对目标的追求衍生出个体对于目标的热切期待的状态。对于教师来说,教育教学活动中的目标包括促进幼儿在健康、语言、社会、科学、艺术等领域知识、技能及情感态度的发展,这些全面且相互渗透的目标促使教师在一日生活中对幼儿保持着持续的期待。当幼儿的行为符合教师的期待,使教师感受到目标得以实现或趋于实现时,教师的正向情绪就会油然而生。在诱发教师正向情绪的事件中,数量最多的是幼儿各种良好的行为表现,即在某种程度上符合教师期待的行为表现。

1.幼儿良好的学习行为

对于教师来说,引导和促进幼儿的发展是工作中的首要目标,因此,教师对幼儿语言、动作、知识与技能等方面的学习和发展具有较高的期待。幼儿良好的学业行为能够满足教师对他们的学业期待,为教师带来巨大的成就感和满足感。具体来说,幼儿良好的学习行为具有两种表现形式,一种是幼儿良好的学习能力,包括幼儿对教师问题正确地、恰当地、完整地、流畅地、超出教师预期地以及有创造力地回答;幼儿顺利地演唱儿歌;幼儿顺利创编儿童诗;幼儿写出正确的汉字;幼儿根据要求画出图形并进行完整地解释;幼儿画出细致的作品;幼儿晨间锻炼时能够保持平衡;幼儿创造性地搭建积木;幼儿与老师顺利进行角色扮演;幼儿成功接上儿歌接龙;幼儿配合儿歌创编出有创意的动作;幼儿能够从1数到100等。

中班教学活动时,老师通过角色游戏的方式引导幼儿进行儿童诗创编:"好,四个好朋友回去了,要来新的好朋友了,(孩子们很好奇,小声讨论'要来谁呀?')要来谁呢?仔细听,我请的这个好朋友来了之后,你们要对她说什么呢?请听,笃笃笃!"幼儿一起回应:"是谁呀?""是我,小公鸡。""如果你真的是小公鸡,请把你的鸡冠(少数幼儿说'嘴巴''尾巴')伸进来吧。"听到幼儿按照刚刚学过的句式完整创编了新的诗句,老师非常高兴:"哎呀,你们太棒了!给自己鼓鼓掌。一听到是小公鸡,就知道要看他的什么呀?""鸡冠!""因为鸡冠是它的什么呀?""特点。""对,特点,跟别人不一样的。(把双手放在头上模仿鸡冠)鸡冠伸进来了,你们好!"

另一种表现形式是幼儿良好的学习态度或习惯,包括幼儿努力回答老师的问题;在老师的帮助下唱完儿歌;在老师的帮助下念出儿童诗;主动进行钢琴表演等。

大班教学活动时,老师教小朋友们学习了一首儿歌后,请他们进行接龙演唱。两名幼儿顺利唱出了儿歌的前两句,接下来老师走到了小满面前:"好,你来唱给我们听听,预备起。"小满站起来,神情有些紧张:"哎呀——什么——跑出来了呀?"演唱虽然时断时续,但小满努力把歌曲唱了出来,老师脸上露出喜悦的神情:"啊,很好,给他鼓鼓掌!"

2. 幼儿遵守生活常规的行为

在幼儿园中,幼儿生活在班级之中,班级作为一个初级的社会组织,"具有其成员共同遵守的行为规范和组织秩序"[①],进餐、睡觉、上课、盥洗、穿脱衣服等十多个环节是幼儿必须遵守的日常生活规则,即我们平时所说的"常规"。"常规"是保障班级生活得以顺利组织的基础,也是培养幼儿良好生活和学习习惯的过程。对于教师而言,引导幼儿从家庭中走向更广泛的社会生活,帮助幼儿学习和适应集体生活中的社会角色是贯穿整个幼儿教育阶段的重要目标,因此,幼儿主动遵守班级常规的行为是满足教师期待,从而触发教师积极情绪的另一个重要诱因。在笔者的观察中,幼儿遵守常规的行为包括早早来到幼儿园;吃饭吃得快;在活动中保持良好坐姿;独立吃完饭;回应教师的声音响亮;听从教师的指导等。

大班午餐时,老师刚提醒过讲话的小朋友抓紧吃饭,转身就看到宗宗端着吃完的空碗去送碗,十分惊喜:"你都吃完啦?太厉害了!你看人家宗宗,今天第一个吃完的,这就是不讲话就吃得快,节省时间最好的方法就是不讲话。"

小班早餐后,小朋友们陆续回到自己的位置上,老师拿出点名册准备点名。在等待幼儿坐好的时间里,老师用手圈出望远镜的形状环视幼儿:"找,找,找找找,我要找一个好朋友,我要找谁呢?"老师起身在幼儿面前走了一圈,然后回到座位上坐下,微笑着宣布:"我要找朗朗,因为朗朗是这样坐的(模仿朗朗身体坐直的样子),来,和老师抱一抱。"朗朗高兴地上前和老师抱了一抱,然后回到了自己的座位上。

3. 幼儿的礼貌行为

礼貌是人类文明的一面镜子,是人们在社会交往中普遍认同的行为规范。在幼儿园中,文明礼貌教育是社会领域教育中的一项重要内容,教师通过专门的文明礼貌教学活动、日常行为示范等渗透式的教育方式引导幼儿学习合作、

---

① 郑三元.幼儿园班级制度化生活[M].北京:北京师范大学出版社,2004:14.

第三章　师幼互动中的幼儿园教师情绪劳动

谦让、分享等人际交往中的礼貌行为。当幼儿自发表现出文明礼貌行为时,教师往往会表达出正向情绪予以回应。

中班教学活动时,老师请小朋友们找一位好朋友手拉手,做好游戏前的准备工作:"是不是都找到你的朋友啦?"幼儿大声地回答:"是的!"老师环视了一下幼儿的分组情况,满意地点头:"表扬晶晶和灿灿这对好朋友,两个人眼睛看眼睛,笑眯眯的。"

中班晨间活动时,妈妈送龙龙来到操场上,龙龙看见老师正在指导小朋友玩游戏,特意绕过几名小朋友走到老师面前:"老师早!"老师微笑着回应:"龙龙早呀!"

### (二)幼儿可爱有趣的言行

与成人沉闷有序的世界相比,幼儿的世界充满了幻想、好奇、神秘和冒险。在幼儿园的一日生活中,幼儿时常冒出一些令成人意想不到而又充满童趣的言语和行为。这些富有想象力和创造性的行为表现,往往给成人带来新鲜有趣的感受,从而诱发教师的正向情绪。此类行为具体包括幼儿在游戏中的失误行为;游戏中自发的动作表现;有趣的模仿动作;怕老师误会而慌张辩解等。

中班教学活动时,老师请幼儿轮流上前进行角色扮演,和其他的小朋友进行互动游戏。秀秀面对着其他小朋友扮演"风"的角色,其他的小朋友则随着秀秀的指令变换动作,"吹呀吹,云彩变成小牛""吹呀吹,云彩变成小兔子""吹呀吹,云彩变成大螃蟹""吹呀吹,云彩变成大树叶",幼儿变成树叶的样子十分有趣,把老师也逗乐了:"树叶?你看阳阳,这真是个叶子!"

中班户外散步活动时,老师带领幼儿来到校园的银杏树下,引导他们观察树叶颜色的变化,几名幼儿描述树叶的颜色"像黄金一样"。小米仰头望着黄灿灿的银杏叶,发出一声感叹:"真的像黄金啊!"老师听到后不由笑出了声:"真的像黄金啊,你财迷哦!"

### (三)幼儿对教师的依恋行为

依恋是儿童与抚养者之间的一种积极、充满深情的情感联系。[①] 幼儿从家庭进入幼儿园后,教师逐渐成为幼儿除父母之外最主要的依恋对象,与依恋对

---

[①] 杨丽珠,吴文菊.幼儿社会性发展与教育[M].大连:辽宁师范大学出版社,2000:116.

象建立信任和亲密的关系是幼儿普遍的心理需求,因此,幼儿往往在一日生活中努力寻求老师的注意和赞许。在笔者的观察中,幼儿的依恋行为能够激发教师的效能感与责任感,进而触发教师的正向情绪。笔者观察到的幼儿依恋行为包括向老师展示自己的玩具;主动与老师攀谈;用表情或动作向老师表达亲昵(微笑、拥抱、轻拍老师)等。

中班户外散步活动时,老师拉着幼儿排队在校园中散步,间或向他们介绍路上的各种景物。朵朵距离老师较近,在老师解说的间隙,她努力踮起脚跟老师聊天:"老师,我们家的小狗生宝宝了。"老师表现出感兴趣的样子:"是吗?都生宝宝啦,那生的那个小狗跟它像不像啊?""不一样,有的是黑的,还有的是花的。"朵朵美滋滋地回答。

小班晨间活动时,欣欣来到幼儿园,向站在门口迎接的老师打完招呼后,又远远地向另一位老师问好:"老师早!"由于距离较远,老师似乎没有注意到,于是欣欣轻轻走到老师身后,一把搂住老师的腰,老师转身看见后,微笑着摸了摸欣欣的小脸。欣欣仰着头冲老师调皮地一笑,转身就跑开了。

幼儿行为引发教师正向情绪的诱发事件分布见表3-8:

表3-7 幼儿行为引发教师正向情绪的诱发事件分布

|  | 幼儿符合教师期待的行为 ||| 幼儿可爱有趣的言行 | 幼儿的依恋行为 | 总计 |
|---|---|---|---|---|---|---|
|  | 幼儿良好的学习行为 | 幼儿遵守生活常规的行为 | 幼儿的礼貌行为 |  |  |  |
| 频次 | 32 | 6 | 5 | 12 | 9 | 64 |
| 百分比 | 67.2 ||| 18.8 | 14 | 100 |

由上表可知,在触发教师正向情绪的事件中,幼儿符合教师期待的行为数量最多,共有43例,占所有案例的67.2%,其中幼儿良好的学习行为有32例,幼儿遵守生活常规的行为有6例,幼儿的礼貌行为有5例;其次是幼儿可爱有趣的言行,共有12例,占所有案例的18.8%;最后是幼儿的依恋行为,共有9例,占所有案例的14%。师幼互动中教师的情绪表现一定程度上可以反映教师的工作重点和价值取向。从上述数据可以发现,幼儿良好的学习行为受到教师最多的关注和支持,这一定程度上反映了教师注重幼儿知识与能力发展的观

念。幼儿可爱有趣的言行和依恋行为更多引发的是教师自然的情绪反应,这类正向情绪是融洽及亲密的师幼关系的体现。幼儿遵守常规的行为和礼貌行为触发教师正向情绪的频率较少,排除笔者取样的误差,还有一个不容忽视的因素是这两类行为属于常规管理的范畴,往往被教师默认为幼儿理所应当的行为而非值得褒奖的行为。

## 二、教师正向情绪产生的原因分析

本研究中探讨的正向情绪主要是满意-愉悦之间的情绪。在社会生活中,快乐情绪是一种典型的积极情绪,由于它在促进个人发展和社会团结方面都具有重要作用,这种情绪往往受到社会的认同和推崇。与负向情绪相比,正向情绪的产生较少受到社会环境因素的影响,无论在什么情况下,只要个体的需要得到满足,他们都能够产生快乐情绪。归根结底,快乐情绪的产生与人们各种需要的满足有关,虽然生理需要的满足能够带来愉悦感,但有研究指出,真正的快乐包含着明显的社会内涵。[1] 在日常生活中,快乐情绪总是在完成有意义的活动和良好的人际关系中产生。在师幼互动过程中,教师正向情绪产生的原因包括两个层次,直接原因在于幼儿的行为使教师的目标得以实现,间接原因在于幼儿的行为使教师的内在需要得到满足。

### (一)对幼儿行为表现感到满意

从认知理论的角度来看,快乐情绪的产生往往与追求目标和实现目标的过程紧密联系。拉扎勒斯认为,快乐是趋向目标实现的合理结果。在他看来,快乐等情绪代表的是个人与环境的相互作用,源自于我们对这种相互作用的认知评价。[2] 对于个体来说,目标的实现能够带来最大程度的快乐,然而,要真正实现目标并不容易。在日常生活中,人们往往不具备实现目标的全部技能,而是需要应对各种挑战和解决种种难题,合理推进目标实现的过程。因此,即便问题尚未得到解决,只要确信目标正在趋于实现的过程中,人们也能够体验到快乐,这就是制定计划和应对挑战也能够给人们带来快乐的原因。也就是说,目标的实现或趋于实现能够引发人们的快乐情绪,而快乐情绪又能够进一步激发

---

[1] 孟昭兰.情绪心理学[M].北京:北京大学出版社,2005:149.
[2] LA ZARUS R S. Progress on a cognitive-motivational-relational theory of emotion[J]. American psychologist,1991,46(8):819-834.

和强化人们追求目标的行为。

快乐情绪的产生对我们理解教师正向情绪的产生具有重要意义。对于有明显诱因的正向情绪来说,幼儿良好的学习行为、遵守常规的行为、礼貌行为之所以能够诱发教师的正向情绪,原因就在于这些行为既可以看作是教育教学活动阶段性目标的实现,也可以看作是向幼儿园教育的中长期目标或宏观目标合理推进的表现。同时,对于没有明显诱因的正向情绪来说,它的产生也和目标实现具有密切的联系。没有明显诱因的正向情绪是教师为了诱发或影响幼儿的行为而表达的情绪,这种情绪是教师为了追求目标实现而展现的情绪,因此,目标的实现或趋于实现是促使教师产生正向情绪的直接原因。

## (二)教师需要的满足

马斯洛提出了人类有五个层次的需要(生理需要、安全需要、归属和爱的需要、尊重需要和自我实现的需要),认为这些相互联系的需要是推动人类行为的根本动因。[①] 从广泛的意义上来说,这些基本需要的满足都能够为人们带来满意和快乐。在师幼互动的过程中,教师正向情绪的产生与以下几种需要的满足密切相关。

### 1. 自我实现需要的满足

在马斯洛看来,自我实现的需要是个体对自身潜能得到充分发挥的需要,它处于需要层次的最高端,是每个人力求达到理想自我的动力。在组织生活中,个体自我实现的需要往往与职业角色的扮演密切相关,也就是说,在工作中充分发挥自身能力,在工作过程中追求卓越是个体自我实现的重要途径。当人们在工作中获得成就或得到认可时,他们自我实现的需要就能在一定程度上获得满足,进而产生积极的情绪体验。对于教师来说,正向情绪产生的原因之一就是自我实现需要的满足。无论是幼儿良好的学习行为,还是幼儿遵守常规的行为和礼貌行为,这些事件之所以能够诱发教师的正向情绪,主要在于它们符合教师期待,反映了教师的能力和工作成效,体现了教师对自身角色的胜任,能够让教师体验到成就感和价值感,进而产生正向情绪。

### 2. 交往需要与亲密需要的满足

交往需要是个人为什么发送信息和向谁发送信息的需要。亲密需要是寻求与他人建立非常亲密的个人关系的需要。[②] 交往需要和亲密需要是两种重要

---

① MASLOW A H. A theory of human motivation[J]. Psychological review,1943,50(4):370-396.
② 叶奕乾. 现代人格心理学[M]. 上海:上海教育出版社,2005:238.

的社会需要,这两种需要使人与人之间保持联系,并使个体融入各种各样的社会关系当中。已有研究发现,快乐与良好的社会关系相互关联,增强与亲属的亲密关系、与朋友建立深厚的友谊以及减少竞争感、增加合作感等方法都能够增强人们的快乐。[①] 在幼儿园中,教师与幼儿之间持续进行着多种形式的交往,这种经年累月的共处促使师幼之间形成了亲密而稳定的人际关系。在观察中可以发现,教师对"幼儿有趣的言行"会忍不住加以关注,而"幼儿的依恋行为"也能够诱发教师的关怀和喜爱。虽然出现频率不高,但教师与幼儿之间也时常进行"问候与聊天""玩笑与游戏",因此,交往需要和亲密需要也是使教师产生正向情绪的原因之一。

### 三、教师负向情绪的诱发事件

在笔者的观察中,教师所有的负向情绪都由幼儿的某种行为所触发。从某种程度上来说,幼儿的这些行为都是与教师期待不相符合的行为,因此成为触发教师负向情绪的主要诱因。

#### (一)幼儿影响班级秩序的行为

"秩序"是指事物"有条理、有次序、不混乱的状况"。[②] 在幼儿园中,班级秩序是顺利开展一日活动的保障,良好的班级秩序主要体现为安静、有序的活动组织过程,而班级失序则会出现嘈杂、混乱的状况,直接影响活动组织的效果。在幼儿教育阶段,由于幼儿的身心发展尚未成熟,混乱的班级秩序也存在着影响幼儿健康和安全的隐患。对于教师来说,维持班级秩序是顺利组织各种活动的前提,因此,幼儿影响或扰乱班级秩序的行为是触发教师负向情绪的主要诱因之一。在笔者的观察中,这些行为具体包括:在集体教学中讲话;在他人说话时插嘴;教学活动、早操以及过渡活动中大声喊叫;拒绝做游戏;离开座位;声音高于其他幼儿;在教师示范儿歌时跟随演唱;大笑出声;课前准备活动时讲话;坐姿不端正;用脚踩踏地板;离开教室;小组活动时讲话;晨间锻炼混乱(不听音乐);早操时跑动位置有误等。

中班教学活动时,老师请幼儿跟着一起朗读儿童诗,并且提醒他们:"我声

---

① FRANKEN R E.人类动机[M].5版.郭本禹,等译.西安:陕西师范大学出版社,2005:282.
② 董大年.现代汉语分类大词典[K].上海:上海辞书出版社,2007:1014.

音大大的,你们小小(声音)地跟着念",幼儿轻声跟着老师念完了一段,当念到"天上的云彩真有趣"时,宋林似乎对小声念感到有些无聊,突然提高音量,把"有趣"两个字念得很大声。老师皱起眉头,瞪了他一眼:"你声音太大,影响别人了!"(语气重,不满)接下来的时间里,宋林没有再高声朗读。

### (二)幼儿学习过程中的不当行为

幼儿良好的学习行为是触发教师正向情绪的主要诱因,与之相应,幼儿学习过程中的不当行为表现也是触发教师负向情绪的诱因之一。对于教师来说,教育教学活动的开展需要大量的知识准备、经验准备以及材料准备。当教师精心准备的活动或长期的指导没有取得预期的成效,或幼儿的表现没有达到教师的期待时,教师往往会感到挫折和失望,并进一步产生不满或愤怒的情绪。笔者在观察中发现,幼儿学习过程中的不当行为主要包括:回答不出问题;不敢下笔绘画;对问题答非所问;回答问题声音太小;把自己的作业给别人看;做计算题时先写了运算符号;教师提问时不举手;答错了问题等。

大班教学活动时,老师带领小朋友进行水的折射试验。老师请幼儿在白纸上进行绘画和涂色,然后将画纸装进塑料袋,再将塑料袋放进水杯中进行试验。演示结束后,小朋友们自己操作,豆豆画完后,没有将画纸装入塑料袋,而是直接将画纸投入水杯,画纸很快湿透,无法再进行下一个步骤。老师看到后,生气地说:"这纸怎么能直接放进去?刚才你是不是没有听到老师的话?现在湿了怎么办?"豆豆低着头没有说话。

### (三)幼儿违反生活常规的行为

幼儿园的"常规"总体上可以分为生活活动常规和学习活动常规,生活活动常规是指保障幼儿身体发育、安全、卫生及健康的相关行为规范,包括进餐、喝水、盥洗、卫生、散步、上下楼梯等各个环节的具体要求。幼儿违反生活常规的行为是触发教师负向情绪表达的诱因之一,这些行为主要包括:忘记在休息时间小便;吃饭前用手触摸餐具;等待用餐时讲话;用餐前玩筷子;吃饭时讲话;吃饭慢;收玩具的时间过长;拽帽子上的绳子;摆放玩具的位置不正确;放置教具的位置不正确;不吃饭;吃饭时玩;用身体撞击柜子;不上座位;跟着老师跑;用手挑选花卷;躺在地上;拉开衣服拉链;声称自己肚子疼;幼儿在队伍中甩手臂;在户外活动中跌倒等。

大班午餐时,一位老师将筷子分发给班级幼儿,另一位老师为幼儿盛饭。轩轩先拿到筷子,还没有拿到饭。在等待老师取饭的时间,轩轩将两支筷子互相摩擦,然后用筷子敲击桌面,并侧身敲击身边同学的筷子。老师听到声音,回头看见了轩轩的行为,大声说:"轩轩,吃饭的时候能不能敲筷子?为什么不能安静等待?"老师走到轩轩身边,将轩轩手中的筷子收走。轩轩看了看老师,没有说话,将双手放在桌面上摩擦了几下,然后做出抱臂休息的动作。

### (四)幼儿同伴交往中的不当行为

在幼儿园中,幼儿与同伴之间的交往构成了班级生活的重要部分。对于教师来说,引导幼儿谦让、合作、分享、同情等亲社会行为的发展,促进幼儿之间建立融洽和谐的同伴关系是社会领域教育的重要任务之一。然而,由于幼儿身心发展的特点,同伴冲突中的不当行为也十分常见,当幼儿在同伴交往中出现不礼貌或不安全的行为时,时常会触发教师的负向情绪。这些行为一般包括:告状;拒绝同伴;对同伴发脾气;不帮助同学搬椅子;对同伴大声喊叫;早操时抢朋友;早操时找朋友挑三拣四;把小组的饼干全部拿到自己面前;堵住路不让其他人走;抢夺笔;打人;用绳子勒同伴的脖子等。

大班晨间活动时,小可的胳膊前段时间受伤了,吊着石膏来到幼儿园。早操的时候,他似乎忘了自己有伤在身,和身边的小朋友嬉闹起来,用另一只手去拍打别人。老师看到后,误以为他在打人:"哎,怎么打人啊?"(皱眉,不满)小可赶紧解释:"我开玩笑的。"老师的语气缓和了一些:"开玩笑也不能打人啊,那我等会打你试试,不要打人,小心一会把你的手又碰到了。"

### (五)幼儿违反教师临时要求的行为

在幼儿园的一日生活中,除了各种具有稳定性的班级常规,教师时常会根据活动的需要向幼儿发出临时性的要求和指示,当幼儿没有及时回应或遵守这些要求时,往往会触发教师的负向情绪。基于笔者的观察,这些行为具体包括:没有及时放汗巾;在绘画中使用了橡皮(教师要求不用橡皮);做了教师要求不做的题目;用浅色笔绘画(教师要求用深色);幼儿涂黑了某块画面(教师要求画图案);没有听清教师的指令,做出错误的回应;没有及时搬椅子;念儿歌时没有摇头(老师要求摇头);拉火车时跑动速度过快;没有在指定地点玩游戏;没有在指定时间内找到椅子坐下来;没有喝牛奶就吃饼干;被取消资格的值日生擦了黑板等。

大班教学活动时,老师给每名幼儿发了作业单,请他们完成上面的加法题。发给幼儿的铅笔上端有橡皮,老师知道这些彩色橡皮擦在纸上后会留下痕迹,于是提醒大家写错了用笔划掉,不要用铅笔上的橡皮去擦。活动过程中,牛牛拿着作业单找到老师,老师发现他用橡皮擦了写错的地方,结果作业单上留下了横七竖八的痕迹,十分生气:"谁让你用橡皮的?我说了不要用橡皮,不要用橡皮,写错了划掉,你看擦得脏死了!"(皱起眉头,语速加快,音量提高)老师一边数落,一边找了把剪刀把牛牛铅笔顶端的橡皮剪掉:"不许用橡皮,你用铅笔画一下不就行了吗?"(语气逐渐缓和)牛牛怯怯地站在一边,没有说话。

### (六)幼儿的失误行为

幼儿的失误行为主要是指幼儿的一些"无心之失",这些行为并未明确触犯到班级规则,也未对他人造成明显的干扰或伤害,但这些行为仍然与教师的期待存在出入,属于教师认为可以避免的行为。在笔者的观察中,激发教师负向情绪的幼儿失误行为主要包括:不记得自己是否去过泥塑课;不记得周一的活动项目;物品位置放置不正确(非常规);模仿了他人错误的行为;没有作业却不知道举手或喊老师;不记得自己的学号;绘画时弄掉笔;早操时跑错位置等。

大班教学活动时,老师带领幼儿学习完6以内数字的加法后,给每位幼儿发了两张作业单,请他们完成上面的两道加法作业。教师在各组查看了一圈后,发现多多坐在椅子上没有事情可干的样子,走过去检查他的作业情况,结果发现他完成了一张作业单,却没有另一张作业单,于是生气地说:"你没有第二张作业啊,你就这样子啊?你不喊我也不会给你,没有作业也不知道喊老师,也不举手,就坐在这发愣。"(不满)

教师负向情绪的诱发事件分布见表3-8:

表3-8 教师负向情绪的诱发事件分布

| | 幼儿影响班级秩序的行为 | 幼儿学习过程中的不当行为 | 幼儿违反生活常规的行为 | 幼儿同伴交往中的不当行为 | 幼儿违反教师临时要求的行为 | 幼儿的失误行为 | 总计 |
|---|---|---|---|---|---|---|---|
| 频次 | 42 | 20 | 29 | 17 | 17 | 9 | 134 |
| 百分比 | 31.34 | 14.92 | 21.64 | 12.69 | 12.69 | 6.72 | 100 |

上表的数据显示,在诱发教师负向情绪的事件中,"幼儿影响班级秩序的行为"数量最多,共有 42 次,占总数的 31.34%,其次是"幼儿违反生活常规的行为",共有 29 次,占总数的 21.64%,再次是"幼儿学习过程中的不当行为",共有 20 次,占总数的 14.92%。"幼儿同伴交往中的不当行为"和"幼儿违反教师临时要求的行为"各出现 17 次,分别占总数的 12.69%,幼儿的失误行为有 9 次,占总数的 6.72%。

上述数据一定程度上反映了教师对幼儿的哪些行为具有较低的容忍度。对于教师而言,良好的班级秩序是其他一切活动开展的基础,因此,"幼儿影响班级秩序的行为"和"幼儿违反生活常规的行为"最容易诱发他们的负向情绪。同样,"幼儿同伴交往中的不当行为""违反教师临时要求的行为"以及"幼儿的失误行为"之所以触发教师的负向情绪,除了因为存在着可能的安全隐患,另一个重要的因素是这些行为也会对正常教育教学活动的组织造成干扰,影响班级整体氛围和秩序。幼儿学习过程中的不当行为作为诱发教师负向情绪的一个要素,主要原因在于教师教育教学目标无法达成而产生的挫败感和低效能感。

### 四、教师负向情绪产生的原因分析

在本研究中,师幼互动中的教师负向情绪主要是指教师不满－生气的情绪表现。生气或愤怒情绪作为一种常见的负向情绪,主要与个体愿望或目标受到限制和阻止,或者不良的人际关系有关,当人们受到攻击、欺骗、挫折、干扰或者强迫时,往往会产生不满或愤怒的情绪。[①] 在师幼互动的过程中,教师负向情绪的诱因是幼儿的各种不当行为,然而,这些行为之所以被教师定义为"不恰当"的,则受到诸多因素的影响。从实地观察中获得的信息来看,教师负向情绪产生的原因主要包括以下几个方面:

1. 教师对幼儿不恰当的期待

20 世纪 60 年代,美国心理学家罗森塔尔进行了一项著名的实验,实验证明,当教师在实验者的暗示下,对那些他认为有培养前途的学生给予积极的期待时,能够很好地激发学生对教师的信任和喜爱,进而将教师的期待转化为自身的学习动机,从而获得良好的学习效果。人们把这一现象称为教师的期待效

---

① 孟昭兰.情绪心理学[M].北京:北京大学出版社,2005:160.

应或"皮革马利翁效应"。① 分析教师期望效应的作用机制可以发现,情绪在其中扮演着重要的角色。首先,教师期待效应的基础是教师与儿童之间相互信任和依赖的人际关系。只有教师向儿童传达温暖、支持性的情绪信息时,儿童才能够感受和接受教师的殷切期望,进而通过自身的努力去回应教师的期待。可以想象,如果教师对儿童声色俱厉,即便教师对儿童的发展潜能充满期待,儿童也很难对教师的期待做出积极回应。其次,教师情绪效应的实质是通过教师的关注与支持来激发儿童的学习动机,培养他们的自主学习能力。在这一过程中,教师亲切友好的态度和班级中愉悦的学习氛围是帮助儿童将教师期待转化为自我期待的重要媒介。

在过去的数十年中,教师的期待效应理论在教育实践领域产生了巨大影响,也催生了许多关于该理论的通俗观点,例如,教师对学生的期待越高,学生越能够得到发展是许多教师的信条。在笔者的访谈中,一位教师曾这样描述"如果你给孩子提100分的要求,那么他可能达到80分;如果你只给他提80分的要求,他很可能就会不及格"(N07)。然而,教师的期待是否一定能够对儿童的发展产生积极影响呢?答案显然是否定的。从期待效应的作用机制来看,当教师的期待无法与自身及儿童的积极情绪建立多种形式的联系时,往往难以发挥积极效应。笔者在观察中发现,当教师对幼儿具有不恰当的期待时,教师往往会由于幼儿无法满足自身期待而产生负向情绪,在这种情况下,教师期待不仅难以实现激发幼儿动机的效应,反而会对幼儿的自尊心和自信心造成伤害,对幼儿的发展造成消极影响。一般来说,教师对幼儿不恰当的期待体现在以下几个方面:

2. 教师超出幼儿"最近发展区"的期待

由于幼儿处于人生成长与发展的初始阶段,教师很少对幼儿的发展潜力期望过低或失望,相反,正因为幼儿园教育对幼儿终身发展具有奠基作用,教师往往对幼儿持有较高的期望水平。这种高期望一方面体现在教育教学的目标和内容方面,即希望幼儿尽快养成良好的生活和学习习惯,学会更多的知识与技能,另一方面则体现在幼儿发展的一致性方面,即期望所有幼儿的发展水平或行为表现在总体上保持一致。然而,当教师对于群体或个别幼儿的期望超出他们的身心发展水平时,幼儿的表现无法达到教师的要求和期待,就会激发教师

---

① 莫雷.教育心理学[M].广州:广东高等教育出版社,2005:631.

的失望、不满以及生气的情绪。

小班早操结束后的过渡时间,老师对幼儿上下楼梯的表现很不满意。

教师:听好,我们班排队上下楼梯,最大的问题是什么?第一,自己讲自己的!第二,不跟着前面的队伍走,望呆,聊天!第三,不扶扶手!第四,走到楼上了,自己往前跑!今天专门就练习上下楼梯,老师有很多的时间,今天的上下楼梯是最差的!(语气逐渐加重,生气)走最前面的人能不能超过老师?

幼儿:不能。

教师:前面没有老师,你能不能往前跑?

幼儿:不能。

教师:上楼梯下楼梯要干什么?

幼儿:扶栏杆。

同样,在这个案例中,班级幼儿上下楼梯的表现让教师感到非常不满。从教师的话语中可以发现他们对于幼儿上下楼梯具有一系列的期待,包括不讲话、不发呆、扶栏杆、不跑动、不超过教师的位置、根据队伍整体行进情况调整自己的行走速度与方向等。要达到以上要求,幼儿需要具备协调的动作能力、良好的判断与思维能力以及自我控制能力。从这个角度来看,并非所有小班幼儿的发展水平都能够达到教师的要求。在幼儿园中,教师往往将上下楼梯看作生活常规或行为习惯的一部分,认为通过反复练习就能够达到要求,却忽略了儿童身心发展具有特定的规律,并非高要求与多练习就能够促进成长。教师超出幼儿"最近发展区"的期待不仅让幼儿自身产生挫败感,也会导致教师自身被负面情绪缠绕。

3. 教师与幼儿身心发展特点不符的期待

幼儿时期是个体发展的初始阶段,也是一个独特的人生发展阶段。这一年龄段的幼儿具有许多独特的发展特征,例如注意力不稳定、不持久,喜好身体动作,爱好模仿等。作为幼儿教育的专业人员,教师对于儿童的这些发展特征都较为熟悉,然而,受到幼儿园集体教育形式以及个人教育观念的影响,不少教师在教育实践中往往持有与幼儿身心发展特征不符的期待,试图通过各种教育策略对幼儿进行规训。显然,这种期待往往无法得到幼儿的有效回应,教师产生负向情绪的频率也大大增加。

中班教学活动时,老师和幼儿一起根据儿童诗的内容进行角色扮演。老师扮演"风"的角色,其他的小朋友则随着老师的指令变换动作,"吹呀吹,云彩变成了大狮子——吹呀吹,云彩变成了胖娃娃。"幼儿一边用动作进行表演,一边发出兴奋的笑声。这时,老师提醒道:"哎哎,声音控制住。(语气严肃)吹呀吹,云彩变成了小绵羊。"这次孩子们还是发出了此起彼伏的笑声,老师停下动作,显然有些生气了:"哎,你们见过云彩会笑的啊?笑的人就是假云!(停顿)还有人发出那个假云的声音。"(埋怨的语气)

同样,在这个案例中,从表面上来看,教师负向情绪产生的原因是幼儿在游戏中发出的笑声打破了班级的安静、有序、稳定的状态,一定程度上对班级秩序产生了干扰。然而,深入分析可以发现,教师负向情绪产生的根本原因在于她对幼儿的期待本身是不恰当的,与幼儿的身心发展特点不相符合。在教师看来,教学活动是有目的有组织的活动,即便是其中的游戏环节,幼儿也应当注意力集中,保持班级秩序的安静和有序。然而,对于幼儿来说,游戏活动是他们最喜爱的活动形式,在参与游戏的过程中发出笑声是无法控制的自然反应。教师从维护秩序的角度出发,要求幼儿在游戏过程中把"声音控制住",只做出动作,不发出笑声,显然是违背幼儿的身心发展特点的期待。

### (二)教师自身人格特质的影响

从心理学角度来看,人格特质是影响个体情绪与行为的重要因素。不同的人对同一事物有不同的认识方式、不同的感受和体验以及不同的表情和行为表达。[1] 例如,在面对困难时,具有焦虑型人格的人容易产生紧张不安的情绪反应,而另外一些人则可能会精神兴奋或产生愤怒。在访谈中,不少教师提到人格特质教师负向情绪产生的原因之一,例如"每个老师的底线不同,比如孩子犯一些错误,有些老师可能觉得没什么就过去了,但有的老师就觉得受不了啦,一定要把它纠正过来。"(N07)"每个老师都有自己的带班风格,这个跟老师的性格有很大关系。有的老师讲话的时候慢条斯理,班里孩子也是这样;有的老师干脆利落,班里节奏就快一些。这个都是无可厚非的,你也不能说哪种风格就更好,我觉得吧,只要她能带好班,就是一个好老师。"(N04)"有的老师心思比较重,家里有什么事老在心里放着,有时候就容易把情绪带到班级里面去"(N02)笔者在观察过程同样发现,师幼互动中的教师情绪表现具有自身个性化的特征,例如有些老师的个性相对温和,而有的老师则容易兴奋愤怒;有些老师倾向于用语音语调的变化来表达情绪,而有的老师面部表情和动作十分丰富。

---

[1] 乔建中.情绪研究:理论与方法[M].南京:南京师范大学出版社,2003:11.

第三章　师幼互动中的幼儿园教师情绪劳动

大班教学活动时,幼儿正在绘画,东团不小心把笔碰到了地上,老师看见后大声发出警告:"下一次再掉笔就不要画了,别人的笔都放前边,你为什么放旁边?(语速快,生气)所以才会掉下去。(语气减弱,抱怨)"东团胆怯地看了看老师,捡起笔继续绘画。

在上述案例中,幼儿在绘画过程中把笔碰掉的行为激发了教师的不满情绪,幼儿把笔碰掉本身是一件"失误行为",这种行为从性质上来看属于偶然行为,从原因上看并没有明显的动机或意图,从结果上看也没有造成对他人的危害或干扰。教师之所以对这种"失误行为"产生愤怒,一方面体现了教师对幼儿的高期待,另一方面也体现了教师个人易怒的人格特征。

(三)教师指导经验和技能的缺乏

对于教师来说,教师的情绪表现是专业行为的重要组成部分,具有良好专业技能的教师能够对幼儿进行恰当而有效的指导,从而提高自身的工作胜任能力和自我效能感,享受实现自身价值所带来的积极情绪。与之相对,缺乏指导经验和技能的教师常常会出现不恰当的指导行为,无法有效实现自身的教育教学目标,从而引发自身的挫败感和负向情绪表现。在访谈中,一位园长这样表示,"一些老师喜欢用负向情绪去管孩子,实际上是缺乏足够的方法和技巧,因为他不知道有什么其他更有效的方法。其实我们能看到,一般对孩子轻声细语讲话的老师,班里秩序反而还好,为什么呢?因为老师有榜样作用。相反,幼儿园里也有那些声音比较大的老师,孩子喊,她就想更大声地喊,结果更不容易维持秩序,我觉得还是经验和方法方面的因素比较多。"(N06)在笔者的观察中,教师由指导技能欠缺而导致自身负向情绪的案例也比比皆是。

中班晨间活动时,由于这一天天气不好,幼儿需要在室内做操。老师安排各组幼儿排好队列后,一边拿出装球拍的筐子,一边提出要求:"各组排头过来数拍子,跟在外面一样啊,放到你面前摆好。"小排头们拿回拍子开始摆放,由于室内空间有限,也没有放置位置的标记,第三组的排头洪欣把拍子放在了靠近自己脚边的位置,老师发现后表现出了不满。

教师:看你这拍子放得对不对,请你往前放的,放在这里怎么站?你看你放在这里脚怎么站(加重语气)?

洪欣蹲下把拍子向前送。

教师:拍子往前,看看别人的拍子都放在什么位置。快!

洪欣把拍子继续往前放,结果拍子比其他各组放的位置又靠前了一些。

教师:(不满)哎,要你往前,你要么就放得老远,要么就放在脚跟前。

在洪欣调整拍子位置的时候,他身边第四组的排头晓晓仔细看了看自己拍子的位置,也蹲下把拍子向前挪了一挪,准备跟洪欣放的位置对齐,老师看见后更加生气。

教师(加重语气,有些生气):哎,他放得是不对的,放那么远,往后退!

洪欣和晓晓有些不知所措,蹲在地上把拍子摆来摆去,眼看做操的时间快到了,老师蹲下帮忙。

教师(弯腰摆好拍子):放那么远干吗?往前放一点就行了。

在上述案例中,教师安排幼儿在室内做操。从表面上看,洪欣因为没有把球拍放在合适的位置,违反了教师"跟在外面一样啊,放到你面前摆好"的要求,因此引发了教师的不满情绪。仔细分析可以发现,教师负向情绪产生的原因在于其自身对幼儿的指导不到位。对于教师来说,排头把球拍领回来放在自己面前是一项每天都在重复的行为,幼儿应该掌握了足够的经验和能力完成这项任务。因此,她在做操前没有明确告诉幼儿应该把球拍具体放在什么位置,只是说明"跟在外面一样啊,放到你面前摆好"。然而,由于当天改变了做操的场地,洪欣显然没有把在户外摆放球拍的经验很好地迁移过来,教室中没有操场上的方格标记,"面前"到底是什么位置呢?洪欣没有考虑到可以参考其他小组摆放的位置,而是凭感觉放在了距离双脚过近的位置,由此触发了教师的负向情绪。值得一提的是,随后教师仍然没有给出明确的指导,而是含混地要求洪欣"拍子向前",这显然又给洪欣带来了难题:拍子的位置应该"向前"多少呢?这一次,他把拍子挪到了比其他各组更远的位置,进一步激发了教师的负向情绪,"哎,要你往前,你就要么就放得老远,要么就放在脚跟前"。当洪欣身边的晓晓也跟着调整球拍位置时,教师又一次发出指示"他放得是不对的,放那么远,往后退!"这时,洪欣和晓晓在教师"向前"和"往后退"的模糊指导下彻底陷入恐慌和困惑,不知所措地把拍子挪来挪去。最终,教师只能自己动手把两个小组的拍子放在了自己想要的位置。实际上,在这个案例中,教师只要给幼儿一个明确的参照物(例如,放在和晓晓对齐的位置)或者明确的距离指示(例如,放在向前两步的位置),就能够很好地避免和解决上述问题,因此,教师指导经验和技巧的缺乏是引发自身和幼儿负向情绪的主要原因之一。

(四)教师对幼儿行为原因的误解

归因理论把个体的归因方式分为内部归因和外部归因、稳定性归因和非稳

## 第三章 师幼互动中的幼儿园教师情绪劳动

定性归因、可控性归因和不可控性归因三个基本维度,每一个现象的因果关系都和特定的情绪相联系。教师负向情绪产生的一个重要原因是他们对幼儿行为的误解,即对幼儿行为进行了片面或不恰当的归因。艾夫里尔曾做过一个广泛的调查研究,他请回答者描述一个使他们愤怒的情境,然后验证这些情境的特征,以此对愤怒情绪的归因前提进行了分析。据愤怒者描述,他们认为,85%以上的这类事件是有意的和无理的行为,或者是本来可以悄悄避免的事件……总体来说,对典型的挑唆所产生的愤怒是一种价值判断。愤怒不是别的什么,它只是一种对责备的归因。[1] 通过这项研究,艾夫里尔认为愤怒情绪的产生与原因的"控制性"维度密切相关,同时也受到其他两个维度的影响。笔者在对教师情绪的观察与访谈中发现,幼儿园教师负向情绪的产生往往与他们对幼儿行为三种形式的误解有关:

1. 认为幼儿行为的原因来自幼儿自身

大班过渡活动时,早上来到幼儿园后,佳佳似乎有点热,顺手就把外套的拉链拉开,敞着衣服和小朋友说话。老师看到后提醒她:"佳佳,你的衣服是穿还是脱?"佳佳一愣:"脱。"老师进一步表达了自己的不满:"早就讲了,我们班的小朋友,只有在运动的时候,衣服的拉链是可以拉开来的,其他的时候你要么就是脱,要么就把拉链拉好,能不能敞在那边?"(语气逐渐加重,生气)佳佳小声回答:"不能",开始低头拉拉链。

在这个案例中,佳佳因为感觉到热,拉开了衣服的拉链,这一行为与教师确立的生活常规不符,由此触发了教师的不满情绪。在这个案例中,教师之所以会不满,主要原因是她认为佳佳拉开拉链是因为没有记住自己的要求,而并非因为佳佳此时真的需要拉开拉链凉快一下。从笔者的观察中可以发现,当教师认为"幼儿学习过程中的不当行为"的原因是幼儿没有努力,"幼儿违反生活常规的行为"原因是不良的行为习惯时,就会产生负向情绪。如果教师考虑到幼儿行为的原因可能是外在的,例如新的情境、高难度的任务,将能够有效减少负向情绪的产生。

2. 认为幼儿的不当行为是稳定的行为习惯或品质

大班教学活动时,老师向幼儿讲解一个象形字,并用身体动作进行演示:"好,刚才妞妞说,这边像人的头,这个像人的身体,那它就是——"这时,跳跳大

---

[1] 韦纳.人类动机:比喻、理论和研究[M].孙煜明,译.杭州:浙江教育出版社,1999:374.

声喊道:"人!"老师听到后板起面孔,快速向跳跳的方向走了两步,大声呵斥:"哎,我是让你看我的样子,让你猜啦?我说这是人了吗?我揭晓答案了吗?一天到晚自以为聪明!"(语气重,语速快)跳跳惊恐地低下头,不再说话。

在这个案例中,教师在教学活动中用身体动作向幼儿展示象形字"人"的形象,引导幼儿猜测这个形象是什么字。跳跳在教师提问之前就大声喊出了答案,这一行为引发了教师的愤怒。教师之所以对跳跳的行为产生不满,除对幼儿行为具有不恰当的期待外,另一个重要的原因在于跳跳"插嘴"的行为并非偶然或初次产生,在教师看来,跳跳插嘴的行为是一种稳定的行为习惯,甚至是稳定的个性品质,这一点从教师对跳跳"一天到晚自以为聪明"的评价可以看出。从笔者搜集到的其他案例中可以发现,这种形式的误解具有一定的普遍性,例如,"就你们害老师嗓子都疼了,天天在这个地方讲。"(B-25-54)"你为什么每次都不举手?"(B-50-99)"你下次来就不要玩那个飞行棋,每次叠飞行棋你要叠半个小时。"(B-88-214)"从来不听别人的意见!"(B-17-30)"每天上课就你们这几个人!"(B-20-40),等等。如果教师能够考虑到幼儿行为原因的偶然性(心情不好、受到干扰等),也能够有效减少自身的负向情绪体验。

3. 认为幼儿行为是故意行为

中班音乐活动时,教师播放《月亮婆婆喜欢我》,在演唱了"月亮婆婆喜欢我,洒下月光把我摸"这一句后,老师请孩子们回答自己听到了什么。在提问了几名幼儿后,老师看向一名幼儿:"年年,月亮婆婆还干了什么事?"年年慢慢地站了起来,一只手不停拽着自己的衣角,望着老师没有说话。老师对此似乎有些不满:"你也假装糊涂的?干吗呢?月亮婆婆——"这时,年年忽然用手捂住嘴巴,做出呕吐的动作,并且连声咳嗽起来。见到年年这样的表现,老师更加生气,对站在一旁的保育老师说:"马老师,把他带到医院去,在那边假装'呃啊',要咳了是吧?站着听,一咳就把他送到医院去。"老师不满地瞪了年年一眼,然后转向另一名幼儿,用平和的语气重新提问。

同样是上文中年年这个案例,年年无法回答老师的问题,教师认为她是"假装糊涂",当她向幼儿表达出自身的不满情绪后,年年突然做出呕吐的动作,并咳嗽了起来。这些举动让教师更加生气,并进一步对年年进行恐吓:"把他送到医院去,在那边假装'呃啊',要咳了是吧?站着听,一咳就把他送到医院去!"从这些话语中可以明显地发现,教师负向情绪产生的原因一方面是她对年年提出了超出其发展水平的问题,另一方面则是她认为年年的种种表现都是假装的、故意的。这一点在笔者事后对这位老师的访谈中得到证实,"他不是不会,就是想偷懒,做出(呕吐)那个样子,想让你同情他。"(N05)显然,教师对幼儿的行为持有这种看法时,往往会引发自身的负向情绪。如果教师能够考虑到幼儿行为或许源于一些幼儿本身不可控的因素,例如身心发展水平有限等,对于减少自身负向情绪的产生频率将具有重要的意义。

### (五)教师彰显自身权力的需要

从动机理论的角度来看,教师负向情绪产生的原因还在于彰显自身权力的需要。权力需要是个体要在某些方面取得一定支配地位的需要,是一种常见的社会性需要。[1] 在幼儿园教育教学活动中,教师常常认为有必要在幼儿面前树立自身的权威,而树立权威的核心策略就是向幼儿表现自身的负向情绪。

中班过渡活动时,老师收拾完活动材料走到白板前,看到之前自己画在白板上的图形已经被擦掉了多半,显得有些惊喜:"哎哟,这是谁帮我擦的,值日生啊?"阳阳拿着板擦对老师笑着说:"是的。"看到是阳阳后,老师突然拉下了脸:"你都已经被下掉了,你当什么值日生啊?(夺过阳阳手上的板擦)下了,不要你擦,奇奇,你来擦。"阳阳顿时愣在了,委屈地向老师辩解:"是何老师(保育老师)让我擦的。"老师瞪了他一眼:"她还不知道你被下掉了呢!管好自己的嘴,你才能当!"说完后,老师转身离开。

在这个案例中,阳阳由于之前在教学活动中讲话被教师没收了值日生的牌子,失去了做值日生的资格。活动结束后,阳阳在何老师的安排下帮老师擦黑板,而这项活动本来是值日生的职责,因此,当老师发现阳阳擦黑板时,对其进行了制止和批评。从行为本身来讲,阳阳帮助老师擦黑板的行为本身并不算违规行为,甚至是一种值得表扬的行为。那么,教师为什么要对阳阳发火呢?问题的关键在于阳阳之前被老师"下掉了"值日生的资格,目前是一种被惩罚的身份,对于教师来说,阳阳在明知自己被"下掉"的情况下还做出擦黑板的行为,无疑是对自己决策权威性的蔑视与挑战。如果任由阳阳擦黑板,就违背了之前自己做出的惩罚决策。因此,教师毫不犹豫地制止了阳阳的行为,强调了惩罚决策的效力,从而对自身的权威地位进行维护。值得一提的是,当阳阳搬出班级中的另一位权威人物何老师进行辩解时,教师并没有解除对阳阳的惩罚,而是通过声明"她还不知道你被下掉了呢",将责任转嫁到阳阳身上,从而在自己和

---

[1] 黄希庭.心理学导论[M].2版.北京:人民教育出版社,2007:171.

何老师意见相左的情况下同时维护了教师群体的权威地位。

## 第五节 师幼互动中的教师情绪劳动规则

在前文中,本研究主要从教师情绪表达的外显表现出发,结合教师在师幼互动中的言语行为,对幼儿园教师情绪表达的过程进行了推断性分析。可以发现,教师对幼儿行为的评价方式是影响其情绪表达的重要因素。值得注意的是,即便教师在对幼儿行为进行评价的基础上产生了某种情绪,但教师以何种方式表达情绪仍存在较大差异。这种差异一方面与教师个人的气质个性密切相关,另一方面则与教师情绪表达规则的感知密不可分。在现实生活中,一些教师可能会选择抑制自身的某种情绪,还有一些教师可能会选择表露特定情绪。不同的情绪表达方式反映了教师对如何表达自身情绪的理解,这也是情绪规则要探讨的问题。

### 一、教师情绪表达规则的内涵

情绪表达规则是情绪劳动研究中的一个核心概念。早期霍克希尔德提出的情绪表达规则与情绪体验规则,强调的是员工在工作情景中需要表现出与组织期待相符合的情绪。在教育教学工作中,教师的情绪表达与体验也受到一系列与教育教学工作相关的文化、规则与期待的制约。这些规范的信念和期待通常由组织或集体制定,反映了教学中"处理情感和情绪的意识形态"。[①] 艾克曼认为情绪规则研究应包含四方面内容,分别是表达情绪的人是谁?对谁表达情绪?表达什么情绪?表达情绪的时空特征是什么?并且提出了情绪表达规则的形式包括限制情绪表达、夸大情绪表达、缩小情绪表达以及表达中立情绪等。[②] 尹洪彪将我国文化背景下教师情绪规则概括为四点:满怀激情投入教学;隐藏负面情绪;保持积极情绪;将情绪表达作为达到教学目标的工具。[③] 徐长江

---

[①] HOCHSCHILD A R. Emotion work, feeling rules, and social structure[J]. American journal of sociology,1979,85(3):551-575.

[②] EKMAN P. Expression and the nature of emotion[M]//SCHERER K,EKMAN P. Approaches to emotion. Hillsdale,NJ:Erlbaum,1984:319-344.

[③] YIN H B. Be passionate, but be rational as well:emotional rules for Chinese teachers' work [J]. Teaching and teacher education. 2012,28(1):56-65.

等学者通过对14位教师的深度访谈提出,教师与学生、同事、领导和家长的互动过程中都遵循着特定的情绪表达规则,这些情绪表达规则会受到学生以及教师自身特点的影响,并具有情境性特征。[①]

前人通过研究揭示了教师情绪表达规则的基本特征、内容与表现形式,但仍留下了一些值得进一步探讨的空间。第一,已有研究普遍认为情绪规则来自组织的正式或非正式制度,但教育系统内往往存在着不同层级和类型的组织,来自组织的情绪规则是否一致?第二,已有研究揭示了情绪规则稳定性的一面,但幼儿园教师对情绪规则的理解是否清晰以及教师如何根据具体的工作情境实践情绪规则,这些问题都值得进一步讨论。

## 二、教师情绪规则的三个层次

在幼儿教育实践中,影响教师情绪表达行为的情绪规则包含不同的层次。对于教师来说,"情绪规则"并非是普适或静态的,而是具有情境性和动态性,很大程度上由实践中只能言传或意会的惯例决定。在实地考察中可以发现,影响幼儿园教师情绪体验与表达的规则至少包含以下三个层次。值得注意的是,这些不同层次的规则在范围上并非单纯的包含关系,而是相互交融协商,在某些情境中也可能会存在矛盾。同时,这些规则在传导路径上也并非单纯的单向关系。在个体教师专业化的进程中,幼儿园教师最终要将这些规则纳入个人认知体系,建立起一套不一定符合逻辑但却足以指导日常实践的"个人规则"。

### (一)国家层面的规则

幼儿园教师情绪表达的国家规则是指教育主管部门对整个幼儿园教师队伍情绪规则的正式要求,是指导幼儿教育实践的宏观要求,也是教师情绪表达的园所规则和教师规则的基本依据。从形式上来看,教师情绪表达的国家规则往往具有正式的制度行文,具有较强的规范性和约束力。例如,我国《中华人民共和国教师法》规定"关心、爱护全体学生,尊重学生人格"是教师的义务。2014年颁布的《中小学教师违反职业道德行为处理办法》中明确列举出教师的禁止性行为以及违反师德行为的惩处办法。这些法律法规虽未明确指出教师情绪表达规则的内容,但其对教师如何对待学生的规范隐含了教师情绪表达规则的

---

[①] 徐长江,费纯,丁聪聪,等.教师情绪表达规则的质性研究[J].教师教育研究,2013,25(4):68-73.

要求。从内容上来看,教师情绪表达的国家规则规定了教师职业最具代表性的职业素养,具有统一性、理想化和概括化的特征。例如,我国《幼儿园教师专业标准(试行)》中关于教师个人修养与行为的要求包括"富有爱心、责任心、耐心和细心""乐观向上、热情开朗,有亲和力""善于自我调节情绪,保持平和心态"等表述。这些表述不仅体现了对教师专业行为的要求,也隐含了对教师专业情绪与情感的规范。

### (二)园所层面的规则

园所层面的规则是指园所管理制度与组织文化中关于教师情绪表达规则的要求,在组织范围内生效。在形式上,这种规则既可能是成文形式的正式规则,也可能是组织文化中隐含的非正式规则。在内容上,园所规则往往与幼儿园整体保教理念、文化传统以及管理风格密切联系,不同园所的教师情绪表达规则也存在较大差异。在访谈过程中,几位受访者展示了本园制定的教师行为准则或倡议,例如某幼儿园制定的《幼儿教师行为"十要十不要"》中列举了十条正向和负向行为清单。"①我要廉洁从教,不要参与社会不良活动、向家长谋私利,因为这样才能营造尊师重道的氛围,让我获得更多职业幸福感。②我要面带微笑,不要愁眉苦脸,因为微笑能拉近我与孩子的距离。③我要保持衣着整洁,头发指甲干净,不要披头散发、穿着拖鞋超短裤,因为这是对孩子们的尊重,也是对自己的尊重。④我要放下'成人'这个身份,蹲下来和孩子轻声细语地交流,不要对孩子居高临下,因为这样才是孩子喜欢的老师……",另一所幼儿园制定的《教师关爱幼儿十大行为》中这样表述,"教师用热情的笑容,给予孩子愉悦的心情!教师用友爱的眼神,给予孩子心灵的沟通!教师用轻柔的抚摸,给予孩子深切的关爱!教师用下蹲的身躯,给予孩子人格的尊重!教师用真诚的牵手,给予孩子内心的安全!教师用温暖的拥抱,给予孩子无限的幸福!……"在上述这些幼儿园内部拟定的规章制度中,不仅对幼儿园教师在工作中的表情语气提出了要求与期待,例如"面带微笑""轻声细语""眼神温柔",而且倡导教师通过"眼神""牵手""下蹲""抚摸""拥抱"等肢体动作将自己对幼儿的关爱之情充分展示。可以发现,园所层面的情绪规则表述更加具体,是幼儿园园所文化和教育理念的体现。

### (三)教师层面的规则

教师层面的规则是指教师自身在日常教育教学实践中实际理解和运用的

情绪规则。这种情绪规则是教师对国家规则和园所规则的理解、吸收与创造性应用。因此,教师层面的情绪表达规则受到教师性格特征、教育经验、教育观念及互动情境的影响,具有较大的个体差异性。个体层面的教师情绪规则具有个性化特征,往往是灵活多变的,对实践有直接指导作用。幼儿园教师理解和践行的规则可能与国家规则或园所规则相一致,也可能存在不一致,甚至可能相互冲突。在访谈过程中,许多教师表达了自身对园所规则和国家规则的反思,以及结合自身经验对工作情景中情绪规则的诠释,"刚开始工作的时候有一段时间比较迷茫,不知道怎么带班,以前学校学的跟幼儿园里师傅教的有比较大的差异,后来我想通了,其实目标是一致的,只不过在方法上存在差异。"(N09)"我们刚毕业的时候,对孩子的看法是很理想主义的,也是很脱离现实的,但事实上每个孩子都不一样,小孩子不是天使,也不是恶魔,你需要找到适合你自己的方法,让他们听你的。"(N12)"以前有个老教师告诉我,如果想要小孩听你的,就不能对孩子笑的,但我觉得也未必这么夸张,但意思就是要跟小孩保持距离。"(N15)

就三者之间的关系而言,无论是国家规则、园所规则还是教师规则,都是教师情绪表达规则体系中的组成部分。从总体上看,情绪表达的国家规则是园所规则和教师规则制定和实施的依据,发挥着引导性的作用。园所规则是根据园所发展状况对国家规则的具体化,使较为抽象的教师情绪规则变得富有园所文化特色,更符合本园教师工作的实际情况。教师规则是国家规则和园所规则的个性化,是教师基于工作经验提炼出的实践智慧。在理想状态下,上述三种情绪规则之间具有内在一致性,是相互支持和彼此促进的关系。然而,在具体实践中,往往存在着三者之间不一致甚至相互冲突的情况。例如,专业素养不足的园长可能会拟定缺乏国家政策依据的园所情绪规则,幼儿园教师从工作经验中提炼的情绪规则可能与更上位的情绪规则存在不一致等。这种不一致性反映了幼儿园保教实践中情绪话语的缺失,使得幼儿园教师对专业实践背后的情绪规则缺乏足够的关注、理解与反思,进而带来可能的误解与不恰当的专业实践。

## 三、师幼互动中的教师情绪表达规则

### (一)"愉悦-高兴"情绪的表达规则

1."琴瑟和鸣"——师幼关系的理想状态

谈到与幼儿互动中的正向情绪表达,多数教师认为积极情绪是和孩子相处过程中十分常见和自然的体验,这一点得到不同年龄教师的普遍认同。亲密友爱的师幼关系,符合正式制度及社会文化对幼儿园生活的期待,这种和谐的师幼关系也是每位教师的理想与初心。一位入职不满三年的教师说道:"跟孩子相处本身是很愉快的事情,如果没有其他各种各样的要求,其实我特别珍惜跟孩子一起说话的时间,看着她们的笑脸,才觉得一身的疲惫都有意义了……让我最感动的事情是孩子对我的无条件支持,我那时候在实习吧,并不是特别想到幼儿园工作。实习的时候也是很迷茫的状态,各种手忙脚乱。最后一次给他们做展示汇报,哇,平时调皮的小孩都很配合。其实我觉得自己讲得一般,但孩子们特别给力,真的好爱他们。"(N08)另一位教龄较长的教师也强调与幼儿的亲密关系带来的愉悦感:"到了我这个年龄,荣誉啊什么都已经不重要了,就是纯粹享受和孩子们在一起的时光。看着他们的时候,就会不由自主地喜爱。很多老师说带孩子时间长了会烦,我就不会,可能我真的特别适合做这个工作。"(N14)

正如前文所述,教师的积极情绪体验往往与幼儿的进步、幼儿对教师的关爱、家长的支持等事件紧密联系,而这些蕴含正向情绪体验的事件也成为增强教师专业认同感和幸福感的"关键事件"。这些事件并非偶然发生,往往需要教师运用自身的教育智慧去创造。"最让我觉得开心的就是孩子们有进步,这种成就感是别的工作都没有的。我们班齐齐在小班的时候,讲话不清楚,眼睛也不看你,也不愿意跟别的孩子玩,我一度特别担心他是那个(特殊儿童),所以我们老师就一起讨论这个孩子怎么办,跟他家长沟通,活动的时候留意他的反应,想尽办法让他参与,到了中班就有了很大的改观,他家里人对我们也很支持。现在每次见到他,我都很开心,就是那种特别满足的感觉。"(N16)可以发现,师幼之间达成愉悦的氛围需要教师具有积极的教育观念和教育策略。

2."亲密有间"——正向情绪表达的限度

尽管正向情绪表达的价值受到教师的认同,但许多教师也强调教师的正向情绪表达要"张弛有度""亲密有间"。适度控制自身正向情绪表达的理由包括以下几个方面:

一是保持集体活动安全性和有序性的需要。"跟孩子们相处要注意技巧,原来自己在学校的时候,高兴的时候就哈哈大笑,但是工作后你不能这样,尤其是面对孩子的时候,因为孩子们很容易兴奋,你一跟他们一起闹,那就要翻天了。你的活动就不用组织了,而且也会有安全隐患。"(N08)"老师要学会掌控孩子的情绪,用自己的语言表情去带动孩子,但不能轻易被孩子带走,不能你自己也跟孩子一样,一天嘻嘻哈哈,或者是一点就着,这肯定不行。"(N12)

二是对幼儿进行个别教育的需要。"在面对一个孩子时,他可能犯了一个小错误,实际上你自己都觉得这件事情很好笑,但是孩子却觉得太丢脸了,不好意思面对大家,这个时候就要将自己的情绪藏起来,用一种很严肃、很真诚的表情来宽慰他,开导他。"(N09)

三是对不同年龄儿童进行教育的需要。"这种情景化的教学方式在托班体现得最为明显,这也跟孩子的年龄发展特点有关,因为孩子年龄小,有的时候他不懂。你必须要用他理解的、熟悉的游戏情境去引导,他才能做到。他做到了,就会有成就感和愉快的感觉。但是对于中大班的孩子来说,因为他已经积累了比较丰富的经验,所以很多时候这种情境性的语言和形式在一日活动当中可能会少一点,教师更多会用较为平静的语气和孩子说话。"(N10)

幼儿园教师对自身正向情绪表达强度与频率的控制,一方面体现出教师对正向情绪价值的辩证性理解,强调正向情绪表达的情境适切性而非情绪本身的效价,反映出中庸平和的情绪表达文化偏好。另一方面体现出幼儿园教师对自身情绪工具性价值的理解,他们自觉地将自己的情绪表达作为示范、引导及抚慰幼儿的工具,并重视对情绪工具应用的时机与成效。

(二)"不满-生气"情绪的表达规则

1."冷面热心"——负向情绪表达的定位

对于师幼互动中的负向情绪表达,教师的看法具有较大差异性。在访谈过程中,有教师认为负向情绪表达是一种管理风格,也有教师认为负向情绪表达应当避免,还有教师认为负向情绪表达在教育过程中不可避免,这些看法体现出教师对师幼互动中的负向情绪表达具有不同理解。尤其值得强调的是,不少教师往往用"冷面热心"来形容教师情绪表达中的矛盾性,认为教育者要将对孩子的爱放在心里,而表面的严厉则是为了实现教育目标的必要策略,具有一定的合理性。

"我们以前上学的时候,根本没法理解什么叫'带不了班',前段时间隔壁幼儿园有个老师辞职了,就是因为'带不了班',现在我就能理解,因为管不住孩子。你要想在幼儿园中教育孩子,首先要有能力搞定孩子,如果一味地顺从孩子,就会很乱。混乱的局面下,别说学习或者发展了,就连安全都没法保证。所以,老教师都会强调纪律。很多老教师,比如我们幼儿园的 A 老师,从来没对孩子笑过。我师傅也常说我,少跟他们笑。为什么呢?因为孩子很容易兴奋,一兴奋就什么也干不成了,所以老师一定要稳住、要淡定。"(N10)

"不知道你听过一句话没,叫'给好心不要给好脸',我以前实习时候的班主任,我从来没见她笑过,你也不能说她不高兴,她就告诉我,要少跟孩子笑,笑太多管不住孩子。"(N09)

"教育小孩需要用多种方式,对不同的孩子也需要灵活地处理,工作后才能体验到什么叫教无定法。有些老师严厉一些,这也是一种教育风格,只要她不要太过分,但体罚孩子就是另一个性质的问题了。"(N12)

在访谈过程中,不少受访者认为政策文本或幼儿园制度中只鼓励积极情绪表达的规则具有一定的片面性,难以适应复杂的教育实践情境。在她们看来,幼儿园教师需要根据实际情况向幼儿展现不同的情绪,负向情绪的表达也具有一定的必要性。在论述"冷面"合理性的同时,幼儿园教师也强调了"热心"的重要性,主张负面情绪表达的内核依然是关怀取向的教师伦理。我国学者用"刀子嘴,豆腐心"来形容师生关系中的矛盾现象,教师通过真诚的正向情绪和负向情绪表达营造慈爱与严厉并存的氛围,并以此维护我国传统文化认可的师生权力距离和社会秩序。[①]

2. "有收有放"——负向情绪表达的方式

在负向情绪表达方面,尽管许多教师对于在师幼互动中表达负面情绪是否合适存在争议,但多数教师认为负向情绪表达在工作中难以避免,"关键的问题在于'度'。"(N15)在如何理解负向情绪表达的"度"方面,受访教师的观点包括以下几个维度:

一是情绪表达的频率。"一般都是有必要的时候才扮黑脸,比如上课纪律很差,需要整顿纪律,才会严肃起来。如果一个老师天天发脾气,那肯定是有问题的。"(N04)

二是情绪表达的情境。"每个人都有自己本身的情绪,在生活和工作中总会遇到或好或不好的情绪。比如和男朋友吵架,或有家长一大早就埋怨,总会是有一些负面或消极的情绪。但不能因为这些情绪上课就无精打采,组织一日

---

[①] YIN H B. Knife-like mouth and tofu-like heart: emotion regulation by Chinese teachers in classroom teaching[J]. Social psychology of education,2016,19:1-22.

第三章 师幼互动中的幼儿园教师情绪劳动

活动就神游四方。上班的时候,还是要将这些负面情绪隐藏起来,把好的一面展示给孩子。"(N06)

三是情绪表达的对象。"有教师提到有的孩子不需要老师提醒,或者你一讲他就知道了。有些孩子,就是你怎么讲都没有用,永远是这个样子。当然你说的那位老师,有点反应过激,有经验的老师都是有收有放,她可能不知道哪些时候可以放,可能没有丰富的经验。"(N09)

上述观点体现了幼儿园教师情绪劳动中的情绪调节过程,教师在师幼互动中的情绪表达会考虑到互动目标、对象及情境的差异。同时,幼儿园教师对负向情绪表达的调节也充分体现了其将自身情绪表达工具化的取向。教师通过适度表达负向情绪来提高课堂管理或个别化引导的效率,并努力避免过度应用负面情绪表达可能带来的不利影响。值得注意的是,幼儿园教师对"适度"的把握较多依赖自身的主观经验,由于情绪话题的敏感性,她们很少有机会在正式的专业研讨中学习情绪表达的适宜性。

通过考察幼儿园教师在师幼互动中的情绪表达及教师对情绪表达规则的理解,可以发现情绪在幼儿园教师专业实践中的核心要素。无论是组织集体活动还是进行个别化教育,以自身情绪表达对幼儿进行示范、激发与引导都是十分重要的工作策略。同时,由于学龄前儿童身心发展的未成熟状态,幼儿园教师需要随时应对保教工作中的突发事件,体验情绪的唤醒与起伏。因此,幼儿园教师的情绪劳动是主动投入与被动卷入相结合的心理过程。对幼儿园教师情绪劳动规则的考察发现,幼儿园教师在工作中会接触到国家、园所及教师等不同层面的情绪规则,这些情绪规则之间并不一定完全一致,这为幼儿园教师情绪劳动的自主性预留了空间,但也增加了教师情绪表达适宜性的不确定性。访谈中可以发现,幼儿园教师十分重视情绪表达的工具性价值,认为正向情绪和负向情绪表达都具有必要性,应基于实际需要适度表达不同的情绪。幼儿园教师对情绪表达规则的理解,既体现了我国传统文化中的情绪观和师生关系观,也反映了他们具有积极反思教学实践的主动性。

——本·章·小·结——

在师幼互动中,幼儿园教师的情绪劳动起着至关重要的作用。它不仅影响到教师自身的心理健康,也深刻地影响着幼儿的情感和行为发展。在已有研究中,关于幼儿园教师在师幼互动中的情绪劳动策略探讨较多,但关于幼儿园教师情绪表达实际状况的数据较少。本章着重对幼儿园教师在师幼互动中的情绪表达进行实地考察与分析,较为详细地呈现了幼儿园教师情绪表达的频率、情境及过程,有助于丰富幼儿园教师情绪劳动研究的实证数据。

第一节呈现了师幼互动中教师情绪表达的类型。概览幼儿园教师在师幼互动中的情绪表达,可以发现其丰富的情境特征。以情绪效价为依据,教师的情绪表达可以区分为正向情绪表达和负向情绪表达。以情绪产生的方式为依据,教师的情绪表达可以区分为有明显诱因的情绪和无明显诱因的情绪。考察教师情绪表达的具体场景,可以发现教学活动是教师正向情绪和负向情绪表达的高峰环节,过渡活动是教师负向情绪表达的高发时段。在教师情绪表达的对象方面,教师在与个别幼儿互动中的情绪表达整体上多于与集体幼儿互动时的情绪表达,教师倾向于通过情绪表达实现个别教育与集体教育相结合的目的。

第二节描述了幼儿园教师情绪表达的形式。幼儿园教师经常通过面部表情、身体动作和语气语调等非言语形式展现情绪的变化。同时,教师通过认可与表扬、诱导与引导、表演与展示、问候与聊天、玩笑与游戏等正向情绪表达中的言语行为,以及指示言语、揭示言语、警示言语、声明与解释、评价与判断、讽刺与宣泄、质问与反驳等负向情绪表达中的言语行为向幼儿传递更加具体的情绪信息。幼儿园教师丰富的情绪表达形式反映了情绪作为交流工具在教育教学实践中扮演着重要角色。

第三节分析了幼儿园教师情绪表达的变化模式。在师幼互动过程中,教师的情绪表达具有过程性与连续性特征。考察幼儿园教师在师幼互动中的情绪变化趋势,可以识别出"转化－调节"型、"终止－回避"型、"升级－冲突"型、"持续－扩散"型四种典型模式。教师情绪在互动过程中的变化体现出多数教师具有一定的情绪调节意识和不同的情绪调节方式。

第四节探讨了师幼互动中幼儿园教师情绪劳动的过程。从情绪评价理论出发,教师的情绪往往由幼儿行为诱发,取决于教师对幼儿行为的评价与判断。诱发教师正向情绪表达的行为包括"幼儿符合教师期待的行为""幼儿有趣的言行"和"幼儿的依恋行为"等,诱发教师负向情绪表达的行为包括"幼儿影响班级秩序的行为""幼儿学习过程中的不当行为""幼儿违反生活常规的行为""幼儿同伴交往中的不当行为""幼儿违反教师临时要求的行为"以及幼儿的失误行为等。教师正向情绪表达的直接原因在于幼儿的行为使教师的目标得以实现,间接原因在于幼儿的行为使教师的内在需要得到满足。教师负向情绪产生的原因包括教师对幼儿不恰当的期待、教师自身人格特质的影响、教师指导经验和技能的缺乏、教师对幼儿行为的误解等。

第五节探讨了师幼互动中的教师情绪劳动规则。师幼互动中的情绪规则指引着幼儿园教师如何感受和表达情绪,对幼儿园教师产生影响的情绪规则包括国家层面的规则、园所层面的规则以及教师层面的规则。三个层次的情绪规则紧密联系、相辅相成,但也可能存在不一致。从教师情绪表达规则的内容来看,教师正向情绪表达规则表现为"琴瑟和鸣"和"亲密有间",教师负向情绪表达规则强调"冷面热心"和"有收有放"。在师幼互动中,幼儿园教师在实践需求和专业规范的基础上建构自身对师幼互动中情绪规则的理解,通过弹性灵活的情绪表达方式构建和维护师幼关系,注重把握正向情绪和负向情绪表达的"度"。

# 第四章

# 家园互动中的幼儿园教师情绪劳动

情感是人类交流的核心，欣赏、认可及信任等情感因素是高质量家园关系的基础。在国际范围内，家园关系一直被视为幼儿园保教质量的过程性要素，建立良好的家园关系也成为各国幼儿园教师必备的专业素养。尽管已有研究对家长与教师的角色、家长参与幼儿园活动及家园之间的权责分配等问题进行了不少探讨，但关于家园互动的实证研究仍十分稀缺。在幼儿园中，教师和家长每天都有或多或少的互动，但双方如何从简单互动发展为相互尊重和相互信任的关系？家长与教师如何在沟通中确立共同目标或分享意义？教师在家园互动过程中付出了哪些情绪上的努力？教师如何理解家园互动中的情绪体验和表达规则？这些问题尚未得到足够关注与探讨。本章将通过对幼儿园教师家园互动中情绪劳动的考察，对上述问题进行探索性的回应。

## 第一节 幼儿园与家庭互动的实践图景

### 一、从服务到协作：幼儿园与家庭互动的政策演进

在学前教育阶段，幼儿园与家庭之间的互动与协作对儿童、家庭及社会的发展都具有十分重要的意义与价值。在儿童发展层面，家庭与幼儿园共同构成了幼儿生活的生态环境，二者相辅相成为幼儿的成长与发展提供养分。大量研究表明，家园合作不仅有利于保障幼儿的身心健康，并且在促进幼儿认知及社

## 第四章 家园互动中的幼儿园教师情绪劳动

会性发展方面作用显著。① 2002年,美国家长教师协会的研究报告《新一波的证据浪潮:学校、家庭以及社区社交关系对学生成就的影响》发现,在忽略民族、阶层及家长教育水平之间差异的情况下,家庭参与幼儿园教育对幼儿发展具有积极的预测作用。② 在家庭发展层面,家园互动是帮助家长缓解工作-家庭矛盾,提升幼儿教养知识与技能、增强家长教养效能感和责任感的重要途径,对于构建健康完整的儿童发展支持系统意义重大。在社会发展层面,家园互动也是精准识别和帮助处境不利幼儿及家庭、减少教育不公与社会排斥、维护社会安定与发展的有力措施。因此,各国往往通过制定家园共育标准、指南或倡议呼吁教育系统加强对家园工作的重视,通过家庭、社区与学校的合作改善每个儿童的教育与生活。③

在我国,政策制定者与学者对家园共育问题的重视由来已久,家庭与幼儿园之间的关系是贯穿我国学前教育史的重要议题。在前现代时期,社会化的学前教育机构尚未出现,学龄前儿童的养育与教育长期由家庭内部承担,关于婴幼儿教养的智慧往往散落在先贤学者的"家训""家书"及相关教育论著中,未能形成明确系统的论述。20世纪初,伴随着工业生产的萌芽、民族危机的加剧及西方教育思想的传入,我国学前教育社会化发展的探索在风雨飘摇中艰难前行。1904年,清政府出台了我国第一部幼儿教育法规《奏定蒙养院章程及家庭教育法章程》,提出蒙养院的办学宗旨在于"以蒙养院辅助家庭教育,以家庭教育包括女学"等内容,明确了幼儿教育以家庭为主,蒙养院教育为辅,女子在家庭中接受教育的家园关系格局,因为"保姆学堂既不能骤设,蒙养院所教无多,则蒙养所急者仍赖家庭教育"。④ 这种关系定位体现了蒙养院作为社会化教育机构尚处于起步时期,面临着封建思想反对、师资紧缺及培养困难、办学数量少、课程设置不成熟等资源条件的限制,难以在幼儿教育中发挥更大作用。

---

① CHRISTENSON S L. The family–school partnership: an opportunity to promote the learning competence of all students[J]. School psychology review,2004,33(1):83–104.

② HENDERSON A, MAPP K. Report: the positive relationship between family involvement and student success[EB/OL].[2016–07–06]. http://www.pta.org/programs/content.cfm?ItemNumber=1459&navItem-Number=4608.

③ 张鸿宇,王小英.协作走向合作:美国家园合作关系国家标准的新发展[J].基础教育,2017,14(1):104–112.

④ 吴洪成,宋立会.论清末学前教育立法:以《奏定蒙养院章程及家庭教育法章程》为中心[J].河北法学,2017,35(12):36–49.

尽管《奏定蒙养院章程与家庭教育法章程》存在诸多历史局限性,但蒙养院制度的确立为制度化学前教育的发展提供了契机。《章程》颁布后,全国各地涌现了一些官办和私立的学前教育机构,如湖北武昌蒙养院、湖南官立蒙养院、保定育婴堂等。同时,女子教育逐渐合法化,保姆讲习所、女学堂等学校的发展为师资培养提供了一定条件。到了民国时期,学前教育实践在陶行知、陈鹤琴、张宗麟等幼教先驱推动的改革下快速发展。1932年,在教育行政部门、教育专家、幼稚园及小学各方共同努力下,国民政府出台了我国第一份学前教育课程标准《幼稚园课程标准》,提出了幼稚教育的四类目标,其中之一就是"协助家庭教育幼稚儿童,并谋家庭教育的改进"。与《奏定蒙养院章程与家庭教育法章程》中强调学校单向辅助家庭教育的定位不同,这份文件提出幼稚园除了协助家庭教育幼稚儿童,还需"谋家庭教育的改进"。这一家园关系定位体现了两层含义:一是家园双方应共担儿童教育责任。陈鹤琴先生曾提出"幼稚教育是一种很复杂的事情,不是家庭一方面可以单独胜任的,也不是幼稚园一方面能单独胜任的,必定要两方面共同合作方能得到充分的功效"。[①] 二是幼稚园具有改进家庭教育的责任与能力。"改进家庭教育"意味着制度化的学前教育较之自发、无序、封闭的家庭教育更具优越性,体现了学前教育逐渐走向专业化并获得更多社会认可的发展态势。

新中国成立之后,我国幼儿园与家庭的关系定位及价值取向也经历了明显的变迁。新中国成立初期,幼儿园主要扮演着"为家庭服务"的角色,家园关系以服务生产生活为主要目标和价值取向。例如,1952年,我国《幼儿园暂行规程(草案)》提出幼儿园要"减轻母亲对幼儿的负担,以便母亲有时间参加政治生活、生产劳动、文化教育活动等"。[②] 1956年《教育部、卫生部、内务部关于托儿所幼儿园几个问题的联合通知》中也提到,必须增加托儿所和幼儿园的数量,以满足更多妇女参加社会生产的需求。这一时期,家园关系的价值超越了促进幼儿个体发展的范畴,被赋予了更加宏观的社会意义。幼儿园和托儿所扮演着福利供给者的角色,而家长则主要扮演福利享用者的角色。[③]

随着学前教育事业的发展日趋专业化,家园互动的主要内容和价值导向也

---

① 陈鹤琴.家庭教育:怎样教小孩[M].北京:中国致公出版社,2001:273.
② 中国学前教育研究会.中华人民共和国幼儿教育重要文献汇编[M].北京:北京师范大学出版社,1999:49.
③ 王海英.学前教育社会学[M].南京:江苏教育出版社,2009:90.

开始向儿童发展聚焦,幼儿园和家庭之间的双向联系和互动成为发展趋势。1981年《幼儿园教育纲要(试行草案)》中提出"必须使家长了解幼儿园对幼儿进行教育的情况和要求",强调教师需要了解幼儿的家庭环境,家长也有责任和权利了解幼儿在园情况。1989年,新颁布的《幼儿园工作规程(试行)》首次用独立章节对"幼儿园与幼儿家庭"进行细致论述,提出了"应建立幼儿园与家长联系的制度"等具体要求。2001年,《幼儿园教育指导纲要(试行)》首次将幼儿园与家庭之间的关系确定为"合作伙伴关系",幼儿家长首次在家园政策中获得与幼儿园教师平等的地位。在这一文件的指导下,家园合作的内涵不断深化,家长参与幼儿园工作的广度不断拓展,开始在幼儿园教学、管理、评价等各方面扮演着不容忽视的角色。

从我国家园共育的政策演进与实践发展来看,我国幼儿园与家庭关系政策逐渐从强调幼儿园对家庭的单向服务走向二者的深度协作,家园关系的价值导向从服务社会转向儿童优先,家园间的关系从不对等关系走向平等的合作伙伴。① 在实践中,幼儿园也通过完善家园合作制度、宣传家园共育理念、丰富家园合作形式等途径不断改进本园的家园共育工作,寻求与家长之间建立教育理念的共识和情感上的信任关系。

## 二、从线下到线上:幼儿园与家庭互动形式的变化趋势

家园共育政策的演进呈现了我国学前教育领域在开展家长工作中的改革与发展趋势,也为我们理解当前时代背景下每一所幼儿园的家园工作蓝图提供了背景信息。伴随家园互动内涵的拓展,幼儿园与家庭互动的形式也日益多样化,但不同活动的组织频率和功能存在较大差异。在调研中可以发现,几乎每所幼儿园都建立了家委会、伙委会、家长护卫队等家长组织,多数幼儿园设立了家访、家长开放日、家长进课堂等多种类型的家园共育活动,其中最受教师重视的仍然是服务于幼儿发展与学习信息日常交流的互动形式,这类互动形式的变化趋势与影响也往往被教师所感知。

(一)家园互动空间的虚拟化

在调研中可以发现,当前幼儿园与家庭互动形式十分多样,但总体的发展

---

① 史晓倩.我国幼儿园与家庭关系政策的演变与启示[J].早期教育:教科研版,2020(3):5.

趋势表现出从面对面的实地互动向线上虚拟互动转移。这一发展趋势首先体现为家园线上交流平台的增加与功能的扩张。伴随着信息技术发展与教育信息化改革背景，电话、电脑、智能手机等信息技术载体大量应用于学校教育与家庭教育场景，在此基础上衍生的微信群、QQ群、钉钉群、公众号等技术平台逐渐成为幼儿园向家长展示日常教育教学活动并进行沟通的主要途径。① 以幼儿园新生入学前的常规性家访为例，目前只有极少数幼儿园要求教师到幼儿家中进行实地家访，大多数幼儿园教师以"电话家访"的形式开展工作，而了解幼儿家庭养育背景、饮食习惯、医疗疾病史等工作也大多从口头询问转变为家长自行填写相关表格。在访谈中，不少幼儿园教师反馈大量家长工作通过在群内发通知、发照片、发视频、发接龙、填表格以及打电话等形式完成，只有十分重要的个别化教育问题才通过约见家长的形式进行沟通。

　　与线上交流平台和空间的扩张相呼应，家园互动虚拟化的趋势还体现为面对面互动空间的萎缩。在访谈中，多名教师反馈与家长"没地方"进行实地互动。"我刚工作时，跟家长的交流主要在入园和离园时进行，那时候家长接送孩子都在班级门口，虽然只有短短几分钟，但是足够简单交流下当天孩子的情况，有必要的话就把个别家长留一下，在班里稍坐一下聊一会儿，不用单独再约时间，也不影响我们看护班级里的其他孩子。从新冠疫情开始，家长不允许进入幼儿园了，孩子的接送都在幼儿园门口进行。门口车来车往，空间狭小，各个班错峰接送时间都很紧张，各方面因素都不允许我们跟家长个别交流，所以跟家长的沟通就更依赖线上的方式了。"（20230526GM）伴随家长入园政策的收紧，各幼儿园也开始陆续拆除每个班级门口的"家长公告栏"或"家园互动栏"，调整园所大厅或楼道中高于儿童视线（原本以家长为信息受众）的环境创设内容，将相应信息以照片或电子档案形式投放在班级群中。

　　围绕家园互动形式的转变，受访教师表达了不同的态度与观点。部分受访教师对面对面互动机会的减少表示遗憾，认为虚拟化互动使教师和家长的互动内容以事务性交流为主，剥离了人际互动的情感因素，不利于教师与家长之间建立情感上的信任关系。"前两年因为疫情信息闭塞，虽然几乎每天跟家长都线上互动，但实际上不见面连人都认不全，今年各种线下活动放开之后，老师和

---

① 张宇轩，甘少杰. 互联网背景下家园共育研究的热点与发展趋势：基于CiteSpace的可视化分析[J]. 教育观察，2023，12(15)：63-67,90.

家长见面的机会多了,情感一下就拉近了。"(20230724LL)。与此相对,也有教师认为减少面对面互动的机会有诸多益处,例如,一名老师谈到了虚拟化互动有助于家长与教师双方保持情绪上的克制,更有利于进行友好的交流。"跟家长不见面之后,电话谈的好处是双方态度上可能更加克制,家长看不到你的表情,他不知道你是用什么态度去对待,他那边的态度也没有那么臭,毕竟还要继续沟通。"针对"家长不入园"的接送规则,这位老师也从幼儿发展和园所管理层面表达了支持性观点:"一方面,幼儿自主入园有助于提高孩子的自理能力,从大门口到教学楼、楼梯口都有老师定点维护秩序,在保障孩子安全的基础上放手让孩子自己拿东西或者爬楼梯,肯定比家长送进来更有利于孩子发展;另一方面,以往家长进来接送很不方便管理,比如家长接了孩子不及时离开幼儿园,带孩子在幼儿园内玩大型器械,而家长却看手机不好好看护(孩子),出了安全事故在法律上没法界定。"(20230524XM)

### (二)家园互动时间的碎片化

与家园互动空间的虚拟化趋势相匹配,家园互动时间则呈现出边界模糊、绵延不绝的特点。在访谈中可以发现,教师对家园互动事件的记忆呈现"去空间化"和"去顺序性"的特征,她们对发生在某个幼儿及其家长身上的重点事件记忆深刻,但对在何处以何种方式与家长对话记忆模糊。在教师的印象中,"家长"并非是一个个完整、具体和鲜活的个体,而是基于对话框中的字句、表情及符号构建的抽象形象。智能手机、电话、微信等工具使家长与教师的沟通超越了空间限制,使即时互动成为可能,增加了互动的便利性,但也带来了诸多新问题。

首先,互动时间的片段化削弱了家园互动体验。由于面对面互动机会的减少,教师与家长之间的互动往往以电话、微信语音、留言等方式进行,连绵不绝的片段式沟通对于渴望在面对面互动中寻求情感共鸣的家长和教师而言往往难以获得情感上的满足。"现在大家工作都特别忙,想约家长见面很困难,打电话什么也要考虑双方都空闲的时间,所以留言的时候多一点。但是,有时候孩子的情况比较复杂,必须要面对面交流才能说透彻,在微信上说会显得就事论事,语气比较生硬,不太容易让家长理解和接受我们的想法。"(20230524GM)缺乏声音、眼神、表情及肢体动作的参与,家园沟通成为生硬的信息交换而非融合了个性特征与情感色彩的人际交流。这也让家长和教师之间的信任关系因缺乏感性体验而变得脆弱,进而加剧面对面交流时的尴尬与敏感,弱化双方对交流瑕疵的包容。

其次,互动时间的碎片化提高了家园互动的成本。受到双方工作与休闲时间的不一致的影响,家长与教师往往需要在下班后的晚上或周末找时间与对方进行深入沟通,线上沟通的去情境性特征需要双方反复描述与确认细节,从而带来更大的沟通成本。"有一点让我很困扰的是,有些家长没有边界感,他们会晚上11点多给我发信息,问:'老师这个活动我们可以参加吗?'(叹气)老师不需要休息吗?或者你早一点发信息不可以吗?"(20230524XM)

最后,家园互动的随机化增加了家长与教师双方的互动压力。对于教师而言,信息技术在教育中的应用打破了家园互动工作的时空界限,使"工作－生活""校内－校外""线上－线下"的边界日益模糊,工作负担日益加重。[①]"线上跟家长沟通其实比线下沟通花的时间更多,压力也更大,因为你发的文字、语音或图片都会保存下来,需要经得住时间的考验和反复的审视。你编辑了错字或者措辞上有偏差,就有可能会引起家长的不满,或者被有心人拿去做文章。"(20230524XM)对于家长而言,来自教师非工作时间的电话或微信同样也会带来认知和情绪负担。对于家园互动时间的上述特征与发展趋势,多数幼儿园教师表达了困惑与不解的态度,呼吁幼儿园改进管理制度以应对家园互动形式变化带来的多重困境。

### 三、纵横交错:幼儿园与家庭互动的组织与分工

(一)园所层面的家园互动组织与分工

在具体的某一所幼儿园中,教师与家长的互动实践则受到幼儿园正式制度及非正式制度的约束,并呈现出园所、教师、家长及儿童等教育主体之间需求与权力的动态协商。在园所层面,家园互动的组织与分工往往体现出层级性特征。

我国幼儿园实行园长负责制,园长全面主持幼儿园工作。在此背景下,园所的家长工作也往往呈现出"金字塔"型管理架构,由园长或负责家长工作的副园长统一对家园工作进行安排。例如,系统规划每学年家长工作的目标、内容与主要形式,并层层分解向年级组长及班主任授予责任与权力,保障家长工作

---

① 方庆圆.智能时代中小学教师负担的问题表征及纾解[J].当代教育科学,2023(5):22－30.

目标的统一性。在日常工作中,常规任务沿着"自上而下"的路径由组织到达个人,而遭遇突发事件时,则根据复杂程度沿着"自下而上"的路径层层上报。在这种典型的科层制管理模式下,不同层级教师之间的角色与分工往往受到相对正式的管理制度或路径的约束,教师在实际开展工作时的自由裁量空间相对有限。例如,"园里平时有什么需要家长配合的工作,领导那边会出一个方案或者要点,然后开会通知班主任需要做哪些事情,我们根据要求做就可以了。"(20221128WT)

尽管多数幼儿园在园所层面制定了家园工作的基本制度,例如家委会、伙委会及相关家园工作制度,但这些制度往往以文本汇编的形式陈列在幼儿园资料室,并不一定能够被园所中的各级教师所熟知或认可。在访谈过程中可以发现,教师对本园家园工作的内容与形式有大概的了解,但对于班级与园所层面家园工作的责任分配及对接流程了解不多,他们对家园关系的理解往往源于围绕关键事件的同事交流与个人判断。例如,某新手教师谈道:"我进入幼儿园后,领导让老教师帮我们租房子,言语上也很关心,我就觉得幼儿园是很关心支持老师的,但是有一件事让我改变了看法。事情发生在我隔壁班,我们今年都带小班,所以跟隔壁班主任平时交流比较多。他们班第一次开家长会的时候,班主任通知说第一次家长会内容会比较多,建议家长尽量来参加,并且不要带孩子。但是,有个爸爸就带着孩子来了,他中午还喝了酒,可能觉得老师说的时间太长了,就当众辱骂班主任,意思是为什么开这么长的会,孩子还等在外面。老师就解释说我们事先通知了不带孩子,如果您有事可以先走。结果那个家长转头就投诉到园长那里要转班。园长还没反馈的时候,我们还安慰这位老师,家长会的要求老师事先做了通知,是家长自己不按要求来,责任不应该在老师这边。结果呢,后来园长居然让老师去孩子家里道歉。这位老师情绪很崩溃,她说我到现在都不知道自己错在哪里,我还要去道歉,而且未来三年还要跟这样的家长打交道,真的很窒息。这个事情也让我觉得很寒心,领导对老师的关心是很表面的,一旦涉及跟家长的冲突,他们就会优先维护家长的利益。"(20230725LJ)

在上述案例中,该教师在陈述自己对园所家园工作的了解时,并未提及相关的正式管理制度,而是突出了关于自己在与领导和同事日常交往中的观察和切身体会,反映出教师在实践中进行反思学习的主要特征。案例中的教师通过观察同事在组织结构中的角色和互动模式,建立了对园所文化及家园权利结构的初步判断。这种观察学习的优势在于教师能够快速建立对本园管理文化的个性化理解，潜在的问题是教师对个别事件的观察可能导向对组织文化的片面理解，也可能导向对家长的刻板印象或对家园关系的偏见误解。

## （二）班级层面的家园互动组织与分工

具体到班级层面，教师们在家园互动中的角色与分工模式较为多样。与园所层面的家园工作相比，尽管班级中的家园工作也有一定的制度依据，但相关制度往往为教师留下了较大的自由裁量空间，以便应对复杂多变的实际情况。正因如此，班级教师之间的分工协作更多受到教师个体特征、工作经验及家长情况等多方面因素的影响，进而形成多样化的实践模式。在访谈过程中，教师反馈家园互动是一项具有较高敏感性和专业性的工作，一般由一名教师主要负责，并由班级其他教师进行协作。班级中常见的分工方式包括以下几种类型：

一是班主任全面负责。在访谈中，多位教师反馈工作岗位是班级家园工作分工的主要依据。在一些幼儿园，家长工作主要由班主任负责，这一方面体现了正式制度中对班主任岗位职责的描述，也往往契合班级中新老教师搭档的实际情况。在参与访谈的教师中，绝大部分教师毕业于2016—2022年，入职时恰逢我国学前教育快速发展的时期，也因此经历着高速的职业发展历程。作为新教师进入幼儿园后，他们大多在班级中承担保育或配班工作，向更有经验的班主任学习工作经验。一段时间后，他们则作为有经验的教师承担班主任工作，扮演指导下一轮新教师的角色。例如，刚入职的ZYX老师表示："因为我一直都是配班，跟家长交流得不多。我们园一个风格就是，跟家长进行一些深度的交谈都是由主班来负责，因为特别关键，也特别敏感，而且这个方面最容易出事。"（20230724YX）同为新手教师的XJY表示："我最多做一些技术含量低一点的工作，比如园里需要家长填个什么信息，交个什么东西，催家长完成提交之类，班主任就会让我去做，不会涉及一些敏感问题。假如我带班时孩子有一些磕碰，或者是裤子上厕所脏了，我第一反应肯定是先跟班主任说，然后班主任就会说：'行，我知道了，我跟家长说。'虽然入园时有一些家长工作的培训，但是针对性不太强，怎么跟家长沟通主要是通过观察班主任来学习。"（20230726JY）

YLX老师则叙述了自己作为新教师逐步承担起家长工作的过程，展现了家长工作经验传递的"师徒模式"。"工作后的第一学期我基本没有参与家长工作，第二学期我到了一个新班，班主任是教研组长，她非常忙，就慢慢把跟家长沟通的事情交给我。比如发短信，一开始我就编好短信找她看，她会告诉我要怎样注意措辞,哪些地方要修改。过了几次就比较熟练了,她也比较信任我,我就开始自己单独在家长群里通知一些内容。我们班的保育员是外聘的,年纪也比较大,她几乎不参与我们的家长沟通。现在一年多了,我带班时出现的问题就直接跟家长说,放学的时候就跟他们讲一下当天发生了什么,比如说今天衣服脏了,胃口不好,今天闹小情绪了,这些简单跟家长交流一下。"(20230726LX)

二是各司其职。在有些班级里,家长工作则根据工作内容进行分工,这种情况往往出现在班级教师年龄或工作经验没有明显差异的班级中。例如,"我们班的家长工作大家都有参与,分工各有侧重吧,比如在班级群里面,班主任主要发布孩子的课程、学习以及评价这些相关的信息,保育员老师就会通知家长保育相关的内容,比如通知家长换洗被褥、进餐饮水、疾病预防这些。"(20230524XJ)值得注意的是,家园沟通的分工模式并非一成不变,而是班级教师之间、教师与家长之间不断磨合与协调的过程。

三是没有明确分工。部分教师反馈班级家长工作并没有明确分工,这种工作模式蕴藏着积极和消极两方面的可能。从积极的层面看,没有明确分工可能意味着班级教师具有相似的教育理念,并能够在工作时间和内容上相互支持,共同协商和承担家长工作。例如,受访老师表示:"我们幼儿园要求老师带班时不能跟家长用手机联系,这样你没有办法专心带班,可能会出现安全隐患。所以,假如班主任上早班,这时家长的事情就由配班去处理,下午也是一样反过来的。但是,每个班的相处方式可能不一样,我们班就是大家的工作没有非常明显的各司其职,可能你有空我的工作给你一点,我有空你的工作给我一点,而且大家会互相等着一起下班,就是这样的相处模式。"(20230724YX)

从消极的层面看,没有明确分工也可能意味着班级教师经验不足或关系不佳,导致家长工作责任模糊的状态。例如,新教师LHY描述了自己工作初期面临的错综复杂的困境,展现出家园互动受到园所管理制度、教师工作经验、幼儿家庭背景、教师家园关系理念以及教师间合作关系等诸多因素影响的复杂过程。"我去的是一个新园,几乎全是新老师。我们小班有50个孩子,所以是两教两保。我的主班是新班主任,我是新老师,我们的两个保育员只有两个月幼儿园实习经历,保洁都没干过。这样4个全新的老师在一起,简直就是灾难的开始!一开始,主班让我和她一起分担家长工作,女生的家长归她,男生的家长归我,我们两个一人联系一半的家长。我们两个真的很没有经验,主班只有当配班的经验，没有当过班主任，所以刚开始班级（管理）很糟糕，分工很糟糕，整个班级非常的困难，然后家长工作也处理得不是很好，所以一个多月后领导看到了我们的困境，给我们又招来了一个有7年工作经验的新老师。这个老师相当于是来带我们的，但是她又是配班，然后这个角色就会变混乱。很多家长觉得她的工作做得很好，都会和她联系，然后我的主班就会有心理落差，觉得她的权利可能被剥夺了，同事间比较复杂的关系就开始出现了。……在家长沟通方面，这位老师和家长关系处得非常好，处成那种朋友、闺蜜和姐妹关系，因为她有一个副业是卖茅台酒，而我们班的家长非富即贵，很多都是她的潜在客户。所以，她和我们家长工作的思路很不一样，我和主班认为家长工作要公事公办，不要和家长处成朋友，但是她是和家长处成朋友，希望把家长发展成客户，她要卖酒。她不是靠幼儿园工资生活的，她还是临聘的，也不怕幼儿园查，大不了就不干了。所以，我们的家长工作就变得很复杂，这种情况一直到下学期这位老师走了才慢慢好转。"（20230725HY）

在上述案例中可以发现，家园互动在微观层面涉及不同层级（园级与班级）主体的责任协调，也涉及不同维度内容的相互整合。对于幼儿园来说，家园互动框架的搭建并非简单地划分任务框架或人力资源，而是需要将其纳入园所文化建设、幼儿园管理模式改革、教师队伍及能力建设等综合性工作的进程。对于个体而言，幼儿园教师也不仅仅是作为一名个体与家长互动，而是作为教师团队的一分子在园所制度和文化的框架中开展家长工作，持续寻找结构性框架与自我能动性力量的契合点，并在此过程中形成与园所实际情况相契合的实践性智慧。

## 第二节 家园互动中的幼儿园教师情绪体验

"情绪"是个体在外界刺激下产生的生理与心理方面的综合反应，"情绪体验"是构成情绪的主观感受部分。情绪心理学家的研究表明，有意识的情绪体验由三方面输入信息的整合感受而产生。第一信息源是冲击感受系统的外部刺激信息（情境因素），第二信息源是过去经验的记忆和对当时情景的评价产生的附加输入信息（认知因素），第三信息源是从内部器官和骨骼传输到大脑的信息(生理因素)。个体的情绪体验产生于对上述三种信息源的整合感受。[1] 在家园互动中,幼儿园教师每天与家长进行大量的对话与协商,教师在这些互动中的情感卷入不仅受到教师与家长在个性特质或交流方式方面的影响,也体现出双方在儿童观、教育期待及家园职责分配等方面的匹配程度,更体现出更为宏观的社会文化及制度框架对个体认知、体验及行动的规约。

### 一、家园互动中教师的积极情绪体验

幼儿园教师与家长是学前教育实践的重要主体,幼儿的安全、健康与发展是双方的共同利益追求,也是相互理解和协作的基点。在家园互动过程中,教师的幸福时刻往往来源于与家长在儿童学习与发展相关事项上形成不同层次的"共识"或"共情"。与已有研究的发现相一致,当教师认为家长有责任感、支持和认可教师的努力或尊重他们的专业判断时,他们在与父母的互动中都会感受到积极的情绪。[2]

#### (一)自豪:家长对教师角色的"尊重"

社会学家拉尔夫·林顿认为,角色是与地位相符的权利与义务的集合。[3]简而言之,社会角色是指与人们的某种地位、身份相关联的一整套权利、义务及行为模式。在某种社会角色中,恰当的行为规则是社会成员共享的,这些规则也通过指示人们应如何评价情境,如何在行动上应对这种评价,如何解释他们情感上的生理反应而规范了人们的情绪。[4] 在受访教师反馈的积极情绪事件中,感受到家长对自己教师角色的尊重是教师提及最多的事件,具体表现为家长对教师工作付出的感激、对教师身心状况的关心以及对教师决策的理解等。

"我参加工作最初的半年,跟家长接触还不多。当时有一位老师请假了,我顶班了一段时间,这个班的家长就认识了我。后来暴发了新冠疫情,当时我们需要在幼儿园值班,回家也不方便,吃饭什么也成了问题。但是,我们幼儿园的院子和小区单元楼是连在一起的,我顶班那个班有一个小朋友的家长特别暖

---

[1] 常承生.心理沙盘治疗[M].长春:吉林大学出版社,2022:211.

[2] LASKY S. The cultural and emotional politics of teacher – parent interactions[J]. Teaching and teacher education,2000,16(8):843–860.

[3] LINTON R. Culture,society,and the individual[J]. The journal of abnormal and social psychology,1938,33(4):425–436.

[4] 特纳.情感社会学[M].孙俊才,文军,译.上海:上海人民出版社,2007:55.

心,他每天给我们从三楼投递食物,把吃的放在袋子里,再用绳子拴着掉下来给我们,连续给我们送了一周饭。饭都是家长自己做的,每天都尽他自己所能给我们换着花样做,当时就觉得太幸福了,很感动家长为我们做的事情。"
(20230724WR)

"为了响应园里的号召,我工作后先到**岛上的幼儿园支教了3年。我们是第一批本科生上岛,当时条件非常困难,幼儿园是用废弃的小学校园改建的,教师宿舍都像危房,材料资源都很紧缺,连续三四年老师轮流上岛,园长带着我们一点一点把那边基础打好。这三年中,跟家长的相处也让我很难忘,一开始跟家长会有一些观念冲突,一度让我想打退堂鼓。但是当发现我们真的是想尽办法让孩子受到更好的教育时,家长们就很支持了。岛民对我们也很尊重,他们觉得我们老师千里迢迢跨海过来带孩子们,老师学历又高工作又很用心,就会比较尊重我们的意见。本来我们上岛支教只需一年的,每学期园长都问一次,问我们要不要回去,家长也会表达舍不得我们走的意思。我一方面舍不得孩子,另一方面也觉得跟家长感情很好,就一直在岛上待了三年。"
(20230526GM)

在上述案例中,幼儿园教师谈到了与家长交往的积极体验。第一个案例中,这位新手教师在特殊情境下得到了家长在饮食生活上的照料,这种来自艰难时刻的帮助让她十分感动。第二个案例中,该幼儿园教师应园所的号召前往条件艰苦的海岛进行支教,尽管工作中面临重重困难,但家长的支持与期盼激发了她的责任感与使命感,这种积极且深厚的情感让她做出了延长支教时间的决策。可以发现,上述教师的积极情绪体验都来自家长对教师角色的认可,其背后是双方对教师这一社会角色所承载的权利、义务及行为模式的共识。当家长在互动中的行为反应与教师对自身角色的定位与期望相一致时,往往能够激发教师的愉悦、自豪、欣慰等积极的情绪体验。

(二)幸福:家长对教师专业的"信任"

在家园互动中,教师与家长之间的信任是围绕幼儿教育形成家园合作关系的基础,也是教师职业幸福感的来源之一。在心理学研究中,"信任"是双方都相信对方不会利用自己弱点的一种信心,是预期对方采取有益行为的情感表

## 第四章 家园互动中的幼儿园教师情绪劳动

达。① 可见,情感因素是人际信任关系的内核。在社会学研究中,信任是重要的社会资本,广泛存在于个体、集体、组织和制度层面。福山将信任定义为某一群体成员对共同文化、习俗和制度规范认同的基础上,成员之间对彼此常态、诚实、合作行为的期待。② 从信任的多学科定义出发可以发现,家长的信任对教师而言是一种多层次的认可与激励,一方面反映了家长对教师个人性格、道德、处事方式等一般性特质的熟悉和认可,另一方面则反映出家长对幼儿园这一制度化教育机构及教师这一社会角色履职行为的信心。无论从哪个层面来看,家园间的信任关系都可以提高双方对幼儿教育实践合法性、合理性及合意性的认同,进而激发出更多相互依赖和关怀的情绪。

"跟家长相处,最重要的是建立信任关系。当家长信任你的时候,大家都会减少一些猜疑,很多孩子教育方面的问题也就能够谈得开。前两年因为疫情信息闭塞,虽然几乎每天都跟家长线上互动,但实际上不见面连人都认不全,今年各种线下活动放开之后,老师和家长见面的机会多了,情感一下就拉近了。现在,我们和家长一起参加社团活动和出游活动的时候,大家就从孩子聊到了除孩子之外其他的一些话题,我觉得这是家长对老师的信任,是家长对老师们平时工作的认可的体现。家长了解到老师对他的孩子是发自内心的关心和爱护,然后他们愿意跟我们去分享各种各样的事情,这是我觉得幸福感的一个来源。"(20230724LL)

"跟家长的相处,我觉得需要一个过程。站在家长角度上看,他们一开始把孩子送到幼儿园来,对你这个陌生的老师不太信任是很正常的。到了中大班,大家相互熟悉了,他就会很信任老师了。我们班那个一开始因为孩子分离焦虑要投诉我的家长,到了中大班好像完全变了一个人,特别积极和支持我们工作。有一次我去家访,他说老师你们真的好辛苦,他就站在我们的角度去看待幼儿园的工作,能理解我的工作了,那一瞬间我就觉得好像所有的努力都是值得的。虽然可能还存在一些家长觉得幼儿园老师只是保姆,但是我看到了大部分家长对我工作的认可,我就觉得值了,这份工作就很幸福了。"(20230526GM)

在上述案例中,受访教师表达了家长信任带来的幸福感。在第一个案例

---

① 洪名勇,钱龙. 多学科视角下的信任及信任机制研究[J]. 江西社会科学,2013,33(1):190-194.

② 福山. 信任:社会道德和繁荣的创造[M]. 李婉容,译. 呼和浩特:远方出版社,1998:45.

中,教师谈到了与家长见面机会的增加带来的亲近感与信任感。可以发现,与家长建立更加紧密的联系不仅是教师工作任务的需求,也是教师个人情感的需求。在第二个案例中,教师通过认真负责的专业实践赢得了家长的信任,让曾经对其工作表示质疑的家长转变了态度。这种转变增强了幼儿园教师的专业认同感、自信心及职业幸福感,成为激励教师在专业道路上持续前进的动力。

（三）愉悦：家长对教育实践的"支持"

作为影响教师主观幸福感的重要因素,社会支持是一种以个体或群体为中心,由人际交往与社会互动关系所构成的资源节点,它可以表现为情感、物质、信息、行为等多种手段。[①] 社会学家索茨和卡洛特纳根据社会支持的性质将它分为两个层面,一是情感性支持,强调理解、关心、信任等。二是工具性支持,包括物资、金钱、服务、时间、信息等。[②] 对于幼儿园教师而言,家长在教育理念方面的积极反馈、对教师自身的尊重与关怀为教师提供了情感上的支持,而家长在日常教育教学过程中投入的服务、材料及资金等工具性支持,同样也使教师心存感激,是教师积极情绪体验的重要来源。

"和家长相处中,比较愉快的是家长对我们的工作很支持,比如我们办六一活动、运动会或者妇女节这种大型活动的时候,班主任老师会联系家委,家长就会很热情地帮我们准备材料、摄影。今年我们六一的时候办了一个合唱比赛,需要一个合唱的背景视频,有一位家长的专业就是做视频剪辑的,他就专门给我们拍了一个原创视频,拍得质量很好很专业。还有一次亲子运动会,家长都踊跃报名,有一个家长给我们班拿了10箱矿泉水。当然,幼儿园不能接受外带的食物和饮料,但家长对我们的支持真的很有力量。"(20230728ZY)

"最好的体验是感觉到家长的支持,比如我刚当班主任的时候,收班费让我很有压力。我们幼儿园条件不是特别好,园里除了大型建构材料,真是什么都没有。教室和区角的每一样东西都是我们自己去打点的,什么益智区、表演区、美工区之类,需要的材料又多又零碎,要买什么东西都要靠家委去组织购买。这些家委其实都有自己的工作,工作也比较忙,有些家长可能对收费也有意见。但是,我们家委很给力,有的家委可能感觉到我的压力,就来安慰,让我不要有

---

① 谭敏.社会支持理论及其在教育研究中的应用[J].教育评论,2019,(3):10-16.
② LANGFORD C P H, BOWSHER J, MALONEY J P, et al. Social support: a conceptual analysis[J]. Journal of advanced nursing, 1997, 25(1):95-100.

压力,需要买什么尽管说。后面,家委组织也很给力,给一些家长做工作,把班费的使用明细都用表格公布在群里,让大家看到确实每一分钱都用在了孩子身上。总体来说,大部分家长还是很支持我们工作的,平时参与义工什么都比较积极。"(20230728HX)

在上述案例中,引起幼儿愉悦感受的是家长对教师工作提供的工具性支持。在第一个案例中,家长委员会在大型活动中的深度参与不仅减轻了幼儿园教师的工作压力,更是通过家长专业优势的发挥提升了教师的工作质量,这让教师体会到家园合作的积极成效。在第二个案例中,幼儿园教师在开展工作时遇到了课程资源缺乏及家长工作方面的困难,但这些困难都在家长群体的努力下得到了解决,这让作为新手班主任的教师增强了推进工作的信心。

### (四)感恩:家长对意外事件的"宽容"

在访谈过程中,教师反馈了一种与感恩密切联系的积极情感,这种情感不同于唤醒程度较高的"愉悦",却比愉悦更具有关系性和交互性的特征,有助于深化教师个体对自身工作及家园关系的理解,进而激发教师对工作的情感认同、投入及责任感。积极心理学的研究发现,感恩和宽恕是两种与主观幸福感密切联系的性格优势。作为一种情绪状态,感恩通常与由于他人的善意而获得不应有的个人利益的感觉相关,而表达感激之情可以获得他人更多的善意。[1] 宽恕则代表一个人受到他人伤害时愿意原谅,表达宽恕有助于激发对方的感恩之情。在幼儿教育实践中,教师和家长在互动过程中难免出现冲突与误解,感恩与宽恕是化解误解与冲突并将双方关系推向更深层次的重要力量。

"我们班的家长素质都很高,比如有一次一个小朋友把另一个小朋友给掐了,都掐红了,我给双方家长沟通了这个事情,然后两个家长就说没事。被掐的家长也说娃本来就调皮,皮实着呢。还有一次,一个小朋友自己不小心撞倒后流鼻血了,我当时很不好意思地给家长说了,家长就问了鼻血止住了吗,我说带到医务室很快就止住了,她就说没事。我们家长对于这些磕磕碰碰都不是很在乎,也许是二胎见得多了,他们在这方面都很大度,这也让我们觉得比较放松。"(20230724YX)

---

[1] CHAN D W. Subjective well-being of Hong Kong Chinese teachers: the contribution of gratitude, forgiveness, and the orientations to happiness[J]. Teaching and teacher education, 2013, 32:22-30.

"我们幼儿园的家长工作我觉得是比较好做的,我们那个地方比较贫困,家长虽然自身的文化水平不高,但是他们对教育工作者非常尊敬,"老师"的角色在他们心目中很神圣,不管他的孩子在学校里面出了什么样的事情,一般都不会和老师直接发生冲突。我们幼儿园在这两年里发生了三起不大不小的安全事故,有一个孩子在户外游戏的时候被一个竹签把手插通了,从手掌就直接插过去了。我和园长带孩子去医院,家长来了之后就说难免发生意外,其实很严重,手已经很肿了,但是家长就什么怨言都没有。我们这里的家长特别相信'定数',就是福祸都是冥冥之中注定的感觉,他说这事估计迟早会发生,不会去怪幼儿园。这种情况一方面让我觉得感激家长的宽容,另一方面觉得自己有责任去避免这类情况再发生。"(20230724WR)

在上述案例中,幼儿园教师积极情绪的产生具有相似的互动结构,即在可能引发冲突情境的事件中,家长表达出对事件成因或影响的宽容之意,而教师也能够意识到这种宽容的可贵并产生感恩之心。从受访者的反馈来看,他们并未将家长的善意归结于自身的特质或行动,而是关注到家长自身的观念或经历,强调家长宽容之意指向的是教师这一社会角色及其背后"尊师重教"的社会文化。

## 二、家园互动中的教师消极情绪体验

### (一)恐惧:"我不知道怎么跟家长交流"

作为个体基本情绪的一种类型,"恐惧"是人们在生活中不可避免且易于识别的情绪体验。从情绪心理学角度来看,恐惧是"当有机体面临危险刺激或预期有害刺激时产生的一种强烈的情绪反应,伴随内心极度不安的主观体验,有想逃避或进攻的欲望,以及交感神经兴奋、肌肉紧张、末梢神经收缩、呼吸急促、心跳加速等反应"[1]。可以发现,恐惧往往伴随着对不确定性及潜在危险的感知。在社会学家眼中,"恐惧是一种社会的或集体的经验,而不只是局限于个体层面"[2]。基于上述定义,有学者将教师恐惧定义为"教师在学校教育情境中,面临并企图摆脱某种现实的、直接的或预期的、潜在的危险刺激或有害情境时所产生的防御性反应,并通常伴有不安、无助、危机感等不愉快的情绪体验",并

---

[1] 林崇德. 心理学大辞典[Z]. 上海:上海教育出版社,2003:695-696.
[2] Rachel Pain. Fear:critical geopolitics and everyday life[M]. Burlington:Ashgate,2008:9.

## 第四章 家园互动中的幼儿园教师情绪劳动

提出教师恐惧来源于教育评价的"桎梏"、考核机制的"胁迫"、管理制度的"控制"、领导的"权威"、同事间的"竞争"、学生的"疏离"、家长的"对抗"以及教师自我的"惶恐"等,将教师的个体感受与学校制度环境及互动对象的特征相联系,突出了教师恐惧的情境意义。①

"跟家长交往这方面,我都是尽量避免去直接交流。有一次,一个家长突然把我叫住了,想问一下他孩子的情况。当时主班不在,我就非常紧张。他的孩子属于时不时游离在集体之外的情况,感兴趣就参与活动,不感兴趣就自己跑去玩了。这种情况我不知道怎么给家长说,就重点把孩子最近表现好的方面说一说,最后就说孩子常规方面不是特别好。家长这时就抓住了我说的这句话:'对对,之前王老师也说了孩子常规不好,我就想问问你我该怎么帮他。'当时我脑海中一下就警铃响起,我不知道主班王老师是怎么跟家长说的,万一我说的跟主班说得不一致怎么办。在那种情况下,我真的很想逃离,很害怕,但没有人来救我,然后我就努力稳住自己的情绪,调动自己的专业知识,给家长说我们老师会重点培养他的常规,希望家里也能给孩子制定一些规则,对孩子要有一些要求和规范,当孩子做到了就给他一些奖励,不能事事都顺着孩子。我当时看家长的表情,她没有对我提出质疑,就松了一口气。"(20221105XX)

"上周我带班的时候,小米的头磕了一下,磕完后就有点渗血的感觉,我当时特别害怕,因为园里一直在强调安全问题,他们就讲:'千万不能出安全事故,哪怕你课上不好,都不能出安全事故。出了安全事故,你这一年都白干了,什么都评不了,还有可能被家长告。'当时我就很害怕,不知道怎么跟家长说这件事,主班回来后,我就赶紧给她说,她看了一下说没什么事儿,你中午给孩子爸爸发个信息。中午发信息的时候,我也不知道具体该怎么表达,可能信息就说得比较模糊。主班看到就说不行,你要把这件事说清楚,不能跟家长隐瞒事实。我就给家长原原本本把事情说了一遍,又拍了一张孩子的照片发过去,后来家长看到就说没事。"(20221120WT)

在访谈中可以发现,家园互动中的恐惧体验往往在新手教师身上表现得较为突出。在新入职阶段,未知的危险不仅来自陌生的家长群体,也来自幼儿园教师自身工作经验的缺乏、对幼儿园管理制度的生疏,以及对事件演化路径和可能后果的不确定。在多重未知相互交织的情况下,新手幼儿园教师往往会在

---

① 张敏,代建军.论教师恐惧[J].当代教育科学,2016(15):17-21.

与家长互动的过程中产生紧张与无助感,担心自己无法胜任合格教师的角色,担心自身表现对自己或幼儿园集体利益造成损害,进而加剧他们在家园互动中的心理负担和退缩行为。

(二)生气:"感觉我是她的仆人一样"

"生气"是一种较为激烈的情绪,往往掺杂着防御和躯体充满力量的感受,可能会导致身体或语言上的攻击。艾夫里尔从社会建构主义的理论出发,将"生气"或"愤怒"描述为一种矛盾的情绪,认为这种情绪在生理上与攻击系统、社会生活、符号化和自我意识相关。在心理层面,愤怒的目的在于对知觉到的错误进行纠正。在社会文化层面,愤怒的目的是支持已接受的行为标准。[1] 上述观点清晰地呈现了生气情绪的社会性色彩,它的产生与互动双方对社会规范或标准的认知冲突密切相关。已有研究发现,当家长的行为偏离当前文化背景中对父母的制度规范时,往往会激起教师的愤怒、厌恶或沮丧。例如,家长质疑教师的权威,不支持教师的努力,不尊重教师的专业判断或对待孩子的方式不恰当等。[2] 本研究也有类似的发现,教师的愤怒往往来源于感受到了家长对其社会角色与地位、信念与价值观的质疑或攻击。

"我们班有个小孩的发展比较弱,平时我挺照顾他的。这个孩子就是那种什么都不说,一天就光坐在那,行动也比较迟缓,我一直留心多照顾他。有一天,他来晚了,然后我去门口接他,接的时候他妈跟我说话的那种态度,就感觉我是她的仆人一样。她都没有正眼看我,就来了一句'进去之后给他洗个手',连个老师也不叫。他妈是我们的上级单位的一个干事,还不是什么领导,就对我们是这种态度,我觉得特别窝火。这种对幼儿园老师不尊重的感觉,我在和家长的沟通中不止一次体会到。所以,目前我的职业认同感只能说是来自我自己,家长这方面没有给我正向的反馈,我觉得在他们眼中我永远都是个看孩子的,我的社会地位是上不去的,但是我自己还是挺认可我的职业的。"(20230724YB)

在上述案例中,教师的愤怒感受与其对自身角色的定位与认同受到挑战有

---

[1] AVERILL J R. Studies on anger and aggression:Implications for theories of emotion[J]. American psychologist,1983,38(11):1145.

[2] LASKY S. The cultural and emotional politics of teacher – parent interactions[J]. Teaching and teacher education,2000,16(8):843 – 860.

## 第四章　家园互动中的幼儿园教师情绪劳动

关。在我国,幼儿园教师的专业角色长期以来难以得到社会认同与尊重,不少社会成员及家长仍然将幼儿园教师视为"保姆""服务员"而非"教师",贬低幼儿园教师及幼儿教育工作的专业性。[1] 因此,专业身份的认可是每一位幼儿园教师的必然追求,当这种内在需求得不到家长的承认时,教师的专业信念受到挑战和质疑,也更容易产生愤怒和不满的情绪。值得注意的是,案例中教师的愤怒情绪既属于个体情绪,也具有群际情绪的特征。在个体层面,家长的行为对其自我意识形成了挑战。在群体层面,由于该教师对教师职业具有高度认同感,因此倾向于从群体视角评价与家长的互动过程,将社会交往中体会到的不公平感评估为集体事件而非个体事件,进而产生了多种层次的愤怒情绪。[2]

"我一般跟家长相处,情绪起伏没有那么大,但也有比较生气的时候。我们班有一对龙凤双胞胎,家长就比较难沟通,平时他们溺爱孩子也就算了,有一次他们居然隐瞒传染病,造成我们班停课好久。当时是妹妹先感染的,妈妈请假的时候说的是家里有事,所以妹妹请假不去幼儿园了,当时我们还奇怪为啥家里有事还要把哥哥送来。不到一个星期,班里就有几个孩子出现疱疹性咽峡炎,我们班就停课了,让所有家长来把被褥带回去消毒。爸爸来拿被褥的时候说漏了一句,哥哥好像被妹妹传染了,我们才意识到估计是妹妹最先出现症状的。就这情况,停课一周后,妈妈就要把哥哥送来,我们问孩子是不是也被传染了,让两个孩子都待满14天再送来,妈妈还很生气,意思是老师故意为难我家孩子,一直给我们班主任打电话纠缠。这种家长就是特别自私,她一点也不觉得要考虑别人家孩子的健康。"(20230728HZ)

在上述案例中,教师的生气情绪主要源自家长行为对教师履行专业职责的阻碍。情绪的因果交互理论提出,教师在教学实践中具有明确的教学目标,当目标实现受阻时就会产生愤怒情绪。[3] 尽管这一模型起源于对师生课堂互动的研究,但对于理解教师与家长互动中的愤怒情绪也有一定的启发意义,因为教师的工作往往包含多重目标与任务。在上述案例中,家长隐瞒病情造成更多幼

---

[1] 秦奕. 称谓中的无知者与专业人:中国幼儿园教师专业认同特征的历史考察[J]. 学前教育研究,2009(10):12-16.

[2] 刘峰,佐斌. 群际情绪理论及其研究[J]. 心理科学进展,2010,18(6):940-947.

[3] JACOB B,FRENZEL A C,STEPHENS E J. Good teaching feels good – but what is "good teaching"? Exploring teachers' definitions of teaching success in mathematics[J]. ZDM,2017,49(3):461-473.

儿生病的做法至少对教师希望实现的两个目标形成阻碍:其一,对教师的关爱目标造成挑战。对于教师而言,关爱学生是其专业实践的重要目的之一。这种关爱体现为关爱幼儿的身体、社会、情感、学业以及福利等各方面。① 上述案例中家长隐瞒病情的行为对班级幼儿集体的健康造成威胁,显然与教师希望最大程度保障所有幼儿权益的目标相冲突。其二,家长的做法也阻碍了教师与家长保持积极关系的目标的达成。对于幼儿园教师而言,与家长建立和保持积极的关系是教学工作必不可少的组成部分,家长的隐瞒行为一定程度上可以视为对家园合作伦理及关系的破坏,诱发了教师的愤怒情绪。

"按照幼儿园的要求,早上7:20到8:00,我们都会在幼儿园门口迎接孩子,但是8:00之后要准备早餐,保育老师忙不过来,这时我们就会回到班里,照顾孩子吃饭,准备后面的教学活动。那天,琪琪在8:00之前没有来,家长带着孩子8:30左右到了门口,他给我们打电话,但是我们手机是静音没有听到。后来别的老师看见了,把孩子送到了班里。我还特意给家长打回电话,解释了没有接到电话的原因,电话里他态度也挺好的,说得好好的。结果回头他就打电话给园长那里投诉我们。虽然园长也是给他解释了带班期间不能看手机的原因,没有来说我们,但是这件事让我很生气,因为有什么事情不能沟通呢?"(20230601ZM)

小Z老师把这样的体验形容为"背刺",意味着自己把后背暴露给家长,相当于对家长完全信任,但是家长的做法却辜负了她的信任。"我一直觉得自己跟家长应该是站在一边的,都是为了孩子好,有共同的目标,应该是相互信任合作的关系,但显然有些家长并不这样认为,感觉是被信任的人在背后捅了一刀。"(20230601ZM)在教师与家长相处的过程中,双方将会逐步建立起对双方角色及言行的期待,但这种双向期待往往并不完全匹配,双方的信任关系也存在着一定的脆弱性。在最后的案例中,家长的投诉行为打破了教师对双方关系的理解和期待,让老师感到挫败和愤怒。

(三)尴尬:"家长请客送礼让我进退两难"

"尴尬"表示个体处于一种无法摆脱的两难境地,内心感到窘迫和难堪。②

---

① NIAS J. Teachers' moralpurposes: stress, vulnerability, and strength [M]//VANDENBERGHE R, HUBERMAN A M. Understanding and preventing teacher burnout: a sourcebook of international research and practice. New York: Cambridge Unversity Press, 1999: 223-237.

② 王小军. 情绪心理学[M]. 北京: 西苑出版社, 2020: 129.

## 第四章　家园互动中的幼儿园教师情绪劳动

施塔等学者将尴尬定义为"当个体违反了社会习俗而引起了预期外的社会关注,从而激发个体做出那些可能会取悦他人的顺从行为时的情绪体验。当人们犯了社会性错误、成为关注的焦点或陷入进退两难的局面时,尴尬的情绪就会产生。"① 很显然,尴尬情绪的来源往往是个体知觉到自身与社会习俗的距离。那么,什么样的社会习俗会让幼儿园教师感到进退两难呢?在访谈中,两位教师谈到了家园互动中诱发尴尬情绪的情境。

"我很害怕家长给我送礼,我们幼儿园有明文规定,不能收受家长的礼物。每年教师节前也会发倡议书之类,但还是有家长会悄悄送礼,或者是请吃饭。我对这样的行为是不太能理解的,因为我们肯定对孩子是一视同仁的,不会因为你送不送礼区别对待,这是最基本的师德。面对这样的家长时就有些尴尬,但最尴尬的情况是,我已经拒绝了,但幼儿园里一些比较年长的老师答应了,她们就会来说服我参加饭局。有时候,我就会说家里有宝宝不方便出门,这样推掉,但是拒绝次数太多,又会显得不通情理,我也很担心影响同事关系。"(20230526XJ)

"一个很有压力的事情是家长给老师送礼物。领导告诉我们不要收任何礼物,因为我们跟家长的关系不是朋友关系,就算你现在跟家长处得再好,然后等孩子毕业之后,他可能就会以这个作为把柄来举报你。但是,收礼物这个事情不是我能决定的,我们主班她就把礼物拿来了,我不可能说单独把我这份礼物给退回去,要是被主班知道了也不好。然后,礼物收来我心里面一直很有压力,也不敢用,只能把它摆在家里面,又不知道怎么处理。我觉得以后要是我当了主班,我就会比较坚定地把它退回去,不要再收,但是我现在没有决定权,这是一个让我非常有压力的事情。"(20230728HZ)

《新时代幼儿园教师职业行为十项准则》中提出,幼儿园教师应"坚守廉洁自律。严于律己,清廉从教;不得索要、收受幼儿家长财物或参加由家长付费的宴请、旅游、娱乐休闲等活动,不得推销幼儿读物、社会保险或利用家长资源谋取私利"。对于上述具有权威性的家园互动规则,园所通常以师德承诺书、教师节倡议书、教师行为规范等正式制度向教师传递规则并要求承诺,以建立集体性的教师职业行为边界。然而,由于人情交往具有隐性契约特征,正式制度在

---

① 施塔,卡拉特.情绪心理学[M].2版.周仁来,译.北京:中国轻工业出版社,2015:249.

人情送礼行为的干预上往往成效欠佳。① 在面对家长送礼这样的情境时,教师不仅需要有技巧地维护家长个体的"面子",也需要面对地域性或集体性"人情"文化的冲击,很容易陷入伦理两难困境。

在上述案例中,教师体验到的"尴尬"情绪具有多样化的来源。一是对于正式与非正式制度的认知冲突。当家长与自己单位同事存在亲友关系时,教师与家长间的互动结构因中间人的介入变得复杂,家园关系及其规则的边界变得模糊,教师往往会感受到正式制度与"人情"与"面子"文化之间的冲突,进而产生迷茫困顿的感受。二是坚持自我与顺应群体的情感冲突。鉴于幼儿园班级教师工作的协同性,教师个体的言行受到班级教师间"亚文化"的约束,违背集体决策可能使自己成为同事中的另类或被排斥者,进而带来自我袒露的不安全感。三是决策和行动上的进退两难。面对需要长期经营和维持的家园关系,教师需要自身决策在对象和时间维度上的一致性,以维护自我的内在同一性和外在形象的稳定性。然而,这种努力可能会受到家长、同事、制度环境以及突发事件的挑战,使教师感受到左右为难的窘迫。

(四)厌恶:"毫无边界感"

厌恶情绪与人类的自我保护本能有关,对于那些可能对自身安全造成威胁的事物或人,我们会本能地厌恶。② 在进化理论中,厌恶起源于哺乳动物对不良味觉的普遍排斥反应。研究发现,引发厌恶的因素已经从食物扩展到社会秩序(例如,不道德或不愿接触的人),人类社会利用厌恶情绪来构建道德和社会生活。③ 关于人际厌恶的相关研究表明,人际关系的亲密程度和厌恶程度之间存在一定联系,个体之间越不亲密,他们对特定个体引发的厌恶感就越强烈。④ 在家园互动的过程中,教师反馈的厌恶感受也往往指向家长试图突破空间距离与人际距离的行为。

"最让我头疼的是,部分家长对我私人生活和日常工作的干扰。我们班有

---

① 柯杰升,罗必良.宗教与人情:关于社会纽带的经济学考察[J].世界经济文汇,2023(1):102-120.

② 王小军.情绪心理学[M].北京:西苑出版社,2020:106.

③ ROZIN P,HAIDT J,MCCAULEY C,et al. Individual differences in disgust sensitivity:comparisons and evaluations of paper – and – pencil versus behavioral measures[J]. Journal of research in personality,1999,33(3):330–351.

④ BUŽEKOVÁ T,IŠOVÁ M. Disgust and intimacy[J]. Human affairs,2010,20(3):232–240.

## 第四章　家园互动中的幼儿园教师情绪劳动

个孩子是走关系进来的,走的我们某个园领导的关系。孩子刚进班那天,孩子家长就说要约个饭,我就拒绝了。然后,家长就让那个领导跟我说,领导就说那是我车友的孙子,一起吃个饭也没啥,然后就一起去了。吃饭时,孩子爷爷当场就说:'老师您给我们几个老师拉一个群,再把我们几个家长都拉进去,平时有孩子的一些成长视频,我好分享给你们。'我就说不要了,他说没关系拉一个,然后我就一直拒绝他,他后面还一直打电话让我建群。这个群没有建成,他就给我们每个人发视频,有一次孩子在家里拼积木,他觉得拼得很好就发给我。过几分钟,配班老师的手机响了,保育老师的响了,另一个配班老师的也响了,实习生老师的手机也响了,都是他发的视频。最夸张的是,他是卖保健品的,有一次他剪了个产品视频也给我们发,说:'老师,这是我第一次剪相关视频,想得到您的一些指导。'我都震惊了,真的很没有边界感。"(20230725LJ)

"我们贵州是多山的,我们幼儿园在一个斜坡旁边,家长从那个斜坡正好可以看到我们的教室。我们教室在二楼,面对斜坡的那面全是大窗子,斜坡和我们教室是平齐的,所以看得很清楚。开学时,家长非常焦虑,一排家长每天守在斜坡上看我们班的娃,然后边看还边给老师发消息:'老师,我看到有小朋友抢我们家小孩的椅子,麻烦你教育一下他不要抢。'他们还从坡上录教室的视频,然后发在没有老师的家长群里面交流。还有更夸张的,家长住在我们幼儿园对面的楼上,每天拿着天文望远镜望我们班上,然后给我发短信:'老师,我看到我们家宝贝今天没有吃菜,麻烦你让他多吃一点。'家长真的太焦虑了,还有人给孩子带小天才电话手表,但那个电话是一直开着的。保育老师给他换衣服的时候一摸发现了,马上关掉,然后问那个孩子,孩子说早上带来的,妈妈让他藏起来,不要让老师看到。天,我真是觉得绝望了!"(20230725HY)

边界工作(boundary work)是指专业人员一般定义其技能和对特定工作领域管辖权的方式,这个概念最初用来解释科学家如何将他们的工作与非科学工作区分开来,后来多用于探讨专业工作者如何协商和争论彼此之间的界限,如何定义"适当的"任务。[①]　这一概念意味着,专业角色不是"固定"的,而是在专业实践中通过与他人的互动不断得到确认、促进或削弱。对于教师而言,与家长保持适度的空间与社会心理距离是其寻求专业自主性的体现,教师往往在实

---

[①] HALL C, SLEMBROUCK S, HAIGH E, et al. The management of professional roles during boundary work in child welfare[J]. International journal of social welfare, 2010, 19(3): 348-357.

践中与家长围绕自身的专业身份及各自的责任边界进行不同形式的"协商"。在第一个案例中,家长关于建立私聊微信群的提议、发送保健品视频的行为意味着将教师从专业身份转化为朋友身份的尝试,这些来自教师角色之外的信息与期待使教师感受到自己的时间和身份受到挤压。在第二个案例中,家长对班级事务的远程监控和干预不仅对幼儿园教师专业行为与决策的自主性发起挑战,也体现了他们对幼儿园教师专业能力的不信任,这种家园互动过程中对专业角色的协商失败很容易使新手教师陷入负面情绪。

### (五)痛心:"我觉得自己无能为力"

痛心是一种复杂的复合性情绪,融合了同情、无奈、悲伤等多种感受。在教育教学活动中,引发教师悲伤情绪的事件包括失去亲人的孩子、教育不公平的现象、在政治或种族冲突背景下的教学等。①② 在宏观社会文化背景中,学校不可避免是各种分裂和冲突呈现的舞台,教师也往往面对着法律、制度乃至道德规范都难以提供明确决策依据的问题情境。复杂的家庭结构或家庭关系、非常规的家庭教养安排以及传统的教育观念,都对幼儿园教育实践造成冲击,也对教师应对复杂情况的能力形成挑战。尤其在面对处境不利的幼儿或家长时,教师会更为清晰地感受到自身专业角色与能力在应对复杂问题情境中的局限性。

"我们班有个孩子有点特殊,他爸爸妈妈是四十多岁才有了他,家里条件也很好。可能因为孩子出生晚,家里对这个孩子的要求很高。父母工作又比较忙,孩子主要是爷爷在管。孩子上小班时,我们就发现他的语言发展、社会交往、思维等方面跟同年龄段的孩子相比差距比较明显,也跟家长反馈过,让他们多引导孩子的口语交流,多跟其他孩子玩。但是,家长不太愿意接受我们的建议。从小班开始,孩子每天回去都要写作业,写拼音和汉字。其实,那个时候孩子话都说不利索,思维逻辑都跟不上,但这些家长不在乎,他们觉得长大就好了。到了大班的时候,家长可能看到我们拍的很多集体视频,发现孩子确实不一样,这个时候就急了。我们建议孩子在大班再上一年,这样对孩子的语言和社会性发展都有好处,因为孩子到了大班已经有了明显进步。但是,家长就非

---

① PAPADATOU D, METALLINOU O, HATZICHRISTOU C, et al. Supporting the bereaved child:teacher's perceptions and experiences in Greece[J]. Mortality,2002,7(3):324-339.

② MARTINEZ-COLA M, ENGLISH R, MIN J, et al. When pedagogy is painful:teaching in tumultuous times[J]. Teaching sociology,2018,46(2):97-111.

常固执地坚持自己的教育意见,到了大班下学期,他们就把孩子送到外面的幼小衔接班去了,不来幼儿园了。我一想到这个孩子的处境就觉得难过,他更需要在幼儿园发展各方面的能力而不是去学幼小衔接的知识,但这个情况我们也没法说什么,对家长的决定我们无能为力。"(20230726JY)

"工作七年了,有个孩子一直让我挂念。中班的时候,我们上一个职业相关的活动,这个孩子就说我长大要做警察,保护妈妈。当时我就很奇怪,一个中班的孩子为什么会这么说呢?课后我就问他:'刚才你说长大了想做警察,想要保护妈妈,你为什么想要保护妈妈呢?'孩子就说:'爸爸经常在家打妈妈。'我就问:'爸爸什么时候会打妈妈?'他说:'喝酒之后就会打妈妈。'我又问:'爸爸当着你的面打吗?'孩子说:'不是,他们在房间里,但我能听到,我知道妈妈又挨打了。虽然妈妈不跟我说,但我知道,因为妈妈会哭,妈妈会受伤。'

当时孩子跟我说这件事情的时候,我觉得非常震惊和痛心。在这件事情之前,这个孩子给我的印象就是一个很活泼开朗的男孩子,而且他在跟我说爸爸打妈妈的时候,他都是笑着说的,我当时听了心里可难过了,当天放学我就把这个孩子的妈妈留下来了,然后我就说,孩子说想要做一个警察保护妈妈。我刚说完这个话,妈妈就哭了。这个事情让我很揪心,我觉得我能做的太有限了,我能去跟他爸爸说,让他不要打妈妈了吗?或者,我能跟他妈妈说鼓起勇气和他爸爸离婚吗?都不能,我觉得自己无能为力,只能心疼这个孩子,在幼儿园的时候努力对他好一点。直到这个孩子毕业,我都没见过他的爸爸。"(20221204MN)

在上述案例中可以发现,被教师表述为"痛心"的感受融合了同情、无奈等情绪。这种感受似乎具有双重指向,一是指向处境不利的幼儿,二是指向教师的自我。在第一个案例中,教师关注到班级中一名发展相对滞后的幼儿,尝试与家长形成更加紧密的教育合作关系,但双方未能达成对该名幼儿的教育共识,最终家长选择了在教师看来可能会阻碍幼儿发展的教育决策,引发了教师对该幼儿处境与发展状况的担忧与同情。在第二个案例中,教师则面临着更加具有伦理挑战性的情境。2016年,我国《中华人民共和国反家庭暴力法》规定:"学校、幼儿园、医疗机构、居民委员会、村民委员会、社会工作服务机构、救助管理机构、福利机构及其工作人员在工作中发现无民事行为能力人、限制民事行为能力人遭受或者疑似遭受家庭暴力的,应当及时向公安机关报案",但实践中教师往往缺乏应对这类事件的足够准备。在这个案例中,幼儿虽然是家庭暴力环境的间接受害者,但并未直接受到法律界定的家庭暴力行为的侵害,教师也难以通过其他方式改善幼儿在家庭中的处境。

在上述案例中,尽管教师富有关爱幼儿的责任感,但其专业角色却无法跨越家园责任边界,由此引发的痛心感受是教师职业生涯中必然遭遇的体验。值得关注的是,大多数受访教师在职前或在职教育阶段未接受过如何应对家园工作中法律及伦理困境的相关培训,他们只能在对这种体验的反复摩挲中找到家园互动的认知和情感平衡点,与自己和他人达成某种程度的"和解"。

### 三、家园互动中幼儿园教师情绪体验的唤醒机制

当前,大多数关于教师情绪的研究集中在与学生和课堂活动相关的情绪上,但不可否认的是,教师的许多情绪由超越学生和教学的情境性因素引发,例如,家长、同事、教育系统及政策的特点等。无论积极或消极情绪,这些多来源的教师情绪体验都会对教育教学及幼儿发展产生不同程度的影响。因此,关注幼儿园教师在不同互动情境中的情绪唤醒机制具有重要意义,探讨家园互动中的教师情绪机制对于深化家园合作的研究也十分必要。本研究的证据说明,教师在与家长的互动中体验到十分丰富多样的情绪,这些情绪的产生不仅仅体现了教师的个性特质,更体现出教师个体在当前家园关系结构中对自身幼儿园教师角色和身份的加工。因此,符号互动理论中的身份理论为探讨幼儿园教师的情绪唤醒提供了可资借鉴的思路。

#### (一)人际互动中的身份与情绪

在符号互动理论中,社会被视为一个稳定有序的结构,这些结构反映在每一位社会行动者的行为模式中。当个体参与社会互动时,他们从互动中其他人的角度来看待自己,由此在复杂的社会互动中建构自我。由于社会互动发生在有组织且分化的社会情境中,因此产生于社会互动中的自我也往往具有多个身份。阿克曼和梅耶将"身份"定义为"兼具单一性与多重性,连续性和不连续性,个人性和社会性"的存在,强调身份具有社会建构、多重性和多变性的特征。[1]具体来说,身份是由"我"在社会结构中所处的不同位置组成的,每个位置都有自己的观点、故事和意图。因此,"我"从一个位置移动到另一个位置,就会导致身份不断地(重新)构建和协商。

---

[1] AKKERMAN S F, MEIJER P C. A dialogical approach to conceptualizing teacher identity [J]. Teaching and teacher education, 2011, 27(2):308-319.

第四章　家园互动中的幼儿园教师情绪劳动

一般来说，个体的身份有三种不同层次：一是个人身份（person identities），个人身份是一种跨情境水平的身份，表现为某人的独特性和真实性。这种身份不受情境、时间或关系的限制，在不同的角色和情况下运作，将个体定义为不同于他人的独特存在。二是社会身份（social identities），社会身份是指个体作为特定类别的成员赋予自己的意义，例如女性、足球迷、北方人等。将自己定义为某个群体的成员时，个人认为自己与群体内成员相似，与群体外成员不同。与群体内成员的认同导致成员在感知和行动上的相似性，并使个体成员产生被群体接受和社会认可的感觉。三是角色身份（role identities），角色身份是一个人在社会中担任的不同职位或角色赋予自己的意义。这些意义源于文化，因为个体被社会化为承担特定意义的角色。[1] 例如，教师的角色身份意味着个体将与教师这一社会角色及其表现相关的社会意义和期望融入自我中。

在实践中，个体的三种基本身份不是独立存在的，而是紧密联系、相互重叠，并在各种情况下同时运作。个体的社会角色及其群体归属很大程度上由个人身份决定，个人身份又反过来受到角色身份和社会身份的影响，因此，教师的"专业身份"是这三种基本身份的融合。[2] 例如，一名教师在个体身份上可能是性格活泼的女性，具有艺术社团团长、歌友会成员以及社区志愿者等多种社会身份，并在生活中承担着女儿、母亲、教师、团长、志愿者等多种角色。斯特赖克认为，尽管人们在多样化的社会网络中拥有多种身份，但这些身份并不是同等重要，而是根据情境组织成角色的"显著性层级"（salience hierarchy）。高层级上的身份比低层级上的身份更有可能被激活和向他人展示。[3]

身份的显著性取决于承诺（commitment），取决于个人与他们在其中扮演角色和相关身份的网络的联系强度。[4] 例如，一位女教师对她作为教师的地位和角色的忠诚程度取决于她的社会关系，包括她所处网络中的成员数量、成员对其重要性的认可与期待，其与成员联系的紧密程度等。当其与相关社会网络的联系越大，以教师身份为前提的承诺就越大，这种身份就越突出，对该身份的评

---

[1] STETS J E. Identity theory and emotions[M]//Handbook of the sociology of emotions. Boston, MA: Springer US, 2006: 203-223.
[2] 刘胡权. 在职教师教育的理论建构与实践探索[M]. 北京：中国发展出版社, 2021:169.
[3] 特纳，斯戴兹. 情感社会学[M]. 孙俊才，文军，译. 上海：上海人民出版社, 2007:94.
[4] STRYKER S. Integrating emotion into identity theory[M]//Theory and research on human emotions. Emerald group publishing limited, 2004: 1-23.

价也越积极,基于该身份的自尊就越普遍。① 因此,对该名女性而言,教师身份可能会超越其拥有的母亲、艺术社团团长、歌友会成员等其他身份,成为她身份层级中最显著的身份。在社交场合中,该女性的教师身份越突出,其角色表现就越有可能符合对该身份的期望,角色行为就越有可能反映教师群体共同的价值观和规范。

斯特赖克认为,情绪是身份动力机制的组成部分,可以从三个方面理解情绪在身份加工中的作用。第一,情绪参与个体在人际互动中的身份建构。个体对网络中的身份承诺越强烈,他人对标识身份的角色扮演的反应越有可能导致个体产生强烈的情绪反应。② 在社交过程中,当他人的姿态证实了个体的某种身份,将会唤醒个体的积极情绪。与此同时,个体对这种身份的承诺将增加,这种身份的显著性层级也会随之提高。相反,当个体的某种身份没有得到他人的支持与证实,产生的强烈消极情感将迫使个体重新评价其对该身份的承诺。

第二,情绪参与个体身份执行与文化框架之间的关系。当个体知觉到他的身份行为符合文化框架的期望和人格原则时,积极的情绪就会出现,个体的自尊会随之增强,进而巩固其在相应文化框架下进行身份执行的方式。反之,当个体的身份行为不能满足常规期望,或不能实现文化框架所预设的价值时,就会体验到尴尬、内疚等消极情绪,网络中的其他成员将体验到愤怒或失望。例如,当自我身份定位为"优秀学生"的人在一次重要考试中名落孙山时,他往往会体会到愤怒、羞愧和内疚,未来可能会较少地使用优秀学生的身份。

第三,情绪作为社会控制的成分。斯特赖克认为,情绪具有社会选择的作用,具有共同情绪意义的人更有可能彼此进入社会关系,进入社会关系后也更有可能维持这些关系。无论情绪是消极还是积极的,只要情绪在群体中是共享

---

① STRYKER S,SERPE R T. Commitment,identity salience,and role behavior:theory and research example[M]//Personality,roles,and social behavior. New York:Springer New York,1982: 199-218.

② STRYKER S. Integrating emotion into identity theory[M]//Theory and research on human emotions. Emerald group publishing limited,2004:1-23.

的,都会直接影响人们对群体的承诺。[①] 个体在互动中以微妙温和的方式从他人那里了解到哪种身份或身份行为是适切的,哪些是不适切的。适切的身份扮演将收获他人的支持和积极情绪,不适切的身份展示将受到微妙的制裁,进而激发消极情绪。因此,人们在互动中总是尽量展现符合常规期望和文化框架的身份,并尽量避免挑战他人的身份,以避免互动网络的失调。

(二)家园互动中教师情绪的唤醒机制

在符号互动理论中,人们总是在一定的社会结构背景中行动,每个人都是社会位置和互动角色的占据者。当人们互动时,他们尽可能寻求保持某种特定的身份。因此,幼儿园教师在家园互动中的情绪体验可以被视为其身份运作的结果。依据斯特拉克的情感唤醒模型,可以将幼儿园教师在家园互动中的情绪唤醒机制描述如下(图4-1):

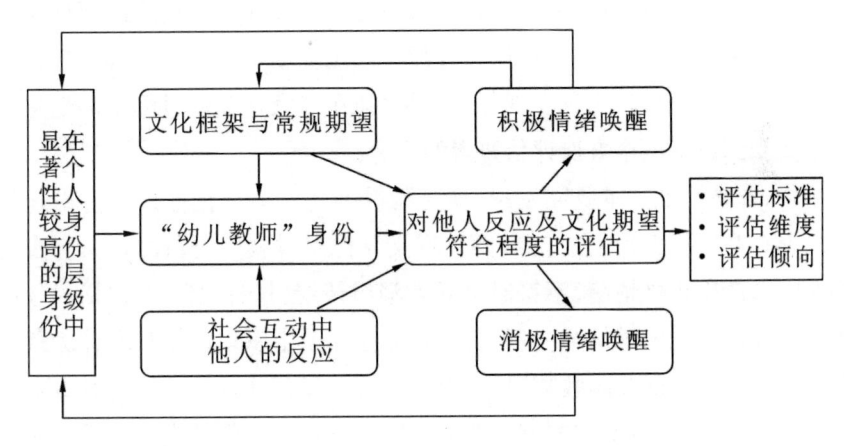

图4-1 幼儿园教师在家园互动中的情绪唤醒机制

回顾上述案例可以发现,教师谈及的积极情绪事件与消极情绪事件都发生在工作场景中,都体现出教师与家长围绕教师"身份"进行的建构与协商。对于教师而言,教师身份毫无疑问是其在幼儿园这一专业机构及社会关系中显著性层级最高的身份,与教师这一身份相联系的社会制度及道德规范是教师评估自身言行适切性的主要依据。因此,当她或他在与家长的互动中感知到双方对各自身份的尊重与维护时,积极的情绪体验就会产生。例如,家长表达对教师专

---

[①] STRYKER S. Integrating emotion into identity theory[M]//Theory and research on human emotions. Emerald group publishing limited,2004:1-23.

业能力的认可和信任、家长对教师完成自身工作提供帮助、家长理解教师责任的边界与局限等，都是对个体"幼儿园教师"这一身份及其社会意义的确认与肯定，有助于激发幼儿园教师的愉悦、幸福、感恩等不同类型的积极情绪。

与之相反，当教师在与家长的互动中感受到对方的反应不支持其"幼儿园教师"身份及相应的文化框架时，就会导致消极情绪的涌现。例如，向幼儿园教师请客送礼的行为，不仅直接动摇教师在专业情境中的身份建构，触发其违背专业伦理的紧张感与愧疚感，而且破坏了定义幼儿园教师身份的社会规范系统，使教师陷入专业信念和自我同一性的危机。同样，家长对教师工作的不支持或不信任，也尤其会使处于身份建构不稳定期的新手教师陷入迷茫与混乱，导致部分教师难以获得身份认同的积极反馈，无法建立增强身份承诺的积极循环，从而陷入对自身专业身份的怀疑，产生专业信念动摇与行动退缩。

在上述情绪唤醒机制中，幼儿园教师对文化框架和他人反应的评估是激发情绪体验的关键，有必要进一步探讨教师在家园互动中的评估过程。通过对教师情绪体验的案例分析可以发现，幼儿园教师在与家长互动过程中的情绪唤醒机制主要受到以下三个方面评估要素的影响：

第一，评估标准。本研究发现，幼儿园教师在评估文化框架与身份建构的相符情况存在"适度标准"。当教师发现文化框架对教师身份的定义与自身实践相符时会产生积极情绪，不符时会导致消极情绪，这种"不符"包括对教师身份定义过高或过低两种情况。例如，当教师在互动中发现以家长群体为代表的社会成员倾向于将幼儿园教师视为"保姆"，简化其工作内容或弱化其专业身份时，这种反应在家长行动中的地方性文化框架对教师身份的定义显然低于教师内在的身份标准，进而激发教师的消极情绪。与此同时，当教师在与家长互动中感知到幼儿园、社区或更宏观的社会系统中对教师身份赋予过高要求或期待时，也会产生消极情绪。例如，有受访对象反馈："我很不喜欢现在社会媒体宣传的教师形象，不是山村支教就是舍己救人，给底层教师设置那么高的道德标准，让家长也以圣贤的标准要求教师的日常工作，最好不吃饭不睡觉服务每个家庭，动不动就道德绑架我们。"（20230524JH）

第二，评估维度。访谈中发现，幼儿园教师在评估家长反应的过程中不仅评估反应的内容，也会评估反应的主体。例如，上述案例中有位教师认为家长将其视为"仆人"，这一激发教师愤怒情绪的判断一方面来自家长反馈的内容与方式："她都没有正眼看我，就来了一句'进去之后给他洗个手'，连个老师也不叫",另一方面也来自教师对家长与自身社会地位的比较:"他妈是我们的上级单位的一个干事,还不是什么领导,就对我们是这种态度,我觉得特别窝火"。研究发现,当某人的身份没有得到证实,且这些非证实信息来自地位高且熟悉的人时,这个人体验到的消极情绪会比非证实信息来自不熟悉的高地位者更强烈。① 这一定程度上说明互动对象的身份会影响个体的身份构建,人们往往对地位高者及熟悉者对自身身份反馈的非证实信息更加敏感。

第三,评估倾向。情绪评估理论认为,唤醒人们情绪的不是事件本身,而是人们对事件的评估。因此,不同的评估方式或倾向可能使人们对同一件事情产生不同的情绪体验。在家园互动中,需要关注到群体和个体两个层面的评估倾向。一方面,共享社会关系的人往往共享价值体系和身份标准,因此会对相似的事件或情境形成相似的评估倾向。这也意味着,同一幼儿园或地域的教师可能会对家长形成群体性的"刻板印象",进而造成评估标准或倾向的固化,不利于和家庭建立合作关系。例如,有学者批判教师群体长期持有不平等家园关系的理念,倾向于批评家长对学校教育不配合不支持,忽视家庭社会经济地位和文化背景的多元性。② 另一方面,在家园互动过程中,不同个性和气质类型的教师对外界信息的评价方式也存在差异。有研究发现,当个体感受到互动对象不支持自身身份时,都会体验到消极情绪。但是,低自尊的个体比高自尊的个体更倾向于认为互动对象比自己更有能力和更正确。③ 因此,改善教师在家园互动中的情绪体验也需要关注教师的个性气质等因素的影响。

## 第三节 家园互动中的幼儿园教师情绪规则

"情绪规则"是霍克希尔德关于情绪劳动研究中的重要概念,是指工作中存在的对情绪感知和表达的制度规范。情绪规则可以是对员工表达某种情绪的要求,例如"向顾客微笑",也可以是对员工不要表达某种情绪的要求,例如"不要哭"。这些情绪规则可能通过明文规定或培训明确提供给员工,也可能隐含

---

① 特纳,斯戴兹.情感社会学[M].孙俊才,文军,译.上海:上海人民出版社,2007:107.
② ADDI - RACCAH A, ARVIV - ELYASHIV R. Parent empowerment and teacher professionalism:teachers' perspective[J]. Urban education,2008,43(3):394-415.
③ 特纳,斯戴兹.情感社会学[M].孙俊才,文军,译.上海:上海人民出版社,2007:113.

在组织文化中,需要员工自己体会。① 霍克希尔德将组织情绪规则分为"感受规则"(feeling rules)和"表达规则"(display rules),前者是对员工应当如何感受情绪的要求,不管外在表现是怎样;后者规定了员工在工作场合如何表达情绪,而不管其内在体验如何。"教师"作为一项感染和影响他人的职业,关于教师情绪规则的研究主要集中在表达规则方面。本节将主要探讨以下问题:幼儿园教师在家园互动中感知到哪些情绪规则?这些情绪规则怎样向教师传递?她们如何看待这些情绪规则?

**一、家园互动中的教师情绪表达规则**

学校是一个复杂的情感舞台,教师面对着同事、学生、领导及家长的多样化情感需求。为了满足这些情感需求,教师必须遵循社会对教师情绪感受和表达的期望,以便与周围人进行顺利互动,这些关于情绪的文化期望、社会标准或专业规范构成了教师的情绪规则。在已有研究中,学者对教师工作中存在的普遍性情绪规则进行了探讨。例如,有学者总结了教师工作的五条情感规则,包括教师对学生有感情,甚至有爱;教师对学科有热情甚至激情,教师对学生表现出热情;教师避免公开表现极端情绪,尤其是愤怒和其他黑暗情绪;教师应热爱自己的工作;教师对自己的错误和学生的错误都有幽默感。② 尹弘飚提出中国教师专业实践中有四条情绪规则,分别是激情投入教学;隐藏消极情绪;保持积极情绪以及将情绪工具化以实现教学目标。③ 可以发现,上述情绪规则大多聚焦在教师的课堂教学及师生互动领域,对于家校或家园互动中的情绪规则鲜有研究进行专门探讨。

在学前教育阶段,家园共育是教师专业实践的重要组成部分,探讨家园互动中的情绪规则有助于深化当前对幼儿园教师工作性质、教师职业目标与承诺的理解。基于对幼儿园教师的深度访谈,本研究识别出以下三种取向的情绪规则:

---

① STARK K, BETTINI E. Teachers' perceptions of emotional display rules in schools: a systematic review[J]. Teaching and teacher education, 2021, 104: 103388.

② WINOGRAD K. The functions of teacher emotions: the good, the bad, and the ugly[J]. Teachers college record, 2003, 105(9): 1641-1673.

③ YIN H B, LEE J C K. Be passionate, but be rational as well: emotional rules for Chinese teachers' work[J]. Teaching and teacher education, 2012, 28(1): 56-65.

第四章　家园互动中的幼儿园教师情绪劳动

（一）"专业化"取向的情绪规则

"专业化"取向的情绪规则是指幼儿园正式或非正式制度中存在着以服务专业实践为主要目的的情绪规则。在这种规则体系下,教师和家长被视为教育活动的利益相关者,双方的沟通和情绪表达以儿童最大利益为价值取向。"专业化"取向的情绪规则以维护幼儿权益、巩固幼儿园教师专业角色、维护幼儿园工作秩序、强化教师专业规范为主要特征。此类规则有助于维护教师的群体形象与家园秩序,因此,尽管这些情绪规则可能要求教师调整内心体验或表达方式,付出较多的情绪劳动,但教师往往能够认同和主动维护相关规则。

1. 表达积极情绪

在教育实践中的各类人际互动中,努力表达积极情绪是一项共性的情绪规则。在访谈过程中,教师从多个层面谈到了对这一情绪规则必要性和价值的理解。其一,表达积极情绪有助于营造愉悦的对话氛围,拉近教师与家长的距离,为双方长远的信任关系奠定基础;其二,表达积极情绪有助于塑造良好的教师个人形象和园所形象;其三,表达积极情绪有助于引导家长建立对孩子和教师的积极预期,避免不必要的误会。

"在家长面前,我肯定多展示一些正向的情绪,比如说孩子受伤了,肯定要表现出对孩子的关心和心疼。如果孩子有进步了,当然是非常地开心,这种情绪肯定是要让家长知道的,这样共同分享孩子的进步,让家长感受到我们是共同为孩子好。"（20230728HX）

"在我们幼儿园,老师在家长面前一定要笑盈盈的,要有礼貌,要谦和,因为很多时候老师代表了学校的形象。我们幼儿园作为本地最知名的幼儿园之一,就像一个品牌形象立在这。我们园长就说,幼儿园是我们所有人的平台,要像爱护自己的脸面一样爱护名声,不能允许任何一位老师损害幼儿园的形象。"（20230524XM）

"在跟家长交往的时候,我会更多让自己有一种积极的情绪,这也是受我们主班的影响。我记得自己在写一个家园联系册的时候,写到了一句话:'某某小朋友是一个有点内向的孩子。'主班看到后,就告诉我以后不能再写这种话,因为家长看到就会开始联想:'老师说我的孩子比较内向,他在园里面到底是怎样的? 其他小朋友会不会孤立他? 会不会不跟他玩?'其实并没有这些现象,但不当的措辞可能会误导家长。所以,班主任让我在跟家长交流的时候,尽量不要有这些负面词汇,就算要讨论孩子的问题,前面也一定要先说孩子进步的地方,

再说要改正的。所以,我跟家长交流的时候都会调动积极的情绪,多传递一些孩子进步的消息。"(20230728HZ)

2. 隐藏消极情绪

在教育实践中,隐藏消极情绪和表达积极情绪这两项情绪规则往往相伴存在。在访谈过程中,教师也谈到了隐藏消极情绪的必要性。正如已有研究发现,在东亚文化中,负面情绪的传播通常被视为一种威胁。① 在课堂教学中,负面情绪可能会影响到儿童的学习体验与成效。在家园互动中,负面情绪往往被视为对双方信任关系的破坏。因此,即便家园互动中存在许多诱发教师消极体验的事件,教师往往倾向于隐藏自己的消极情绪。

"在跟家长的交往过程中,隐藏自己的消极情绪还是必要的,因为消极情绪肯定是大家谁都不希望看到的。如果你情绪很消极的话,家长可能会质疑你的专业性,也会怀疑这个老师他在对待我孩子的时候会不会有什么问题。我在家长面前会掩饰一些不耐烦的情绪,比如,你跟家长强调很多遍的事情,他们不放在心上。我们班有个小女生经常会迟到,基本上我们是 8:20 左右小朋友都到幼儿园了,因为要吃早饭,饭放久了就会凉掉,后面还要进行集体活动。但是,这个孩子经常九点才来,我们都已经把饭送到厨房了,而且小女孩经常来的时候不扎头发,头发经常是披着的,也不知道是爸爸妈妈没时间,还是说二胎顾不过来。沟通过多次还是这样,就会觉得烦,但不会跟家长表现出来。"(20230728ZY)

"我觉得老师调整自己的心态比较重要,因为确实有一些家长很离谱。比如说我们班有个小朋友,那天他先是拉肚子拉了一身,然后撒尿的时候尿了一裤子,我们刚帮他处理完,他就开始上吐下泻。我们就赶紧把他的爷爷奶奶喊来,详细地跟爷爷奶奶说了他的症状,让带去看病。结果,第二天他又来上课了,我问孩子有没有去医院,医生怎么说。然后孩子说爸爸妈妈没带他去医院,我就觉得很无语。为什么孩子都已经上吐下泻了,还不带他去医院?那段时间感觉对家长就会有一点意见。但是,我肯定不能去批评指责家长,所以就调整自己的心态,让自己多从家长的角度考虑,多体谅家长的难处,再去跟他们沟通,问他们是不是太忙了,请他们多关注一下孩子?"(20230728HZ)

---

① Yin H B, Lee J C K. Be passionate, but be rational as well: emotional rules for Chinese teachers' work[J]. Teaching and teacher education, 2012, 28(1): 56—65.

## 第四章 家园互动中的幼儿园教师情绪劳动

### (二)"商业化"取向的情绪规则

在访谈过程中,尽管受访对象都来自公办幼儿园,但不少老师谈到了园所文化受到商业文化的影响,尤其是出生率下滑和生源竞争的环境下,家园关系开始异化为"消费者与服务者"之间的关系,幼儿园在面对家长时失去专业立场,出现了以迎合家长为目标的"商业化"取向情绪规则。[①] 在教师看来,"商业化"取向的情绪规则以让家长获得积极体验为目标,要求教师必须展现积极情绪,避免与家长产生冲突或争论。由于此类规则与教师的专业角色与信念不完全适配,因此经常出现在教师的批判性话语中。

1. 规避冲突

在本研究中,"规避冲突"是受访教师反复提及并探讨的一项家园互动规则。在家园合作中,"冲突"并不必然代表着破坏,也蕴藏着双方深度交流的积极意义。协作性与冲突性都是家园关系的基本属性,学校作为教师、家长表达不同意见的场域,双方通过"对话实践"形成"共同性"是学校民主生活的重要构成。[②] 因此,规避冲突的规则可能导致家园双方对话空间的压缩以及协作的表面化。在当前社会,规避冲突的规则一定程度上体现出教育场域中商业逻辑对专业逻辑的超越。有学者研究显示,随着新自由主义思想渗透到教育领域,家园关系受到双方社会经济地位及权力关系的深远影响。在全球范围内,幼儿园教师通常处于社会经济地位的中低水平,在与高社会经济地位的家长互动时常常处于被动状态。[③]

"我们幼儿园其实没有规定教师应该有怎样的情绪,但是其实整个园的氛围有点以家长为尊的那种感觉。比如,领导开会时反复强调,老师一定要有好的状态,你面对家长的时候一定要很积极,要微笑,不能有一点不好的情绪。虽然没有明文规定,但是潜移默化就是有这样的要求。我觉得表达积极情绪是有必要的,但是我们园做得有点过了,因为他们好像只考虑家长和孩子的感受,根

---

① ZHANG L, YU S, JIANG L. Chinese preschool teachers' emotional labor and regulation strategies[J]. Teaching and teacher education, 2020, 92:103024.

② 吕珂漪,吕聪,李家成. 家长参与:为儿童、学校与社会赋能:2019 欧洲家长教育参与联盟(ERNAPE)第十二届双年会述评[J]. 教育学术月刊,2020(3):33-39.

③ BIBERMAN-SHALEV L, CHAMO N, NAAR S, et al. 'It is an unfair game':the role of capital in framing the relationships between kindergarten teachers and parents[J]. Early child development and care, 2023:1-15.

本不关心老师的情绪。"(20230728HZ)

"我越来越感觉现在的园长就要求我们要给家长那种'宾至如归'的感觉,让老师把家长当作客户一样去维护。我们园长开会时就说过,只要有家长去投诉,不管是什么事情,她认为都是老师的错,是因为老师工作没有做到位才会让家长不满意,都会要求老师向家长道歉。我特别不喜欢这样的说辞,这是领导层在推卸责任,他们害怕家长去教育局投诉,把责任都压到老师身上。"(20230524ZM)

"如果跟家长沟通中遇到问题的话,领导不希望这种问题扩大到学校层面,老师可以在班级内或者最好是家长和老师两个人之间就把这个事情解决掉。如果这件事情上升到办公室那边,他们虽然可以帮助老师解决,把家长安抚下来,但是事后肯定会找老师谈话,他们会觉得你这个老师能力不行或者是怎么样。"(20230728ZY)

2. 表演谦卑

蓝佩嘉认为,家务劳工的一个重要工作内容是表演谦卑,包括语言、姿势、空间和工作内容等方面。① 这种谦卑的姿态从微观层面揭示了雇主与雇员双方人际互动中权力的不平等。在访谈过程中,部分老师描述了家园互动中也存在着"表演谦卑"的规则,将服务行业的准则建构为教师专业实践的一部分成为令人担忧又不可避免的趋势。例如,在家长开放日、亲子活动、家长会等大型活动中,园所对教师的着装、发型、表情、动作姿势等提出要求,这些要求并非《幼儿园教师专业标准》中的规定内容,也和平时幼儿教育实践中所追求的便利性原则相违背。不少受访者表达了对这些规则的抗拒,认为园所在面对家长时彰显老师的服务性而不是专业性。

"领导主张在专业思想上无法影响家长,只能自我矮化,用讨好的姿态换取家长的好感"。平时,领导对我们老师的要求是这样的:上班不准穿皮鞋、不能穿裙子、不能披头发、不能戴首饰、不能化明显的妆等等。这些规定都是为了孩子的安全和健康着想,我们老师都是理解和遵守的。但是,到了家长开放日的时候,领导就说,我们把裙子统一穿起来吧!园里给老师买了统一的白色连衣裙,长度在膝盖上面一点。活动的时候,就会要求我们统一穿上雪白的裙子,还要配双黑色的皮鞋,化淡妆。这是让我最疑惑的地方,其实组织大型活动的时

---

① 蓝佩嘉.跨国灰姑娘[M].长春:吉林出版集团有限责任公司,2011:257.

候,恰恰是老师最辛苦最忙的时候。园里来的人又多又杂,孩子潜在的突发风险最多,我们需要到处跑来跑去,他们反而在这种时候要求我们去穿上如此不方便的裙子和鞋子,这是为什么呢?这真是一种很诡异的情况。

我觉得园长想展示一种重视家长的姿态,让家长觉得幼儿园服务很周到。对,我刚走到门口就有个老师面带微笑迎接我,走到转弯处,我都不用说啥,老师就给我弯腰引路。最好把家长该想该做的全部帮他们做了,体现这样的服务意识。可能话不太好听,但我觉得反映的就是一种讨好的心态。好笑的是,领导一直强调我们是老师,我们是跟家长平等的,可是这种强调就很奇怪,因为我们从学校毕业到工作,潜意识里从来不会觉得我们和家长是不平等的,但他们把"平等"上升为原则,这意味着什么呢?高中老师恐怕不会强调我跟家长是平等的吧?"(20230726LX)

我觉得幼儿园在处理家长工作时太小心翼翼了,有时烦琐得让人不能理解。比如,我们幼儿园是一个小园,家长开放日的时候害怕拥挤,要提前通知家长从一边的楼梯上,从另一边的楼梯下。领导开会对这个事情强调了很多遍,不停地跟我们说要怎么跟家长解释这个事情,就是解释从哪边上从哪边下,一定不能反着走等等。我负责拟通知,一开始写得比较正式简单,给了一张图表示从哪边来,再从哪边走。然后提了几点建议,比如放学的时候人多车多,要注意安全,接完之后请尽快离开等。领导审了之后觉得这样太直白,让再加一些可爱的语言,说不能让家长感觉要赶他们走。我很不能理解,这对家长来说就是个通知,把关键信息给到不就行了吗?但是,他们每个字都要抠,这里的字体大小要调一下,那张图片再换一换,语气要可爱一点,好像担心出一点瑕疵。(20230726QZ)

幼儿园作为保育与教育一体化的工作,"服务"与"专业"的边界存在着一定的模糊性。在我国公办与民办幼儿园共同参与保教服务供给的格局下,专业逻辑与商业逻辑似乎共同主导着幼儿园的运营。对于幼儿园教师而言,商业化导向情绪规则使其专业角色在"教师"和"服务员"之间摇摆不定,也使她们陷入专业实践"去专业化"的危机。

## 二、家园互动情绪规则的学习路径

家园互动中的情绪规则往往存在于幼儿园的非正式制度中,教师通过多种途径了解和学习本园环境中存在的相关规则。基于访谈资料,可以将教师的情绪规则学习路径概括为以下三种类型：

## （一）培训中的情绪规则学习

幼儿园开展的各级各类培训是教师了解相关情绪规则的渠道之一。在访谈中可以发现，幼儿园教师很少接触到以"情绪"为主题的专门培训，但相关要求会在学前教育法律法规、师德师风、家园共育等相关主题的培训中体现。在培训方式方面，家园工作培训主要以专家讲座、专题教研、案例评析等为主要形式。个别教师反馈，本园围绕幼儿园教师的行为制定了相关准则，要求教师签署承诺书，并定期围绕准则进行学习、培训及朗诵活动。

"我印象中工作以来只培训了一次如何跟家长沟通，勉勉强强培训了两个小时。我们幼儿园空间比较有限，培训就在职工之家，一个小小的教室，培训期间不停有老师来催，一会会场还要开别的会，给你们半个小时结束，就这样勉勉强强开了一次培训。"（20221126XX）

"暑假进行了入职培训，但家园共育的培训大概就两个小时，而且培训内容比较粗略。我觉得培训重点不是教给你工作方法，而是强调你需要做哪些工作，像在警醒你，一开始就把最坏的情况都跟你说清楚，让人压力很大。比如，家长工作必须从假期就开始干起，我们从7月就开始家访，8月也是天天都在回家长的消息。园里要求不能让家长群冷下来，要让家长感受到关怀。所以，孩子还没上幼儿园，暑假就给家长发各种入园适应的信息，包括认识幼儿园、亲子共读、亲子游戏、饮食卫生、体育运动等。"（20230725LJ）

培训学习是一种相对正式的学习途径，有助于幼儿园教师了解国家政策法规中对家园工作的基本要求，并熟悉本园家园工作的具体要求。然而，与已有研究的发现相似，新手教师普遍反映相关培训难以满足工作中的实际需求，培训时长较短、培训内容不够全面、与实际工作联系不够紧密是家园工作培训存在的主要问题。[①] 正因如此，幼儿园教师往往需要借助其他非正式途径学习和了解家园互动的策略与技巧。

## （二）仪式中的情绪规则学习

仪式在教育中发挥着不可代替的功能。对于个体来说，仪式揭示和强调了

---

[①] 王英杰,张美霞,陶颖,等.家长视角下的幼儿园教师家园合作能力[J].学前教育研究,2022(3):53-64.

## 第四章 家园互动中的幼儿园教师情绪劳动

群体的价值取向,定义了个体行为的方式与边界。在仪式中,通过语言进行信息交流并不是最重要的,重要的是创造一种情境,使身处其中的教育者和受教育者都自觉遵从教育导向的行为规范或观念。[①] 对于幼儿园教师而言,参与家园共育的各种会议、庆祝活动或重要仪式是他们感知自身角色和情绪规则的重要途径。在这一过程中,教师能够感受到共同体的情感氛围,并学会如何在这样的场合中表达适宜的情绪。

"我们经常会举行一些大型活动,接受一些没想过的任务分工,最开始我会疑惑,但我感觉自己现在慢慢习惯了。比如我们今年大班毕业典礼,领导在每层楼的每一个楼梯口都安排老师,另外,每个厕所门口还要站一个人,一直从活动开始站到活动结束。其实,每层的楼梯口相距不过十多米,一眼就能扫过去,他们要求站两个老师,为家长提供指引。他们给老师发了位置划分图,每个定点精确到人,然后把我的名字写在地图上,我得照着地图去找我的那个点。当时我可能站偏了一点,巡察的老师说你得往这边站一点,因为这边有个路口,你得指着路口告诉家长那边还有活动。可是,路口明明有巨大的指示牌,而且家长手上也有活动地图。另外,家长来的时候,我们要面带微笑,身体前倾,单手引导指路,我只能偶尔变换姿势放松一下。"(20230726QZ)

"有一次园长给家长开讲座,拿到分工表一看,我和另一个老师的名字后面写的是"给园长倒水"。给园长倒水要两个老师负责,哈哈。关键是园长那天自己带了保温杯,里面有水,我们俩啥都没干,就在那站了一上午。还有另一位老师,她的工作是指引园长上台。一开始觉得不能理解,这样分工有必要吗?为什么这样消耗老师呢?后来想一想,这种场合干什么事不重要,重要的是一直站在那里,给家长传达出一种幼儿园管理规范、秩序井然的感觉。"(20230726RH)

在访谈中,几位受访老师用无奈或玩笑的语气谈到了大型家园共育活动中的分工方式与工作体验。新手教师在参与幼儿园集体活动的过程中感受自己的角色定位与行为规范,但他们往往对某些活动中的分工方式及工作规则存在困惑。这一定程度上反映出仪式学习的优点与不足,尽管仪式活动有助于教师习得并做出维护集体形象的行为,但仪式活动的形式化、仪式活动中的互动缺失以及忽视教师情感体验等问题,容易造成教师仪式学习的低效,甚至使部分

---

[①] 刘丙元.仪式的结构性教育功能:机制与实现路径[J].湖南社会科学,2021(4):160-165.

教师产生不解与抗拒心理。因此,幼儿园教师在仪式活动中的情绪规则学习往往具有模糊性和表面性特征,需要在基于情境的讨论中得到澄清与深化。

### (三)交流中的情绪规则学习

对于新手幼儿园教师来说,积极与家长、同事进行交流能够体验复杂的交流情境,有助于他们深入理解并应用情绪规则。通过观摩和讨论同事与家长互动的过程,教师能够在观察学习中掌握与家长互动的细节与策略,结合自身需要对情绪规则进行迁移应用和批判性反思。同样,积极与家长展开沟通,有助于幼儿园教师更好地理解家长的需求,获得家长对自己情绪的反馈,积累与家长互动的直接经验与策略。在这些过程中,教师可以发现一些有效的情绪管理策略,并逐步调整自己的情绪规则,以更好地适应不同的交流情境。

"目前关于家园工作,我好像没有接触过特别有针对性的培训,所以主要就是通过观察主班的日常活动来学习的。"(20230726JY)

"我们幼儿园经常有家长放学不来接孩子,这种情况让老师非常头疼。因为班里事情很多,有时候晚上还要加班,家长一直不来,催了担心家长不高兴,不催又担心家长总这样。那天,我看见隔壁班老师的做法很好,她可能已经跟家长沟通过了,就拿手机让孩子给妈妈发语音,孩子说"妈妈,你不着急,路上小心慢一点,我在幼儿园等你"。我觉得这种做法很好,以退为进,让孩子跟家长沟通,家长会感觉到自己孩子在等着,不是老师着急下班,他们也会快快来接孩子。"(20230726JY)

上述案例体现了幼儿园教师通过与同事和家长的沟通中把握情绪规则的微妙细节,寻找恰当沟通方式的过程。总而言之,培训学习、仪式学习和沟通学习这三个方面相互交织,共同构成了幼儿园教师情绪规则学习的整体路径。其中,培训提供理论支持和基础技能,仪式强化集体情感体验,而交流则是情感规则在实际互动中不断调整和升华的过程。通过这些学习路径,幼儿园教师逐渐对本园的情绪规则形成个性化的理解和实践路径,从而在家园互动中展现更加灵活的情绪劳动策略。

### 三、教师对家园互动情绪规则的动态建构

对于幼儿园教师来说,与家长的互动需要遵从展现积极情绪、抑制消极情绪等一般性的情绪表达规则。这些符合社会文化期待的情绪表现在工作场合中逐渐成为显性和隐性的行为规则,并通过塑造组织中的情绪秩序对个体行为

## 第四章　家园互动中的幼儿园教师情绪劳动

进行规约,进而塑造未来的互动。然而,除了控制性特征,情绪表达规则也具有流动性和社会建构性,社会交往中的"情绪脚本"(emotion scripts)并非一成不变,教师本身也通过不同方式参与塑造工作情境中的情绪表达规则。有学者将主体在互动中协商情绪表达规则的现象称之为"即兴表演"(emotional improvisations),即工作人员在构建个人或集体角色身份时偏离或改变照本宣科的组织情感规则,通过改变角色边界来重建情感秩序。[1] 在本研究中发现,教师在面对常规性情绪规则难以应对的紧急情境及特定对象时,会通过"即兴表演"重新建构互动双方的角色及对话意义,修订情绪规则的脚本。

在幼儿园教师的即兴表演中,最为典型的案例是教师向家长表达消极情绪的情境。尽管普遍的情绪规则要求教师在面对家长时尽量隐藏消极情绪,但这一规则并非不可协商。在访谈过程中,一些幼儿园教师提到在日常工作中自己主要向家长展现积极的情绪,但会在必要时"坚持原则",向家长明确表达自己的不满。这些"必要时刻"一般指向家长可能损害幼儿权益、教师专业伦理或社会公共规范的紧急情况。在这些情况下,"表达消极情绪"不再承担破坏性的意义,而是成为维护专业形象与秩序的共识。

"在我们幼儿园中,没有明确规定什么情绪不能和家长表达,其实像我刚才举的那个例子(家长送疱疹性咽峡炎幼儿入园),我们班主任后期和那个双胞胎妈妈交流的时候,就算是文字交流,对面的人应该也能感觉到老师的不高兴。我们和家长交流,主要还是看这件事情的性质,如果涉及的是底线问题,教师表达一些不满情绪是很正常的。我们年级组长班也有类似情况,疱疹性咽峡炎本来好了以后还需有个隔离期才能来,但是家长硬要把孩子送来,说已经把孩子带到幼儿园门口了。年级组长就没下去,给家长打电话复述了规定,说您理解不了就请您再理解一下,然后就挂了。当触及一些原则性问题的时候,该表达态度还是要表达的。"(20230728HZ)

"我们幼儿园门口安装了自动刷卡的闸机,有一天,一个小班小朋友过闸机的时候,第一个闸机可能刷卡位置不对没进去,然后换第二个也没进去,换第三个的时候闸机时间可能短了一点,孩子进去的过程中被闸机挡板返回来给碰到了,其实不严重,孩子可以过去。但是,家长在旁边就看得很生气,指着我们老

---

[1] MORGAN J, KRONE K. Bending the rules of "professional" display: emotional improvisation in caregiver performances[J]. Journal of applied communication research, 2001, 29(4): 317-340.

师就开始骂。我当时就很生气,因为门口还有其他孩子和家长,入园秩序都被干扰了,幼儿园门口像一场闹剧。我就很生气地告诉家长不要在门口吵,他要投诉就去投诉。当然,后面我们也做了反思,调整了闸机的时间,但这种直接在公共场合跟老师吵架的行为肯定要制止。"(20230525JH)

在上述案例中,幼儿园教师没有遵循一般性的情绪规则,而是向家长展现出程度不同的拒绝或对抗态度,并且事后没有受到来自幼儿园组织层面或人际层面的惩罚。一定程度上意味着,这种对家园互动情绪规则的偏离或违背是组织架构中可接受的"即兴表演"。回顾上述案例,可以发现幼儿园教师的"即兴表演"具有以下特征:

一是情境特征。在上述两个案例中,教师与家长的互动与日常互动存在一定的不同。无论是幼儿疱疹性咽峡炎返园事件还是幼儿入园时的闸机事件,家园双方的互动内容都牵涉较大的利益冲突和较为紧迫的处理时间,这种带有应急特征的互动使教师没有时间采取预防性策略,从而倾向于采取紧急措施抑制糟糕后果的蔓延。紧急情境意味着紧迫而复杂的问题情境,意味着常规性工作机制效能的降低,因此往往是制度创新的契机。[1] 在家园互动中,紧急情境打破了组织常规的边界,使情绪的所有权从组织转向个人,为幼儿园教师打破常规性行动规则和情绪规则提供了可能性。

二是主体特征。在家园互动中,幼儿园教师的"即兴表演"可以视为其对自己专业身份的构建策略,彰显了教师自身的专业自信与自主性。在第一个案例中,卫生保健部门对幼儿园处理疱疹性咽峡炎等传染性疾病具有明确规定,这些规定为幼儿园教师拒绝家长的违规行为提供了信心。在第二个案例中,教师虽然没有明确的幼儿园规章制度作为行动依据,但其行动体现了对公共秩序与集体身份的维护,从而获得了更为宏观的合法性和合理性基础。在这些案例中,幼儿园教师在情感表达方面展现出更多的自由度,体现了教师在日常生活中努力构建身份的主动性和控制力。自主性是教师职业不可剥离的基本特征[2],这种自主性减少了组织规范对个体感受的系统性扭曲,为我们理解幼儿园教师情绪劳动的积极意义提供了重要视角。

---

[1] 马闯.公共管理制度创新的价值取向与实践路径[J].社会科学论坛,2012(1):234-238.
[2] GOLDSTEIN L S. Kindergarten teachers making "street-level" education policy in the wake of No Child Left Behind[J]. Early education and development,2008,19(3):448-478.

三是组织特征。家园互动中教师"即兴表演"的出现同样折射出幼儿园组织层面的一些特征。尽管幼儿园组织具有科层制管理的基本架构,但并不完全根据科层制原则进行管理。幼儿园中各级教师的权威不仅仅来源于职位与正式制度,也受到专业能力、人格特征等多种因素的影响。同时,家园互动的情绪规则往往以非正式制度的形式存在,具有定义模糊、灵活性强、约束力弱等特征,无法据此对教师的言行进行强制性管理。这些组织及制度特征都为幼儿园教师根据实际情况对既定规则进行协商提供了条件。同时,值得注意的是,上述案例中进行即兴表演的角色主要是班主任、年级组长和幼儿园中层管理人员。与普通幼儿园教师相比,具有一定管理经验的他们在面对紧急情境时似乎更有突破既定情绪规则的自信。

## 第四节 家园互动中的幼儿园教师情绪劳动策略

情绪劳动策略是个体在应对组织情绪规则时的情绪调节策略。霍克希尔德在阐释情绪劳动策略时重点关注的是情绪不和谐现象,即个体内在体验与组织期望不符的情境。霍克希尔德认为,为了应对情绪体验与规则的不和谐,员工通常采用两种情绪调节策略:一是深层行为,即个体基于重新评估或重新考虑情绪的前因等措施,"由内而外"转变自己的情绪;二是表层行为,即个体通过改变他们的外表(即面部表情、手势或语调)来模拟实际感受不到的情绪。[1] 在霍克希尔德之后,一些学者提出将"自然情感表达"作为第三种情感劳动策略[2],这一观点也在关于教师情绪劳动的讨论中得到认同。

围绕幼儿园教师的情绪劳动策略,已有研究主要延续霍克希尔德提出的经典观点,从表层行为和深层行为两种类型出发对幼儿园教师的情绪劳动潜在类

---

[1] CHOI Y G, KIM K S. A literature review of emotional labor and emotional labor strategies [J]. Universal journal of management, 2015, 3(7): 283-290.

[2] DIEFENDORFF J M, CROYLE M H, GOSSERAND R H. The dimensionality and antecedents of emotional labor strategies [J]. Journal of vocational behavior, 2005, 66(2): 339-357.

型、情绪劳动与组织承诺、情绪劳动与幼儿发展之间的关系等进行探讨。[1][2][3]已有研究为我们理解幼儿园教师的情绪劳动提供了重要基础,也留下了一些值得进一步探讨的问题。例如,相对于其他行业互动的短暂性和即时性特征,教育情境中的人际关系更具持续性。因此,幼儿园教师采取的情绪劳动策略不仅服务于当下的人际互动和问题解决,也需要为后期的互动及合作奠定基础。"时间"是探讨幼儿园教师情绪劳动不可或缺的视角。本节内容将从时间脉络出发,通过典型案例呈现幼儿园教师在与家长互动前、中、后三个阶段中采取的情绪劳动策略,以此探讨教师情绪劳动的阶段性、持续性和互补性特征。具体研究问题包括:幼儿园教师在家园互动中采取了哪些情绪劳动策略?教师选择这些策略的依据是什么?哪些因素影响到教师的策略选择?

## 一、理论框架

幼儿园教师的情绪劳动策略不仅是个体内层面的情绪调节,也是富有情境性和历史性的互动策略。为了呈现不同阶段教师情绪策略选择的微妙细节,本研究将采用戈夫曼的拟剧理论作为论述框架。符号互动理论认为,社会互动是以运用符号和解释符号为中介的。人们通过语言、手势、表情、姿态等符号进行交流,并根据各自的经验和背景理解他人的行为和意图,从而构建出不同的意义。在教育领域,教师与家长之间的互动是一种重要的社会互动,他们通过符号交流来传递信息和情感,在互动中相互建构对于教育目标、意义及策略的理解。作为符号互动理论的重要代表人物,戈夫曼从更加微观的角度对人际互动进行阐释,提出了"拟剧论"的观点。

根据戈夫曼的观点,人们在社会互动中要相互识别和预期对方的反应,需要双方建立相对一致的情境定义,否则就难以理解对方言行中的符号意义。因此,当个体出现在他人面前时,会以一定的方式表现自己来影响对方的情境定

---

[1] 王元,张德佳,马洪瑞,等.幼儿园教师情绪劳动策略潜在类别及其与组织承诺的关系[J].中国心理卫生杂志,2023,37(11):995-1000.

[2] 秦旭芳,丁起名.幼儿教师情绪劳动策略使用现状及改进措施[J].沈阳师范大学学报(社会科学版),2019,43(1):105-109.

[3] ZHANG Q, YIN J, CHEN H, et al. Emotional labor among early childhood teachers: frequency, antecedents, and consequences[J]. Journal of research in childhood education, 2020, 34(2):288-305.

义,从而给他人造成某种印象,使他人做出他预期获得的特定反应。[①] 在社会生活中,人们扮演着不同角色,并在角色扮演中产生不同的社会关系,因此,人们无时无刻不身处表演之中。由此出发,戈夫曼将特定的参与者在特定场合以任何方式影响其他任何参与者的活动定义为"表演"。以特定的个体和他的表演为参照点,戈夫曼将那些做出其他表演的人称为观众、观察者或协助参与者。[②] 聚焦表演者的表演过程,有助于发现互动过程中不同主体相互影响的微观机制。

根据戈夫曼的理论框架,我们将家园互动的过程定义为教师持续面对家长这一特定观众时所表现的、并对观众产生某些影响的"表演"。其中,"前台"是个体在表演期间有意无意使用的、标准的表达性装备。前台包括"舞台设置"(包括舞台设施、道具、布局等背景项目)和"个人前台"(包括个体的外表和举止等)两个部分。[③] 本研究将一个班级中的多位教师定义为"剧班",剧班成员在表演统一常规程序时相互协同配合,家长在表演中扮演着观众的角色。将教师剧班作为参照点,主要考虑的是以下几点:首先,尽管教师和家长都是参与互动的演员,但家园互动中表演的内容及舞台设置一般由教师剧班进行配置,将互动中发挥更为显著戏剧作用的一方称为表演剧班更加符合认知逻辑。[④] 其次,幼儿园教师的情绪劳动策略是本研究的主要内容,因此从教师角度切入分析更加符合研究目的与需要。

## 二、剧场搭建:家园互动前的策略选择

充分的准备是成功表演的前提,表演者的无意动作、观众不合时宜的闯入及失礼,都可能会使表演陷入窘迫,造成情境定义的崩溃。[⑤] 因此,家园互动前的策略选择发挥着预防性作用。通过搭建剧班、了解和选择观众、准备道具、区分前台后台等一系列技术,幼儿园教师为顺利表演做好充分准备,预防表演过程中可能出现的破坏性因素。

---

[①] 戈夫曼.日常生活中的自我呈现[M].冯钢,译.北京:北京大学出版社,2009:5.
[②] 戈夫曼.日常生活中的自我呈现[M].冯钢,译.北京:北京大学出版社,2009:12.
[③] 戈夫曼.日常生活中的自我呈现[M].冯钢,译.北京:北京大学出版社,2009:20.
[④] 郑艺璇,刘良华.教师如何决定让谁发言?基于戈夫曼拟剧论的视角[J].教育学术月刊,2022(3):11-18.
[⑤] 戈夫曼.日常生活中的自我呈现[M].冯钢,译.北京:北京大学出版社,2009:181.

### （一）搭建剧班

戈夫曼提出，维持一定的情境定义需要表演剧班的协同配合，剧班成员的忠诚和纪律是顺利表演的关键，因为"由一个特定的参与者所作的情境定义，是由多个参与者亲密合作建立并维持的情境定义的组成部分"。[①] 在幼儿园中，一个班级中的多位老师天然构成了最基础的表演剧班。无论是两教一保还是三教轮保，多名教师在面对家长时往往以统一的形象存在，需要共同建立和维护班级教师乃至园所教师的集体形象。在搭建剧班的过程中，教师首先需要使所有剧班成员保持"在场"，意识到共同表演的目标与立场。其次，剧班成员需要合理分工，扮演好各自的角色，以便在表演过程中相互支持与协作。

"对于家长工作大家心里都要清楚，不能是你一个人。无论是对领导那边，还是对家长那边，我们需要共同去面对。当家长问到什么东西的时候，我作为班主任都会及时跟班上其他老师沟通，比如把沟通内容和进展发到我们几个人的小群里，我也要求其他老师这样做。这样班上就会形成集体的氛围，形成一致对外的回答，而不是你说你的，我说我的，影响家长的判断和信任。"（20230723XY）

伴随着表演规模的变化，剧班成员也会随之进行调整。在需要班级全体家长卷入或支持的工作中，家委会通常会成为剧班成员参与到家园互动的表演中，发挥着烘托表演氛围或进一步解释剧本的作用。

"家委会在我们家长工作中发挥的力量比较大，比如学校有什么大型活动，学校通知到老师，我们就会先联系家委，然后家委出面去和家长沟通。家委那边就会跟其他家长宣传活动的重要性，做一些分工和安排。跟老师相比，家长之间相对比较容易沟通一些，有什么不同意见也能有个缓冲。"（20230723WY）

"和家长相处中，比较愉快的是家长对我们的工作很支持，比如我们办六一活动、运动会或者妇女节这种大型活动的时候，班主任老师会联系家委，家长就会很热情地帮我们准备材料、摄影。"（20230728ZY）

在上述案例中可以看到，家委会成员在大型活动或可能存在分歧的事项中会以特殊身份加入表演剧班中。家委会何以参与到教师剧班中，配合并支持教

---

[①] 戈夫曼.日常生活中的自我呈现[M].冯钢，译.北京：北京大学出版社，2009：69.

师进行表演呢？这一点或许与附属型家校关系的文化背景有关①，家委会成员的选举程序和标准往往更倾向于推出"站在学校立场"的成员，这些成员也是更有能力维护教师主导的情境定义并"有能力达到表演效果的可靠之人"。② 因此，在教师表演剧班人手不足或剧本存在潜在争议时，家委会成员就会加入表演剧班，对可能影响表演的因素进行监控或调节，保障表演顺利完成。

（二）了解与选择观众

在大多数幼儿园，教师与家庭之间的联系从幼儿报名之后就开始了，以幼儿成长与发展为核心的沟通将持续至孩子幼儿园毕业。为了建立和保持良好的家园关系，教师需要尽快了解家长观众的需求与喜好，以便找到恰当有效的表演方式。"成功交谈的首要要素是充分了解你的交谈对象"③，这一原则在家园互动中同样适用。幼儿园教师往往会通过对孩子家庭背景、家长职业、教育期望等信息的了解把握观众的多样化需求，以对表演中家长可能出现的反应做好准备。

"作为老师，你要对孩子的家庭背景、家长的性格和需求十分了解。了解的方式就是平时要多跟家长聊天，了解家长希望孩子在班里有什么样的发展，得到什么样的照顾。比如，家长告诉你娃昨天晚上回家吃了一大碗饭，其实意思是怀疑孩子在幼儿园没吃饱。你就要回应，孩子是不是刚来幼儿园不好意思让老师添饭，我知道了，谢谢您跟我们及时沟通。一定要激励家长有问题第一时间跟老师反映，不要让他去找到行政或者向上级部门反映。你还要了解家庭情况是怎样的，爸爸妈妈关系如何，家里是谁在带小孩，是否跟老人一起住，家长是做什么工作的。比如，孩子爸爸是记者，这意味着他的思维比较重逻辑和细节。高级知识分子家庭对老师的一言一行也都很关注。面对这样的家庭，你尤其要把你的专业性拿出来，关注到他们的心理，让家长感觉到自己的孩子被关怀、被关注、被重视，这是家长的底层需求。"（20230723XY）

"不同家长关心的事情不一样，祖辈带孩子往往会比较关心孩子有没有吃好睡好，重视教育的家长会比较关注孩子的语言和思维发展，还有些工作忙或

---

① 程肇基.附属型家校互动的文化困境及其突破[J].四川师范大学学报(社会科学版),2019,46(6):105－114.
② 戈夫曼.日常生活中的自我呈现[M].冯钢,译.北京:北京大学出版社,2009:78.
③ 戈夫曼.日常生活中的自我呈现[M].冯钢,译.北京:北京大学出版社,2009:181.

者二胎的家长经常顾不上孩子,还有些家长会比较回避跟老师交流。我们需要了解不同家长的需求,这样沟通时才更有针对性。"(20230724LL)

在了解家庭背景的过程中,作为表演者的教师不仅在调整自己的前台表演策略,也在后台对表演者与观众进行选择与匹配。在家园关系构成的剧场中,班级教师共同构成了一个表演剧班,根据观众的不同将恰当的演员推向前台。与此同时,谨慎选择观众也是保障表演顺利的技术之一,剧班成员会根据表演剧目的不同,选择恰当的观众进入剧场。①

"我们班主任家长工作经验很丰富,有一次班里有个小朋友的头磕了一下,班主任就让我拍个照片给爸爸发过去,她说:'你就给他爸发,千万不要给他妈发,因为妈妈比较细腻,看到孩子受伤可能会不开心,但是爸爸这个人比较好相处,比较能理解这种情况,他爸肯定立刻就给你回复了。'结果真的像我班主任说的,我说完第二秒他爸就给我回复了,说没事,我们回去观察一下。"(20221112WT)

"我们的保育员老师也是本地人,所以就会讲方言,讲方言会有那种交流的亲切感,就不会有很明显的上下级的那种我服务你的尊卑关系,而且有一些比如说像爷爷奶奶这种老一辈的就是我们保育员去沟通,因为年纪比较相似,保育员去沟通比较合适。"(20230726QZ)

上述案例呈现了"选择观众"的策略在家园互动中的应用实例。在第一个案例中,幼儿在园出现了磕伤,教师需要与家长对此事进行沟通。面对这一存在利益冲突的剧目,老师策略性回避了"比较细腻"的妈妈,选择了更加"好相处"的爸爸进行对话,避免了家园互动过程中可能的冲突情境。在第二个案例中,面对祖辈参与教养较多的现象,班级剧班将擅长方言的保育老师推至前台与祖辈家长进行交流,以便营造更加"亲切"的交流氛围,保障家园互动的顺畅。

(三)准备道具

舞台装置是表演的一部分,成熟的演员会通过配置恰当的道具使表演更加顺利。在家园互动领域,幼儿园教师也会通过充分的道具准备为随时开启的表演做好准备。这些"道具"一般包括个别或集体幼儿的作品、照片、视频、观察记录等有助于支撑教师表演剧本的素材。同样,根据互动目的的不同,这些道具发挥着重现事实、证明观点、彰显关注、寻求共鸣等不同的作用。

---

① 戈夫曼.日常生活中的自我呈现[M].冯钢,译.北京:北京大学出版社,2009:187.

第四章　家园互动中的幼儿园教师情绪劳动

"我们准备发在家长群里的视频或照片会非常注意细节,比如,照片是不是把所有孩子都拍到了?孩子的表情是不是都很好?剪视频的时候要数好每个孩子有多少秒,是不是每个小朋友都露出了正面?因为有些家长会很在意,为什么别人有三张照片,而我们孩子只有一张?为什么别人视频都有好几秒,我娃只有一两秒?家长都希望自己孩子的照片多多益善。假如只拍到个别幼儿的良好表现,就不能发在家长群里,要单独发给这个孩子的家长,让她感受到老师对她孩子的特别关注。"(20230524HM)

"假如孩子受伤了,拍照片给家长反馈的时候也需要注意。有一次,我们班一个孩子不小心被自己的指甲划伤了脸,配班觉得没什么大事,就用相机怼到孩子脸上拍,拍出的照片显得划痕很大很严重。家长一看就很心疼,不相信孩子是自己划伤的,就到园里来要求查监控。其实,这种情况第一时间要到医务室处理伤口,起码照片上要让家长看到伤口已经得到治疗,或者等到下午伤痕淡化了再拍照。"(20230526ZM)

"做家园工作的时候,我的做法是态度放在前面,然后留证据。我们跟家长沟通的时候不能空口说,要拿出有说服力的证据。比如,跟家长反馈孩子良好的表现时不能泛泛而谈,你把孩子的作品或者视频发给他们,再从专业的角度进行解释,家长就更能感受到老师的专业和用心。再比如,我们班有个孩子经常动手去推打别的孩子,我最开始跟家长沟通的时候,家长就是不相信,不觉得她娃有错。后来我在拍自主游戏的时候无意间拍下这个孩子动手的过程,家长终于愿意重视这个问题了。这种情况很常见,所以平时我会注意记录一些孩子表现好或者不好的照片视频,便于跟家长沟通。"(20221112WT)

基于上述案例可以发现,幼儿园教师在家园互动之前进行了大量的准备工作,道具准备是准备工作的核心。在幼儿教育实践中,最重要的互动道具是关于幼儿活动的一系列观察记录、照片、视频等素材,这些道具是教师与家长增进感情的基础,也是化解误会与矛盾必不可少的依据。家园关系的累积效应使得教师十分重视与家长的每一次互动,不做无准备的互动是幼儿园教师专业素养的体现,这一点也回应了戈夫曼理论中舞台表演的庄重性。

### (四)隔离前台后台

"观众隔离"是一种表演者保护已建立印象的手段。为了保障前台表演的顺利,表演者需要在观众无法窥视的"后台"做好表演的准备工作。在后台,表演者可以调试服饰和个人前台用品、为表演进行排练或是暂时忘掉扮演的角色获得休息。① 几乎所有日常职业或日常联系中的表演者，都会从事一些与其所建立的表面印象不一致的活动，向观众隐藏这些不一致的信息是维持印象的重要手段。对于幼儿园教师来说，在家长面前塑造自身的专业形象需要与家长保持一定的社交距离、隐匿自己的私生活并将表演严格限定在特定时空内。

"我现在基本不怎么发朋友圈，一开始是领导在会上提醒过，让我们尽量不要在朋友圈发负面情绪的东西，这样会影响你的个人形象，也会影响家长对我们幼儿园的看法。后来，我干脆什么都不发，保护自己的隐私很重要，别人可能会过度解读你发的东西，带来不必要的麻烦。"（20230723WC）

"我之前发朋友圈谁都不会屏蔽，后来一个关系比较好的老师就告诉我一定要屏蔽家长和同事，建议我不要让人家看到自己私生活。她说，领导看到你一天吃喝玩乐，可能会觉得你心思没放在工作上。家长看见了你的私生活，可能会影响你在他们心中的专业形象。"（20230726JY）

区分前后台的工作也体现在幼儿园教师主动与家长保持一定的社交距离，将各自角色定位在工作关系而非更加亲密的人际关系中。例如，有老师认为教师不应当与家长进行超越工作内容之外的交往："有时候家长会提出请老师吃饭，或者节假日一起出去玩，但是我觉得老师要保持头脑清醒，一定要抓住家园关系的实质。老师不可能跟家长建立什么朋友关系，家长跟你的关系是完全建立在孩子基础上的，就算你跟家长看起来关系挺好，或者你平时对孩子有多好，一旦孩子出现了安全问题，家长随时有可能跟你翻脸。"（20230728YM）出于保护后台隐私及营造专业形象的需要，幼儿园教师会尽量避免在工作场合之外与家长进行交往，避免以教师身份之外的角色与家长产生关联，以及避免与家长讨论幼儿发展与教育之外的话题。

## 二、表演技巧：家园互动中的策略选择

"无论是诚实的表演者想要传达某种真相，或是不诚实的表演者想要制造某种假象，两者都必须用恰如其分的表达来使他们的表演栩栩如生，必须在他们的表演过程中小心谨慎排除一切有可能推翻表演印象的表达形式，以免观众对表演者无意中表露的含义产生曲解。"② 在家园互动中，幼儿园教师通过营造

---

① 戈夫曼.日常生活中的自我呈现[M].冯钢，译.北京：北京大学出版社，2009：98.
② 戈夫曼.日常生活中的自我呈现[M].冯钢，译.北京：北京大学出版社，2009：54.

第四章　家园互动中的幼儿园教师情绪劳动

恰当的舞台氛围、控制舞台设置、斟酌表演用语及控制表情语气等策略,为真情实意的表演提供条件,减少情绪劳动的负担。

(一) 营造舞台氛围

人际交往具有高度的情境性与偶然性,交流的顺畅与否与所处情境关系密切。作为表演的一部分,舞台灯光、温度、设施及演员的语言姿态等共同营造出动人氛围,让表演富有吸引力和说服力。在家园互动中,为了创设易于交流的氛围,教师会对谈话时间、场所及表演方式进行巧妙设计,以对观众的反应进行引导与控制。例如,当需要请家长倾诉心声时,应营造富有安全感和放松感的谈话氛围。当需要面对家长的愤怒与冲动时,应导向冷静克制的对话氛围。当需要保障双方进行礼貌得体的交流时,则应在互动现场向参与者传递清晰的谈话规则。

"我们幼儿园家长工作包括开学时家长会、班级群的微信沟通、接送时的沟通等等。我们幼儿园设置了专门的家长接待室,接待室环境比较温馨,方便跟家长进行一对一的谈话。这种交流方式对老师来说会更从容一些,大家坐在那里喝点茶慢慢聊,也更能让家长感到园所对家长工作的重视。"(20230724LL)

"我们不使用微信跟家长联系,幼儿园统一使用钉钉聊天软件,这样家长工作就不会跟老师的私生活产生任何联系。而且,钉钉上面的一切交流都是有记录的,我们发资料、聊天、私聊或群聊都在里面,这样的好处是有隐性的规范作用,大家都要考虑到留下来的记录要经得起查,不能发违反纪律或有失体面的信息,这样就不会有太多乱七八糟的东西。"(20230723XY)

在上述第一个案例中,幼儿园教师通过家长接待室的空间布置和引导程序为家长营造温馨的谈话环境,为双方的互动表演奠定积极的情感基调。在第二个案例中,幼儿园则通过在线软件的选择创造公开、连续且受监督的互动环境,使参与互动的教师和家长有意识地进行礼貌得体的交流。

(二) 控制舞台设置

在互动期间,对舞台设置的控制是表演策略的组成部分,这种控制允许剧班运用策略性手段来决定观众所能获得的信息。[①] 对舞台设置的控制体现在表演者对戏剧角色分配、进出场方式、表演策略等戏剧行为进程的引导与把控。

---

① 戈夫曼.日常生活中的自我呈现[M].冯钢,译.北京:北京大学出版社,2009:80.

舞台设置的控制使剧班获得一种安全感,保障表演的顺利进行。在家园互动中,作为表演剧班的幼儿园教师群体需要掌握舞台设置的控制权,避免表演过程脱离预期甚至走向失控,造成难以预期的影响。在下文中,教师谈到了在面对幼儿冲突剧本时,教师需要分别与双方家长进行沟通,通过控制进场顺序、观众人数及表演方式对可能出现的破坏性事件有所准备。

"如果班级中两个孩子发生冲突,需要跟家长沟通这件事。首先,要处理孩子的伤情。假如比较严重,那就需要马上送医院,先联系受伤幼儿的家长。其次,要查明情况。假如你没有完全看见事情的过程,就需要询问当事人以及其他的孩子,弄清楚事情的来龙去脉,后面肯定要跟家长解释清楚。最后,要分开沟通。孩子冲突一般涉及两边的家长,你可以单独把他们留下,先谈一个再谈另一个,但是不能让双方同时在场,要不然他们都很在乎你的态度,家长会看老师倾向于哪一边,处理不好就会引来家长投诉。"(20230725LJ)

"有一次放学的时候,我们幼儿园一位老师直接在门口跟双方家长沟通孩子打架的事,然后两个家长就在门口吵起来了,被领导看到后,专门开会说不允许这样。尤其是那种经常犯错的孩子,不能通过双方当面对质的方式解决问题。你要相信怎样的家长教出怎样的孩子,他们都不愿意承认是自己孩子犯错。"(20230725HY)

另一位老师谈到了自己对离园环节排队顺序的设计,教师根据需要从开始的按学号顺序排队调整为逆序排队。这样调整的原因一方面是教师感受到与部分家长进行交流的压力,另一方面体现出教师想要保持家园互动及教学过程公平性的努力。

"接手班级不久,我就发现班里学号30号之后的孩子家庭背景都不一般,他们的家长普遍对老师有一些不合理的期待,比如希望老师对他们的孩子有额外的特殊照顾之类。一开始离园的时候,孩子们都是按学号顺序排队的,结果到了30号之后,这些家长就会拉着你一直聊,有时候一直追问关于孩子的细节,有时候说的话题都跟孩子无关,可能想要彰显他们家庭的权势之类。我内心是比较反感的,感觉自己的精力一直被他们消耗,这样也让我没时间跟其他孩子的家长交流。后来我就调整了放学排队的顺序,让30号之后的孩子先走。我告诉孩子要给后面的同学当火车头的机会,老师相信他们每个人都能当好火车头。这样有些家长想聊,我就告诉他们后面还有这么多孩子在排队,改天再约。"(20230725LJ)

第四章　家园互动中的幼儿园教师情绪劳动

## (三)斟酌表演用语

在戏剧表演中,剧本与台词是决定演出成败至关重要的要素。剧本是演员塑造角色形象的依据,台词则是演员塑造角色时的唯一语言手段。设计精良的剧本与台词有助于观众对演员的角色塑造产生理解与共鸣,而不恰当的语言措辞则无法让观众信任演员的角色塑造,甚至造成表演的情境崩溃。在家园互动中,幼儿园教师的言辞是其人格修养、专业学识、道德情操、教育观念等的综合体现,是教师塑造自身专业形象的重要途径。在访谈过程中,教师谈到与家长交流时,应在态度上保持礼貌,在立场上以儿童为中心,在措辞上注重客观谨慎。

"我们跟家长交流的时候要注意很多细节。首先,不管要跟家长交流什么问题,都要从符合孩子利益的立场出发。即便孩子有什么问题,也不能直接说问题,要从侧面的角度表述。比如,有的孩子会去破坏别人的玩具,我会跟家长说:'孩子很喜欢其他小朋友的作品,但在表达方式上需要我们家人再引导一下。'我们幼儿园接到过家长投诉,说老师在跟家长沟通的时候语气不好,态度不好,真有这种投诉。"(20230728HX)

在上述案例中,幼儿园教师谈到与家长互动中恰当措辞的重要性。在与家长沟通时,教师首先需要明确沟通的目的和重点,始终站在关心孩子成长的立场上进行交流,避免偏离主题或引起不必要的误会。同时,交谈中需要采用关怀和委婉的措辞,让家长感受到教师的真诚与友好,避免使用刺激性或伤害性的语言。这些互动细节使家园互动的表演保持温和愉悦的基调,这些细致的表演技术构成了幼儿园教师实践性智慧的重要内容。

## (四)控制表情与语气

幼儿园教师与家长的关系是一种以幼儿为中心建立起的合作关系,这种人际关系在沟通立场、信息及期待方面都具有一定的不对称性。具体而言,教师需要支持班级中每一位幼儿的发展,而家长更倾向于关注自己子女的需要,双方时常在平衡自身和他人权益方面难以互相理解。面对立场和视角上的差异,相互理解的过程是长期且艰难的,需要幼儿园教师通过有意识的表演实现沟通目标,而控制语气和表情是其中十分关键的表演策略。正如戈夫曼所言,"戏剧表演的关键之处,也许就在于对一个人面部表情和说话声音的控制。这是对一个人表演能力的关键考验。实际的情感反应必须被隐藏起来,而且必须展示出适当的情感反应"①。

"有个家长总是不按点来接孩子,我们5:30下班,家长总是6点之后才来,偶尔一次老师也能理解,但他们家经常连续一个礼拜不来接。我记得赶上一个节假日,全园的老师都走了,家长还不来接,老师真的很无奈。然后,主任就给我提建议,让我到时候跟家长说话的时候,把脸拉平,好好给家长说,假如确实工作忙的话,可以找托管班的老师过来接。我的理解是,把脸拉平不是表现愤怒,而是表现严肃的态度,让家长知道这个事情已经严重影响到老师的工作和生活状态。"(20230524XM)

"刚开始我也是比较惧怕和家长面对面沟通,但微信语言冷冰冰的,有时候语气拿捏不当的话,可能会给家长造成误会。后来,我就勇敢地、真诚地去跟家长沟通,整体还是比较顺利。有一次,我们去安吉游戏基地,一个娃把地上的小石子捡起来甩着玩,不小心把另一个娃脸上碰破了。然后家长就很生气,说老师没有管好孩子。刚开始的时候家长态度很强硬,说要去找领导。因为孩子确实受伤了,我就真诚地跟家长解释,然后道歉,表示带孩子去医院,想办法解决问题。可能也是态度比较端正,然后家长最后表示理解,这个事情就解决了。"(20230723WY)

在上述案例中,幼儿园教师通过调节自己在与家长互动过程中的表情与语气,向家长传递隐晦或明确的交流信息,实现表达自身态度、争取家长的理解以及影响家长决策等目的。在第一个案例中,幼儿园教师对家长经常不能准时接孩子离园的现象感到困扰,有经验的教师指导她与家长沟通时要将脸"拉平",即传达出严肃认真的态度,以便让家长了解教师的困境并对自身行为做出改变。在第二个案例中,幼儿园教师需要围绕幼儿受伤的事件争取家长的理解与谅解。尽管幼儿受伤事件不能完全避免,但她勇于承认自己的过错,这种真诚、谦逊的态度使家长最初的强硬态度发生改变,事件得到了圆满的解决。

(五)调节表演频次

家园关系的建立是一个长期的过程,幼儿园教师在家园互动中的情绪劳动也具有反复性、持续性和累积性的特征。为了与家长建立长期友好的关系,幼儿园教师往往十分重视人际交往中的初始效应,在家园互动的初期投入较大精力,通过高频次和高质量的表演让家长对教师建立良好的初始印象,为后续家

---

① 戈夫曼.日常生活中的自我呈现[M].冯钢,译.北京:北京大学出版社,2009:186.

园工作奠定良好的基础。当家园关系进入稳定期后,幼儿园教师则会根据需要减少或增加与家长互动的频率,从而实现家园关系维护和自身形象塑造的目的。

"我的主班是一个特别专业的老师,她的家长工作做得非常好。我当初进班的时候,孩子已经是中班了,我就发现我们班家长对老师是一种非常信任的状态。后来我请教她原因,班主任就告诉我,小班是做家长工作最好的时间,当孩子刚入园的时候,她就坚持每天给家长反馈,以一种极其专业的态度给家长反馈孩子的表现。小班时在家长工作上花的时间很多,慢慢就赢得了家长的信任,到了中班可能互动频率没有那么高了,工作重心更多转移到平时的活动上,但家长工作的基础特别好,各项工作开展起来都比较顺利。"(20230726XY)

"主动和家长沟通很有必要,除了让家长感受到教师的关心,还有一个作用是让他们知道小朋友在幼儿园每天都做些什么,或者孩子容易出哪些问题。比如,我们班有小朋友经常会摔倒,他的平衡能力不太好。我们班主任就说,如果今天发现孩子摔了一跤,或者是没坐稳了,就要及时跟家长说,告诉家长怎样加强孩子体能和平衡能力的培养。这样家长就知道老师在做什么,而且对孩子的情况有个了解。如果后面不小心摔了或者磕破皮了,家长的接受度也会更高一些,不会指责老师没有看好小朋友。多沟通肯定会解决很多问题,你也能了解家长对自己孩子的看法,这样老师也能得到一些积极的体验。"(20230728ZY)

在上述案例中,幼儿园教师谈到家园互动频率的调节及其成效。在第一个案例中,幼儿园教师对于如何构建良好的家园关系十分有经验,她通过入园初期的高频交流和专业反馈赢得了家长的信任,实现这一目标后,她通过适度降低互动频率实现了工作重心的转移,并在这一过程中持续得到家长的支持。在第二个案例中,幼儿园教师强调增加互动频率具有塑造自身形象、引导家庭教育、管理家长期待等多种作用,通过经常反馈幼儿的在园表现,使家长对幼儿的发展情况和教师的引导策略有更加深入的了解,从而有助于双方建立相互信任和理解的社交关系。

### 三、谢幕整理:家园互动后的情绪调节

#### (一)完整谢幕

在表演完成后,礼貌地谢幕是表演者对演出善始善终的表现。优秀的表演者在谢幕过程中也依然忠实于自己表演形象的塑造,并注重通过谢幕时的互动

引导观众的情绪释放与升华。尽管社会是一个永不谢幕的舞台，每个人都在不断进行着表演，但为阶段性的表演画上一个完满句号对于下一段表演的开启十分有益。在幼儿教育工作中，幼儿园教师十分注重把握与家长之间的互动节奏。因此，在争议事件、大型活动、节假日等重要事件或时间节点，幼儿园教师会通过一定的策略设计保障家园互动的良好成效。

"跟家长沟通的时候需要善始善终，彻底把家长的顾虑解释清楚。放学的时候家长比较多，一两句话说不清楚的事，或者需要深入沟通的事，就需要放学后电话联系或者找个地方单独谈。有时候你提到一点，没有说清楚，家长就会很紧张，他们可能会有很多猜想，把事情向更糟糕的方向去想。比如孩子在幼儿园有同伴冲突呀，像这种要直接把问题讲出来，然后再把对策给到家长，一次性说清楚就结束了。如果是有疑虑或争议的事，最好不要过夜，及时跟进，沟通效果最好。"（20230726JY）

"每次大型活动后，虽然忙了一天特别辛苦，但我们都会抓紧时间加班，以最快的速度把照片、视频或者美篇编辑出来发到家长群里，因为家长都很期待看到孩子们的精彩表现，晚上孩子和家长可能都在讨论白天的活动。然后，我们还会在群里向家长志愿者表示感谢，向孩子和家长送上祝福，家长也会在群里发各种感谢和祝福，大家都很开心，这样我们这次活动就算完美落幕了。"（20221113XX）

上述案例呈现了幼儿园教师对于家园互动结束环节的思考与行动。在第一个案例中，幼儿园教师谈到争议"不过夜"的行动原则，她会在家园互动中密切观察家长的表现与反馈，及时发现沟通的盲点，并通过单独沟通或反复沟通的方式解除家长的疑惑，避免不必要的误会。在第二个案例中，幼儿园教师谈到大型活动结束后的一系列跟进措施，例如及时发布照片和视频，向家长表示感谢，向幼儿表达祝福等，通过这些措施满足家长的期待，使表演主题与观众的情绪达到最佳状态。

### （二）后台调节

根据心理资源理论，个体情绪劳动会造成心理资源的损耗，但个体具有获取和保持有价值资源的倾向。幼儿园教师在与家长互动的过程中进行情绪劳动，产生了较大的体力和情绪损耗，需要回到后台缓解疲劳，储备心理资源，为后续的互动做准备。访谈过程中可以发现，幼儿园教师的情绪调节策略较为多样，例如寻求亲友的支持、与同事分享解压、发展兴趣爱好等。这些心理调节策

第四章　家园互动中的幼儿园教师情绪劳动

略充实了教师个体的心理资本,具有补充能量、引发动机、提升活力、调节个体态度及行为的强大功能,使他们在遭遇困难、挫折时仍能表现出希望、乐观与坚强。①

"我上个学期一直干保育,基本上下班回家就是累到瘫在沙发上,靠玩手机来恢复。这学期开始的时候,我就想,如果每天一下班就回家,然后躺在沙发上,第二天又去上班,下午又累得躺在沙发上,就有一种陷入循环的感觉。所以,这学期我就在学校附近报了一个舞蹈班,但是没有学多久,就因为脚有点扭到,没有再坚持了。但是,当时学的那段时间,上班时就觉得一会下班我就可以去上舞蹈课了,就可以离开工作了,就有一点期待感。跳完舞也会觉得暂时忘掉一些上班的事情,心态会好一些。"(20230728ZY)

"有一段时间下班后,除了备第二天的课,我就只做愿意做一件事,就是躺着,连跟朋友聊天都没有精力。后来,我发现如果一直这样,状态就越来越糟糕,必须要改变。我之前周末是不回家的,自己一个人租房住。后来,我到周末的时候就回家,把自己先从工作环境带出来,回到家里熟悉的环境,然后跟我妈聊天,我妈也会跟我讲很多东西,有时候能把我点通,慢慢感觉状态又找回来了,后面的工作也就没有之前那么混乱。我还尝试过周末的时候做饭、打游戏,都是很好的调节方式。"(20230728HZ)

在戈夫曼看来,一场表演的关键在于后台。"后台"是表演者休息和准备表演的区域,由于表演者在后台的举止往往与其前台形象不符,因此后台区域通常不对观众开放。对于幼儿园教师而言,下班并不意味着表演结束,尤其是许多家园互动将延伸到教师的休息时间和场所。只要家长打来电话,幼儿园教师将立刻进入"前台"表演状态。表演的频繁性和无规律性使幼儿园教师尤其需要高质量的"后台"休整策略。在上述案例中,幼儿园教师尝试了报舞蹈班、与家人聊天、做饭、打游戏等不同的策略,以实现体力与心理资源的恢复。可以发现,幼儿园教师在日常工作中具有较大的情绪损耗,同时她们也表现出了较强心理韧性,努力通过各种方式恢复自己的理想状态。值得注意的是,受访对象谈到的后台策略中,较少涉及幼儿园层面提供的有效支持,一定程度上反馈了幼儿园在完善教师心理支持方面仍有较大的探索空间。

---

① 卢长城,罗生全.幼儿园教师工作家庭促进与工作满意度的关系:心理资本和工作投入的多重中介效应[J].学前教育研究,2021(5):59-74.

## 本·章·小·结

家园互动是幼儿园保教工作的重要组成部分,建立家园协作关系是幼儿园教师专业素养的体现。然而,人们对于幼儿园教师在家园互动中的情绪劳动知之甚少。本章着重探讨家庭与学校变迁的宏观背景下,幼儿园教师如何通过情绪劳动寻求与家长建立良好的协作关系,有助于补充当前幼儿园教师情绪劳动研究中家园互动领域的研究视角与成果。

第一节回顾了我国幼儿园与家庭互动关系的政策背景和发展趋势。在政策导向上,我国幼儿园与家庭关系政策逐渐从强调幼儿园对家庭的单向服务走向二者的深度协作,家园关系的价值导向从服务社会转向儿童优先,家园间的关系从不对等关系走向平等的合作伙伴。在实践趋势上,幼儿园与家庭互动呈现出从线下到线上的发展动向,具体表现为家园互动空间的虚拟化和家园互动时间的碎片化。在工作分工上,幼儿园中关于家园互动的工作呈现出园所分工与班级分工纵横交错的结构特征。宏观的政策导向与微观的实践模式构成了幼儿园教师与家长互动的背景,凸显出当代幼儿园教师在家园工作中面临的复杂挑战及进行情绪劳动的必要性。

第二节描述了幼儿园教师在家园互动过程中的多样化情绪体验。与家长互动是每位幼儿园教师的必修课,这一过程中教师往往需要在冰与火的历练中形成自己的实践性智慧。一方面,来自家长的尊重、信任、支持与宽容会让教师获得积极的情绪体验,并进一步激发教师的专业认同感、责任感和职业幸福感。另一方面,教师也会在家园互动中体验到恐惧、生气、尴尬、厌恶、痛心等多样化的负面情绪。从符号互动理论出发,家园互动是一个幼儿园教师与家长围绕教师"身份"进行建构与协商的过程。当教师在与家长互动中感知到双方对各自身份的尊重与维护时,积极的情绪体验就会产生。与之相对,负面情绪往往是教师与家长的身份协商错位的产物。从身份建构与协商的视角考察幼儿园教师在家园互动中的情绪唤醒机制,有助于突破教师情绪研究的个体化视角,对互动双方的社会地位、社会期待、互动情境等因素如何影响幼儿园教师的情绪进行更加深入的阐释。

第三节分析了幼儿园教师在家园互动中的情绪表达规则。幼儿园关于家园互动的教师情绪要求广泛存在于正式和非正式制度中。通过对教师感知到

## 第四章 家园互动中的幼儿园教师情绪劳动

的情绪规则进行识别与分析,本研究区分了"专业化取向"和"商业化取向"的情绪规则。尽管二者在规则内容上存在一定交叉,但在价值取向、规则目的以及对教师的影响方面存在明显差异。两类情绪规则的存在体现了我国保教服务供需形势、幼儿园办园主体结构以及幼儿园教师聘用方式等宏观社会文化背景对幼儿园家园工作的深远影响,这些社会结构性因素潜移默化地塑造着幼儿园家园互动的情绪规则,影响着每位幼儿园教师和家长的决策与行动。

第四节梳理了家园互动中幼儿园教师采取的情绪劳动策略。作为积极的社会行动者,幼儿园教师并非被动服从幼儿园中的家园互动情绪规则,而是在规则实践层面展现出极强的主动性和创造力。鉴于家园关系的反复性、连续性和累积性特征,本研究基于戈夫曼的拟剧理论,将"时间"维度纳入教师情绪劳动策略的分析框架,识别了幼儿园教师在家园互动前的剧场搭建策略、互动中的表演策略及互动后的谢幕整理策略。尽管幼儿园教师在家园互动中面临重重挑战,但她们也因此探索出多层次与多类型的情绪劳动策略。这些策略具有短期目标与长期目标相统一、认知路径与情感路径相整合、个体因素与情境因素相融合的特点,充分展现了幼儿园教师在建立和维护家园关系层面的努力与智慧。

# 第五章
# 同事互动中的幼儿园教师情绪劳动

"同事"是幼儿园教师工作场域中的"重要他人",产生于同事互动中的情绪劳动是理解幼儿园教师职业性质的重要窗口。在我国政策和实践背景下,幼儿园教师与同事的关系与基础教育及其他学段的同事关系存在着一定的共性,也存在明显的差异。与其他学段教师以"一对多"形式进行课堂教学的情况不同,幼儿园教师的日常工作一般以多名教师面对多名幼儿的"多对多"形式开展协同教育,这也为师幼关系带来了更多的挑战与可能性。在日常保教活动中,班级中的三位教师具有怎样的角色与职责?他们如何建立联系并相互合作?他们在工作交际中具有怎样的情绪情感体验?本章将对幼儿园教师与同事互动中的情绪劳动进行描述与分析,探讨同事交往中的情绪劳动对教师自身工作及生活的影响。

## 第一节 幼儿园教师同事互动的基本特征

### 一、增长与流动:幼儿园教师同事互动的时代背景

21世纪以来,我国学前教育事业进入快速发展的历史时期。2010年,《国家中长期教育改革和发展规划纲要(2010—2020年)》提出"基本普及学前教育"。《国务院关于当前发展学前教育的若干意见》中进一步提出积极发展学前教育,"努力构建覆盖城乡、布局合理的学前教育公共服务体系,保障适龄儿童接受基本的、有质量的学前教育",开启了我国学前教育发展的新征程。为了实现普及学前教育的发展目标,中央及地方政府大力投入学前教育,通过多种形式扩大学前教育资源。根据教育部统计数据,2010—2021年,我国幼儿园数量

逐年增长。截至2021年,全国共有幼儿园29.48万所,比2011年增加了12.8万所,增长了76.8%。学前教育实现了基本普及,全国学前三年毛入园率由2011年的62.3%提高到2021年的88.1%,增长了25.8个百分点。此外,学前教育区域、城乡差距明显缩小,中西部和农村地区学前教育发展最为显著,全国新增的幼儿园80%左右集中在中西部,60%左右分布在农村。[1]

伴随新建幼儿园数量的增加,幼儿园教师数量短缺的问题日益凸显。为了实现普及学前教育的发展目标,必须建立一支合格、稳定并能适应我国学前教育发展需求的师资队伍。在此背景下,各地高等教育机构积极开设学前教育专业,大力推进不同层次学前教育人才的培养。截至2018年,全国共有505所高校设置学前教育专业,本专科招生规模超过20万。[2] 从宏观角度来看,我国幼儿园教师队伍建设呈现以下发展特征:一是幼儿园教师的总体数量持续增加。2022年,我国幼儿园专任教师324.42万人,比2018年增长了66.28万人,比2010年增长156.67万人。二是幼儿园教师的学历水平逐步提升。根据2021年全国教育事业发展统计公报显示,在学前教育专任教师324.42万人中,专科以上学历比例达到90.3%[3],比2011年提高了24%。同时,高中以下学历教师持续降低,幼儿园教师队伍的学历结构进一步得到优化。

尽管幼儿园师资队伍的结构性指标日益优化,教师队伍建设取得了长足的进步,但不可否认的是,目前幼儿园教师队伍建设仍存在着诸多挑战。一是幼儿园教师学历层次跨度大,年龄差距大[4],给幼儿园教师的同事关系带来复杂挑战。从学历结构来看,根据《中国教育统计年鉴2021》显示,幼儿园专任教师共319.09万人,其中研究生及以上学历7489人,占比0.23%;本科学历920388人,占比28.84%;专科学历1867484人,占比58.53%;高中及以下学历395628人,占比12.4%。具体来看,幼儿园教师学历的城乡差异较大,城区教师学历在

---

[1] 中国教育新闻网.我国学前教育取得跨越式发展和历史性成就 全国幼儿园数量十年增长近八成[EB/OL].[2023-08-01]. http://m.jyb.cn/rmtzgjyb/202204/t20220427_690875_wap.html

[2] 陈宝生.国务院关于学前教育事业改革和发展情况的报告[EB/OL].[2023-08-01]. http://www.npc.gov.cn/npc/c30834/201908/1c9ebb56d55e43cab6e5ba08d0c3b28c.shtml.

[3] 2022年全国教育事业发展统计公报[EB/OL].[2023-08-05]. http://www.moe.gov.cn/jyb_sjzl/sjzl_fztjgb/202307/t20230705_1067278.html.

[4] 庞丽娟,洪秀敏,姜勇,等.中国学前教育发展报告:幼儿园教师队伍建设[M].北京:北京师范大学出版社,2017:56.

本科以上的教师占总人数的16.4%,而农村地区幼儿园教师学历在本科以上教师仅占总人数的3.41%。同时,幼儿园教师学历的园际差异也较大。相关研究显示,陕西省公办幼儿园中专科及以上学历教师占比较大,而民办幼儿园的保教人员以中师及高中以下学历为主。[①] 从年龄结构来看,学者对北京、广西等地的调研发现,幼儿园教师队伍整体呈现年轻化趋势。例如,2015年北京市幼儿园教师队伍的平均年龄为34.74岁,47.2%的教师年龄在30岁及以下。[②] 2013—2017年,广西幼儿园中25~34岁青年教师的占比约53.5%,显著高于其他年龄组。[③]

从上述数据可以发现,当前幼儿园教师队伍呈现出高学历和年轻化发展的趋势,大量年轻教师的涌入为幼儿园发展带来了生机与活力,也给幼儿园教师的同事交往与互动带来诸多新挑战。在一所幼儿园中,教师队伍的年龄、学历及学科背景构成十分多样,如何协调不同专业发展阶段、不同学历及学科背景教师的专业发展需求和资源供给是许多幼儿园面临的关键挑战。已有研究发现,单位性质、聘用性质以及技术职称等因素都影响着教师的发展机遇、升职空间及专业发展路径。[④] 在幼儿园整体发展资源有限的背景下,幼儿园的"新教师"与"老教师"、"高学历教师"与"低学历教师"、"正式教师"与"外聘教师"、"男教师"与"女教师"之间不仅在教育理念上可能存在差异,也往往在薪酬待遇、工作量、职称评定、培训机会等各方面存在着竞争关系,使幼儿园教师的同事互动呈现出复杂的形式与走向。

二是幼儿园教师编制不足或薪资待遇难以保障,幼儿园教师流动性较高。在我国,事业编制是教师工资待遇的重要保障,但幼儿园教师编制紧缺及分配失衡的问题长期存在。2021年,在编幼儿园教师数为807729人,仅占幼儿园教职工总数的14.3%。有学者基于12个省份的调研发现,农村幼儿园在编教师

---

① 高媛,王越群.陕西省农村幼儿师资现状、问题及其对策研究[J].西安文理学院学报(社会科学版),2012,15(3):105-108.

② 冯婉桢,田彭彭,蒋杭珂.区域幼儿园教师队伍配置进展与优化路径研究:基于北京市2010-2015年的实证分析[J].教师教育研究,2017,29(3):39-45.

③ 李钰燕,陈金菊.民族地区幼儿园教师资源配置的城乡差异分析:以广西壮族自治区为例[J].民族教育研究,2020,31(4):132-140.

④ 邱敏蓉,王乐,李玲.幼儿教师职业生涯阻碍状况研究:民办幼儿园与公办幼儿园的对照比较[J].教育学术月刊,2020(12):88-93.

仅占同性质教师的36.4%,非在编教师占比高达63.6%。在城市地区,在编教师占比约47.7%,非在编教师占53.3%。[①] 没有编制,意味着本就缺乏竞争力的薪酬也缺乏稳定性保障,对幼儿园建立一支稳定的幼儿园教师队伍形成了无形的障碍。尽管不少幼儿园在园内推行"同工同酬",尽力保障非在编教师的待遇,减少在编与非在编教师的薪酬差距,但在编制、户口、福利等诸多因素的影响下,幼儿园教师流失问题十分严重。一方面,幼儿园教师的流动率居高不下。在部分民办园,每年有将近三分之一的教师流失。[②] 在公办幼儿园,教师流失和流动的情况也十分严峻。有研究发现,广东省幼儿园教师流动率约35%～45%[③],另一方面,优秀教师呈现出由农村向城市、从民办园向公办园流动的模式,进一步加剧了区域、园所之间的资源分配差异,影响保教质量的整体提升。

在幼儿园内部,频繁的师资流失或流动也给幼儿园保教实践和同事关系带来了诸多挑战。第一,教师频繁流动不利于幼儿与教师之间建立稳定持续的师幼关系,也不利于幼儿园教师之间建立稳定默契的合作关系。幼儿园教师不得不承担班级教师短缺、频繁更换同事、班级秩序重建及应对家长质疑的心理压力,严重影响幼儿园教师的职业幸福感;第二,教师流动不仅会增加园内留任教师的工作量和工作压力,加剧园所师资紧缺造成的频繁调配,也会影响教师对于园所的归属感和认同感,进而产生"滚雪球"效应,导致留任教师产生流动意愿乃至发生流动行为。[④] 第三,高比例的教师流失或流动严重影响到幼儿园管理的稳定性和可持续性,不利于幼儿园教师规划自身的专业发展路径。在一些幼儿园,幼儿园常年重复培训新教师和重组教师团队,幼儿园教师需要应对频繁的工作交接与适应,难以静下心进行专业思考与积累,也难以在稳定的同事合作中获得支持与帮助。

---

① 于冬青,张永慧,王晓阳.农村学前教师资源配置现状及相关建议:基于十二省份的调研数据[J].教育理论与实践,2017,37(26):34-37.

② 冯婉桢,田彭彭,蒋杭珂.区域幼儿园教师队伍配置进展与优化路径研究:基于北京市2010-2015年的实证分析[J].教师教育研究,2017,29(3):39-45.

③ 游景如.幼儿教师队伍建设的影响因素分析与对策研究:对广东省第37期园长资格培训班的调查报告分析[J].教育导刊:下半月,2011(1):5.

④ 李贞义,龚欣.贫困地区农村幼儿园教师流动意向的影响因素研究:基于中部76所幼儿园的实证调查[J].教育与经济,2020,36(5):52-60,70.

## 二、选择与分配：幼儿园教师"搭班"关系的形成

在幼儿园中，幼儿园教师之间的同事关系取决于幼儿园的组织机构划分，呈现出兼具稳定性和动态性的发展特征。作为个体的幼儿园教师进入班级、年级组、教研组、课题组、临时工作组等各种正式或非正式组织中，承担起幼儿园各项保教相关工作，并在此过程中与同事建立短暂或长期的协作关系。其中，幼儿园组织中最小的管理单位是班级，而班级中的几位教师则形成了幼儿园中最基础的同事关系——"搭班"关系。

### （一）谁来决定"搭班"

在幼儿园中，教师之间最为紧密的关系莫过于"搭班"关系。所谓"搭班"，是指幼儿园教师在本园制度框架下形成班级小组，建立合作关系，共同履行某个班级内的保教职责。从"搭班"关系的形成路径来看，各幼儿园也具有较大差异。部分幼儿园比较推崇"教师自主选择"，倾向于由教师自行组建班级教师团队。与之相对，也有部分幼儿园更加强调"管理层分配"。还有些幼儿园倾向于赋予班级中的班主任更多主动权，由班主任自行选择配班与保育老师。对于大多数幼儿园来说，"搭班"制度会兼顾教师的自主性和园所管理需求，并根据教师队伍的实际情况进行动态调整。

"我们每一次搭班分配有一个竞聘制度。在正式分配之前，每个老师会填一张表，大家自己填写想跟谁搭班，这是双向选择的过程。把大家的意向收集起来之后，由领导和中层开会来决定最终谁和谁搭班，会参考大家的意向，但也会有一些调整。假如说有一个老师平时给大家的印象比较佛系，或者是跟同事之间的关系没有那么好，可能导致她在竞聘的时候没有人选，像这种老师如果最后实在分配不出去的话，就会让她做机动教师，哪个班需要她就去哪个班。"（20230723WC）

"我印象最深的是工作第一年的竞聘，我们这些新老师就像白菜一样被那些有经验的老师挑。他们先过来找你聊，聊了一波之后竞聘会才开始。刚毕业，我谁也不认识，就坐在那里等着，后来坐我前面那位老师转过头来问我要不要跟他一起搭班，我就同意了，因为我好像也没有别的选择。"（20230723ML）

值得注意的是，幼儿园中的"搭班"关系往往具有不稳定性。受到个人及园所发展需要的影响，"搭班"关系可能会因为班级教师的生育、流动、园内及园际转岗等因素走向中断。即便顺利"搭班"三年，许多幼儿园也明确规定班级中的

三位教师不能够进入下一轮"搭班",必须各自寻找新的"搭班"伙伴。对于这样的规定,受访教师也谈到了自己的看法:"一方面是为老师之间优势互补和相互学习提供契机。比如,你的同事是舞蹈专业的,你跟她在一起三年可能提升了舞蹈能力,下次换一位其他专业的老师搭班,大家相互学习,专业能力都能提高;另一方面,有的老师相互搭班三年,关系可能处不好,这就必须要调换了。此外,领导也不希望教师之间形成封闭的小团体,三个关系好的人一直在一起,一定会形成小团体。"(20230724LL)

在学校组织中,民主、平等、合作、创新的组织文化有利于教师的专业学习与成长[1],而"小团体"主义被认为教师群体内部的不健康人际关系,"圈内人"与"圈外人"的派别文化将打破组织公平,将小团体利益置于集体利益之上[2]。因此,幼儿园的搭班制度往往以促进流动为导向,对于大多数幼儿园老师来说,搭班关系的建立具有一定的偶然性和动态性。愉快的搭班经历有助于增强教师之间的凝聚力,不愉快的搭班关系也有终止和重新来过的契机,这一定程度上对维持园所教师队伍的团结稳定有帮助。

(二)选谁一起"搭班"

无论是领导安排或自主选择,班级教师之间的"搭班"关系是否能转化为良好的"合作"关系都存在一定的不确定性。幼儿园教师在性格、能力、教育理念乃至处事风格方面都存在差异,这些不一致都有可能使最初充满期盼的"搭班"关系变得脆弱而尴尬。因此,在那些存在"双选"制度或鼓励教师自主选择的园所中,幼儿园教师内部会形成选择搭班同事的隐秘标准。在访谈过程中可以发现,这些秘而不宣的标准涉及对合作伙伴的专业能力、工作态度以及双方个性经验匹配度等方面的评估。

"我们幼儿园比较年轻,园长和老师都比较有干劲。在搭班的时候,大家就比较喜欢积极上进的老师,'躺平'的老师大家都不太愿意选。因为班级比较讲究效率,大家都很努力在做事,如果有一个老师不积极,你这个班的效率就比较低,就很容易被领导层看到,然后就会影响到你整个班集体的利益。所以,老师

---

[1] 卢筱红.学习型组织理论对幼儿园教研文化重建的启示[J].学前教育研究,2008(6):11-14.
[2] 陈晓红,石艳.适应与发展:民办高校教师情感劳动组织性影响因素的一项质性研究[J].教育发展研究,2022,42(5):61-69.

肯定倾向于找合得来，做事又快又好的同事。"(20240723WC)

"我们幼儿园只有年级组长是40来岁，其他老师都比较年轻。我觉得班级教师分配最好是'老带新'的模式，这样比较容易配合。比如，我是班主任，但我刚毕业没两年，根本带不动有经验的老师。老教师不听你的，她可能已经混了好几年了，知道你拿她没办法。所以，这次搭班我没能选到最想选的配班，园里给我分了一个刚毕业的小妹妹，感觉也很好。交流了几次，就发现还是年轻人好，很愿意学，大家都年轻，也比较容易沟通。"(20230725LJ)

在访谈中可以发现，班级教师之间每天要进行大量互动与交接，因分工或协作问题产生的摩擦经常出现，这也对幼儿园教师的社交能力提出较高要求。尽管不少教师谈到自己会选择个性契合的老师一起工作，但也有个别老师谈到不同观点。例如，一位教师谈到自己与园所中的另一位老师十分合拍，产生了朋友般的情谊，但双方都不敢选择与对方一起搭班，因为大家都担心搭班过程中的摩擦会破坏本来良好的情谊，导致失去可贵的友谊。

### （三）依据什么确定"搭班"

为了保障班级中的三位教师能够较为顺畅地建立合作关系，园所管理层面往往会确立一些搭班分配的基本原则。这些原则一方面体现出园所追求教师个人专业发展与队伍建设整体优化的最高努力，另一方面体现出园所应对教师编制紧缺、结构性断层及流动率高等实际问题的风险意识。常见的分配原则包括以下几点：

第一，专业搭配与优势互补。为了构建相对完整和高效的工作团队，园所首先考虑的是各班教师在专业能力方面的优势互补，倾向于将不同专业和专长的教师进行组合。例如，"我们领导分的时候还是很用心的，比如一个班三个人搭班，班主任是艺术专业的，音乐美术比较好，那一定会给你配一个学前的配班，专业和文字能力强的那种，再给你配一个经验比较多的保育，这样每个班的效率就会提高。"(20230601HM)"我们园教师数比较多，现在估计教师达到150人左右，而且招的专业比较多样。专业互补是领导在搭班时候主要考虑的因素，比如班里有学前专业的老师，可能再穿插两个艺术、体育或是其他专业的老师。班级老师不能全是一个专业的，这样的话活动没办法开展。"(20230723WC)

第二，新老搭配与经验传承。除了专业能力方面的考虑，园所在搭配班级教师时也会考虑到园所建设与发展的宏观目标，通过搭班设计实现教师队伍的梯队建设。以"老带新""传帮带"为特征的师徒结对模式是幼儿园搭班的经典方式,这种搭班方式不仅有利于不同年龄段教师专业能力的成长,也和尊重资历与经验的职业文化相匹配,在管理实践中具有共识高且阻力小的优势。"我们园现在有三个分园,总园和分园的方向定位是不一样的。总园基本上都是老教师,是分园教师的孵化基地。所有新来的老师都要在总园跟岗一年,然后去新区的分园。分园是教师的培训基地,通过大量的培训和锻炼提高老师的保教经验和能力,等你的能力提升到一定程度了,再把你调整到其他园所承担管理角色。"(20230724LL)

第三,竞争上岗与公平激励。在过去十余年间,伴随着学前教育事业的快速发展、出生率的波动以及教育资源分配的不均衡性,幼儿园的师资队伍建设呈现出快速扩张和激烈竞争并存的局面。在一些办园历史悠久的幼儿园,面临着教师年龄结构或能力结构的断层。在一些新建园中,大量年轻教师则面临着专业发展机会的竞争。为了调动不同专业发展阶段教师的工作积极性,园所往往在岗位设置、竞聘及搭班制度的设计中突出激励功能。"我们的整体队伍以年轻教师为主,单位注重鼓励新教师的发展,比如本科生去做一段时间的保育后就会转为副班,可能你干了一年半载的副班,领导就会鼓励你去竞聘做班主任。这样对老师是一种变相激励吧,锻炼比较多,成长会比较快。"(20230723WC)"我们园所是一个老园了,有资历的老教师比较多。我的同学去别的园可能很快就做班主任了,我工作五年多了一直在做配班。但我觉得这样很好,大家都有编制,待遇上区别不大。老教师做班主任经验更丰富,这个位置也会要求她们加强责任心,不至于年龄大了就不想干了。我也可以有很多向她们学习的机会,自己不至于压力太大。"(20230601HM)

## 三、合作的必要性与脆弱性:幼儿园教师同事互动的基本形态

### (一)幼儿园教师合作的必要性

在幼儿园的保教实践中,相互合作是幼儿园同事互动的基本形态。根据《教育部关于印发幼儿园教职工配备标准的通知》(教师〔2013〕1号)规定:"全日制幼儿园每班配备2名专任教师和1名保育员,或配备3名专任教师",即我国幼儿园教师的班级配置一般为"两教一保"或"三教轮保"。这样的教师配置可以追溯至1952年的《幼儿园暂行规程草案》,其中第六章"组织、编制、会议制度"的第二十九条规定"幼儿园各班采取教养员责任制,每班设教养员二人(得轮流兼任主任教养员),对幼儿负全面教养的责任"。这样的教师配备方式

一方面由学前教育阶段保教结合的工作性质决定。幼儿园既是儿童学习知识增长能力的场所，也是身体与心智萌发的场所。幼儿园教师兼具教育和保育幼儿的双重职责，全面负责幼儿的成长与安全。另一方面，"两教一保"或"三教轮保"的设置也是学前教育实践的实际需求。由于幼儿无时无刻不需要教师的看护，三位教师的配置则提供了教师暂时视线转移或身体离场进行相关工作的机会，例如开会、教研、环创、联系家长及拍摄照片等事务。在幼儿园的班级中，教师虽然各司其职，但必须相互合作才能够完成工作任务。正因如此，幼儿园教师之间的合作被视为提升保教质量、促进教师专业发展的保障。

除了专业规范与管理制度的设计，幼儿园教师之间建立合作关系的必要性也受到幼儿园时空环境的影响。理解幼儿园教师之间的同事关系，首先需要注意到幼儿园与中小学在校园和班级环境方面的差异。一方面，幼儿园教师的工作场所具有空间上的区隔性和稳定性，导向幼儿园教师之间合作关系的可能性和惯常性。教师在进入幼儿园后，多数时间都在特定的班级中开展工作，而这个"班级"在物理空间上一般是由活动室、盥洗室和休息室构成的相对独立的空间。尽管各个班级之间通过走廊相互连通，且每天的户外游戏时间会在公共场地相遇，但班级和班级之间的"交流"机会仍相对较少。对于大多数幼儿园教师而言，班级内部三位教师之间的交流占据了同事交流的主体，三人之间的关系也相对于其他园所教师之间的关系更加紧密。共同的教育对象、共担的工作责任以及相同的工作场域，将三名班级教师在空间与时间层面紧紧相连，也形塑了他们之间"一荣俱荣，一损俱损"的利益认知与价值观。

同时，空间的相对独立和稳定也决定了教师与教师之间、教师与幼儿之间的空间共享。有学者曾描述过幼儿园教师工作空间和幼儿活动空间的重合性特征，"一张电脑桌是多数幼儿园教师工作空间的标配，也是教师在班级中仅有的独占空间，甚至可以说是在整个幼儿园的独占空间。在这样一个空间中，师幼都没有私密空间，都在相互的密切关注中活动。"[①]幼儿园空间设置的"敞视"特征主要考虑的是幼儿的安全保障。在没有隔断及任何干扰视线的空间里，教师在教室中的任何一个位置都能够看到孩子的情况，做到"眼观六路，耳听八方"，及时防范可能发生的安全风险。对于幼儿园教师来说，共同在场和相互"敞视"则意味着另一种安全，即对工作责任及安全风险的分担。为了便于分工

---

① 王海英.儿童事业的幼儿园环境创设[M].北京：人民教育出版社，2019：419

第五章 同事互动中的幼儿园教师情绪劳动

与协作,幼儿园不仅会对班级中三位教师的角色与职责进行相对具体的规定,也会对三位教师在不同环节中(过渡关节、户外游戏、集体活动等)的站位、视线及行动路线进行细致的要求,力求不出现安全疏漏(图6-1与6-2)。

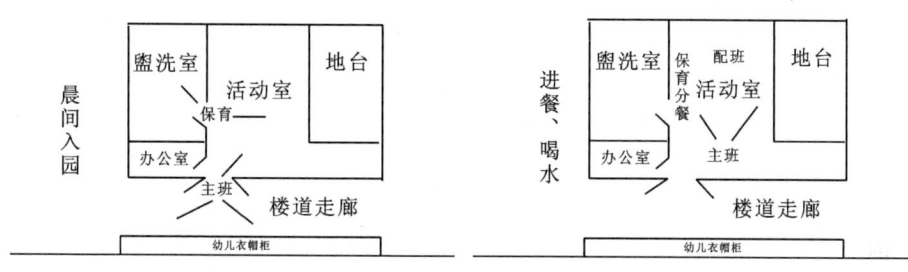

图6-1 某园晨间入园与进餐时的教师站位

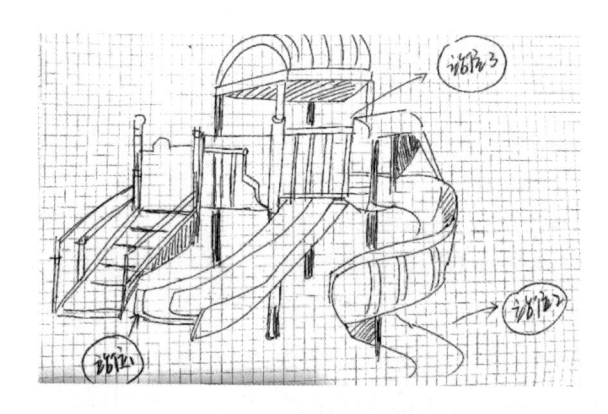

图6-2 某园户外游戏中的教师站位

过渡时间和自主游戏时间是幼儿园班级中最具流动性和不确定性的时段。在这些时间段,班级幼儿在活动室、盥洗室、饮水区或各游戏区域间穿行,隐藏着可能的安全风险。因此,班级中的教师需要分布在不同区域,保障所有幼儿都在教师的视线中。例如,提供图6-1的教师这样描述:"班主任老师要站在大部分幼儿在的地方,满足幼儿的集体需求。配班老师或者保育老师站在幼儿较少的地方,满足幼儿的个别需求",但她也强调:"图中是理想情况,实际上班级经常有一位教师因教研、开会、培训等活动不在教室,剩下的一位老师就需要在教室内外来回走动察看,另一位教师就需要边分餐边察看幼儿,或者边洗消餐具边看护幼儿。"提供图6-2的教师将本园对户外游戏中教师站位及相关职责的具体要求归纳如下:"(1)三名教师按照三角形站位分散开来,站在最大幅度看到所有幼儿的位置,避免幼儿发生危险。(2)教师在楼梯和滑梯上下口处做好监护,明确分工。(3)在没有突发状况时,站在对应站位点巡视,注意观测到每位幼儿的玩耍情况。倘若发现安全隐患,上前巡视并提醒幼儿。(4)在幼儿密集区要及时巡视,做好对重点幼儿的关注"。概括言之,幼儿园保教工作在专业理念、管理制度、时空特征等多个层面将"合作"定义为幼儿园教师专业实践的应然状态。

(二)幼儿园教师合作的脆弱性

尽管幼儿园教师之间的合作具有坚实的制度基础与深切的现实需要,但幼儿园发展过程中存在的资源及管理困境又使教师间的合作关系十分脆弱。首先,低师幼比与大班额加剧了班级教师的工作负担,使教师难以维持良好的合作关系。尽管许多幼儿园都按照教育局的规定将班级三位教师的上班时间分为"早班"和"晚班",为教师协调工作时间预留了一定的弹性空间。但是,由于幼儿园师资短缺、班级幼儿数量超额以及工作任务持续增长等现象的存在,这种早晚班的制度安排经常流于纸面而无法落到实处。更有甚者,部分地区的幼儿园至今仍然无法实现为每个班级配置三位老师的标准,班级中只有两位教师开展工作,错时休息的愿望更是难以企及。即便部分幼儿园能够落实两教一保或三教轮保,似乎能让教师获得片刻抽身和喘息的机会,"但现实的硬件环境和软性制度环境,并不支持这种喘息。教师的感官体验是无处可去,心理体验是战战兢兢。"[1]高度的工作压力和烦琐的工作内容使老师们自顾不暇,难以获得充足资源去建立和维护与同事的合作关系。

"最开始我们的设想是老师之间应该互相帮助和合作,后来发现根本不是,因为幼儿园有几个人永远在比赛,其他人永远都要为他们轮班,而这些荣誉后面没有其他付出者的事。比赛的准备时间不应该是在她备课时间或者下班时间吗?不,她直接换班,直接出班。园里只管要荣誉,要班里不出事,至于你们班怎么分工是你们自己的事,也不会安排别的老师来顶班。"(20230524ZM)

其次,竞争性的园所文化让幼儿园教师之间缺乏互信与互助,防范和竞争的心理阻碍教师们建立稳定的合作关系。在上述案例中可以发现,造成幼儿园教师合作脆弱性的根源之一是园所激励机制的偏差。当园所注重个人荣誉和成绩,忽视对团队合作的保障时,将促使教师更加关注自身利益和荣誉,忽视班

---

[1] 王海英.儿童事业的幼儿园环境创设[M].北京:人民教育出版社,2019:419

级其他教师或幼儿的利益。① 值得注意的是,保教工作恰恰是一份资源紧缺且责任重大的工作,当班级中的一位教师离开教室时,另外两位老师将承担更高的安全责任与风险。因此,个别同事经常性"脱岗"或长时间"离岗"将引起其他老师的高度不满,使同事关系走向恶化。

"我们班主任刚生完孩子,而且她又被任命成年级组长。作为年级组长,她有很多事情要处理,经常不在班里。我跟她同一个班,很多事情就由我来承担,我觉得又矛盾又委屈。一方面,我承担了额外的工作,但领导不知道,功劳也没有算在我身上。另一方面,承担这些事情占用我的精力,影响我做自己该做的事情。本来,我一个新教师干保育、写教案、带班已经力不从心了,还要分担她的工作。本职工作没做好,领导可能会批评我不努力,但是我如果去跟领导解释,又会显得我这个人很小心眼,而且我也不敢得罪年级组长。"(20230724YX)

最后,权责不清的分工与管理模式削弱了幼儿园教师相互合作的意愿。在上述案例中,幼儿园委任一位刚经历生育的班主任作为年级组长,不仅增加了这位教师的工作负担,也导致班级中的其他教师被迫承担额外责任。在这种情况下,即使班级教师有心合作,也可能因为权责不明而陷入困境。从上述案例可以发现,幼儿园教师合作的脆弱性受到多重因素的影响,关系到教师合作背后的动机、责任和荣誉分配。因此,引导幼儿园教师建立良好的合作关系,需要园所管理层面构建支持教师合作的管理制度,创造积极、开放和包容的合作氛围。

值得注意的是,在大多数幼儿园,教师之间的"搭班"关系是一种有时限的合作关系,班级教师都很清楚这种合作关系最多持续 2~3 年。这种"时效性"使良好的同事关系变得更加珍贵,也让不愉快的同事关系有可期盼的终点。因此,尽管工作中存在很多摩擦,多数幼儿园教师都会努力营造积极的氛围,避免在有限的合作关系中出现影响自己长远口碑的争端。这种对于同事关系微妙平衡的共识是中国人际交往文化的一部分,正如一位受访教师的观点:"做人留一线,日后好相见"。

---

① 邓涛.西方教师专业合作研究述评[J].外国教育研究,2007(7):14-18.

## 第二节 幼儿园教师与同事互动中的情绪体验

在幼儿园工作环境中,教师间的互动是保障幼儿园保教质量的重要因素之一。情绪劳动作为教师互动中的重要因素,不仅影响幼儿园教师的工作表现,更对幼儿园教师的专业发展和心理健康产生深远影响。探讨幼儿园教师在同事互动中的情绪体验,有助于幼儿园探索建立更为和谐的教师关系和工作氛围,对于提高教师的专业素养和工作幸福感具有重要的理论与实践意义。

### 一、幼儿园教师与同事互动中的积极体验

幼儿园教师与同事互动中的积极体验往往以连续和整体的方式被感知,这种积极体验不仅体现了某一次人际互动中获得的愉悦感受,也反映了幼儿园教师与同事在日常保教实践逐渐建立起的认可、信任与尊重。在小组访谈过程中,受访者往往将同事互动过程中产生的积极情感视为工作动力的重要来源之一。

#### (一)感激:同事对自己的帮助

鉴于幼儿教育工作中需要多人协作的特殊性,与同事建立良好的人际关系可以说是每一位幼儿园教师的心愿。在访谈中,受访教师对同事交往中的积极体验记忆深刻,尤其是新手教师,往往对第一次"搭班"的教师所给予的支持和帮助心怀感恩。在教师的专业发展历程中,教龄在3年以内的幼儿园新教师正处于专业发展的"求生与发展期",实际工作状态与工作期望之间的落差带来的"现实冲击"(reality shock),使他们徘徊在情绪崩溃的边缘。[1] 这一时期,同事在互动中所提供的鼓励、帮助及支持,是他们重建信心的力量源泉。

"工作后,让我觉得比较温暖的事情是班里老师对我的支持和照顾。我刚工作就承担起班主任的工作,心里很恐慌,很多事情不知道怎样做,需要一点一点去摸索。特别好的一点是,我们班的保育老师很有经验也特别给力,她年纪比较长,经验很丰富,一方面她把自己的工作做得特别好,比如孩子流鼻血、换被褥、跟家长沟通等等,她很快就能处理好,孩子的保育这块就不用我操心。另

---

[1] 郭绒,左志宏,汪甜甜.新教师需求视角下的好园长:组织领袖、家庭成员、家族长辈[J].教育学报,2023,19(2):144-157.

一方面,她知道我没有经验,经常会指点我该做什么,鼓励我放心大胆地开展工作。我的配班也特别好,大家都是年轻人嘛,她也是刚工作不久。有一次我带班,她就在旁边做教具。等我交接班的时候,她给我说,她上午听我组织孩子活动时做了一些记录,有空时给我说。那几天就特别忙,也没顾得上跟她聊。一直到周末了,我们加完班一起出去吃饭,饭桌上我就想起来这件事,她就马上从包里拿出备忘录,一项一项陪我复盘那天的工作,哪句话可能说得不太好,孩子可能听不懂。我觉得非常感动,因为没有人要求她这样做,她自己很详细地做了记录还给我反馈,我觉得人家这是在帮助我成长。过去这一年,如果没有她们的帮助是熬不过来的,真的非常幸运遇到这么好的搭档。"(20230726JY)

"工作后感觉压力很大,园里会督促我们年轻老师成长,每年都要参加各种比赛。我记得自己有一次参加区教育新秀比赛,第二天中午比赛,但前一天晚上会把题给你,你就要熬夜准备。但是,我们幼儿园有一点特别好,参赛老师不是一个人在战斗,幼儿园认为推出去的人代表整个幼儿园,推出去的人一定要有成果,这个成果怎么来的?是我们所有人的集体智慧。所以,晚上幼儿园的领导和优秀老师一起帮你想方案想计划,大家帮你一起做,这个过程虽然很累,但也特别增进集体的感情。"(20230524XM)

在上述案例中,受访教师反馈了与同事互动中的愉悦感受,这些积极情绪体验体现出新手教师入职后的多样化心理需求的满足。在第一个案例中,受访教师入职后就被园所委以重任,承担起班主任的工作,而工作经验的缺乏使她在工作中面临着巨大的心理压力。幸运的是,富有经验的保育老师和热心的配班教师为她提供了有力支持,帮助她提升工作能力并减轻工作焦虑。在第二个案例中,这名新手教师需要参与重要的专业比赛,尽管是一个人去比赛,但在备赛环节接受到来自领导和优秀同事的陪伴与帮助。集体备课与集体教研的过程让教师感受到来自同事的支持,也增强了其对幼儿园集体的归属感。这些积极的情绪体验对于新手教师的专业成长和工作满意度都至关重要。

### (二)敬佩:同事的榜样力量

"榜样"是教育实践中可资学习和效法的人或事。教师在实践中一样需要榜样,一个鲜明案例放在眼前,教师很容易知道做什么、怎样做,教师在实践中需要指导、评价和监督,这样才能知道自己做得如何,不至于形成坏的习惯。[1]在幼儿园中,榜样教师所示范的专业认知、理念与成就感,有助于新手幼儿园教师建立对幼儿园这一集体的归属感,发展专业认同感并建立自我对比的衡量标准,帮助他们树立专业发展的目标与信心。在访谈过程中可以发现,新手幼儿园教师对榜样同事的认可主要来源于两个方面:一是专业能力,包括学前教育专业理念、专业知识与理论素养等。二是人格魅力,包括遵守规则、以身作则、勇于担责、公平高效、体恤同事等。

"不知道大家发现没有,三位老师相处时间长了之后,大家的言行和观念会走向一致。比如,我发现同事在组织保教的时候,有一些说话的语气语调或者一些用词是从我身上学来的,我会觉得自己的做法得到了认可,这时候就会觉得挺开心。另外,当大家一起加班或讨论时,突然会有那么一个时刻让人觉得大家是齐心协力的,好像三个人同频了,那个时刻就觉得很幸福。当然,大家的学历资质不一样,教育观念肯定都会有差异,这样的时刻可遇不可求。我在总园的时候,跟一位已经工作10年左右的教师搭班,她特别有教育智慧和人格魅力。工作之后,你会发现教育的理想和现实之间距离很大,慢慢会怀疑自己。但是,这位老师让我看到原来工作很久还是可以坚持自己的想法。她的教育理念很好,而且她能够在兼顾不同意见的基础上把自己的想法实现了。大家都在同一个幼儿园,面对同样的领导和环境,同样的那些任务,但是她把工作处理得很好,让领导和同事都无话可说。我真的非常崇拜她,从她身上又感受到了对专业的期盼,我希望成为像她那样的老师,身边有榜样也是一种幸福。"(20230724LL)

"每次我到晚上10点多还要起来写教案,我就想一想那些老教师。真的特别佩服那些老教师,比如我们班主任有两个宝宝,她白天要上班,晚上有时候还要跟个别家长沟通,然后她还要带孩子,有时候可能幼儿园安排有什么工作,她还要写个什么报告或者什么。我真的特别佩服她的工作能力,感觉她的时间管理非常优秀。我上个学期一直干保育,基本上下班回家就是累到瘫在沙发上,靠玩手机来恢复。这学期,我就想有一些改变,下班去锻炼身体,调整一下自己的状态。"(20230728ZY)

---

[1] 马信.夸美纽斯有效教学思想的还原与阐释[J].北方民族大学学报(哲学社会科学版),2018(2):68—73.

在上述案例中,幼儿园教师对身边富有教育智慧和人格魅力的榜样表达了欣赏与敬意。在第一个案例中,受访教师发现榜样教师实现了自己未能实现的教育理想,从她身上看到了自己专业成长和发展的方向,这种示范作用让她对工作中面临的困难有了新的认识,从榜样身上获得了前进的动力。在第二个案例中,受访教师通过比较自己和班主任面临的工作压力,发现了榜样教师在工作能力、时间管理及心理韧性方面的优势,这种对比缓解了她对工作压力的抵触心理,并由此产生了调整休息方式的想法。这种对专业成长的追求和对榜样的认同,对于激发幼儿园教师的工作热情和提升教育质量都具有积极意义。

### (三)愉快:与同事的共同兴趣

伴随近年来我国幼儿园教师队伍整体结构的变化,越来越多专业基础扎实、文化素养较高的年轻教师充实到教师队伍中来,为幼儿园带来了新生代教师的蓬勃朝气。年轻教师们有着相似的教育背景、专业发展需求和兴趣爱好,倾向于在同事互动中寻求共鸣和提升自己。[1] 同时,年轻教师对文化生活品质有更高的追求,愿意在休闲文化生活中寻找乐趣。相关研究显示,教龄1~3年教师的休闲文化生活体验显著高于4~10年教龄及10年教龄以上的教师。[2] 这种年轻教师群体中的同辈文化不仅为同辈之间的知识扩散和专业学习提供了条件[3],也为教师寻求情感支持和缓解工作压力提供了空间。

"我觉得工作时比较开心的是跟同龄人相处,我跟大学同学在一个幼儿园,每次遇到她,就有一种见到家人的亲切感,也会有一点力量的感觉。然后,上个学期我遇到另一个同事,她竟然跟我玩同一个游戏。我们每次在外面值班的时候,就会一起讨论游戏相关的内容,那段时间很开心,可惜这个学期她已经辞职了,我就再也没有游戏搭子了。"(20230728YM)

"我们幼儿园2016年才建园,第一批招的老师就是各个学校的公费师范生。开园之后幼儿园发展非常快,每年新招的年轻老师也多,老师们跟着幼儿园一起成长。幼儿园发展快,大家都觉得上班加班很累,但人际交往方面比较

---

[1] 张燕君,徐珊珊,岳凌宇.免费师范生入职初期从业状况及相关建议:基于华中师范大学首届免费师范生的调查研究[J].国家教育行政学院学报,2013(3):79-84.

[2] 曾莉,田丽丽,康丹.新型城镇化进程中农村幼儿园教师文化生活现状调查[J].教育科学论坛,2022(23):54-58.

[3] 郑楚楚,姜勇.幼儿园教师赋权增能发展现状与影响因素[J].学前教育研究,2019(1):62-73.

简单,感觉大家就是从一所学校进入另一所学校,同事个人素质都比较高,年轻人沟通什么都比较直接,关心或批评也都是跟业务相关的事情,不会让人觉得对你个人有什么偏见。我们处得好的老师有空时约个饭,聊聊天,感觉很轻松愉快。"(20230726JY)

上述案例展现了当代的年轻教师与同龄人之间多样化的交往方式。在第一个案例中,受访教师发现同事与自己玩同一个游戏,游戏成为她们之间的交流纽带。这种共同的兴趣不仅加强了她们之间的联系,也让她们在工作之余有更多的共同话题和活动。在第二个案例中,受访教师表达了年轻同事之间的直接、坦诚及轻松的沟通方式,这减少了教师之间人际关系的复杂性和不必要的误解,对于提高工作成效具有积极作用。对于90后乃至00后的教师而言,相似的教育背景、价值观和兴趣为工作带来了快乐和放松,这种社交支持对于缓解工作压力、提升工作满足感具有重要作用。

从上述案例可以发现,教师情绪劳动的积极方面可以为教师带来成长、幸福和力量。同事之间的支持、身边的榜样以及同事间的轻松互动都可以成为幼儿园教师工作生活中的重要支持。基于上述发现,园所对新手教师的支持需要关注教师在这一阶段的多样化需求。一是新手教师的能力发展需求,前辈或同辈教师在专业能力上的支持与帮助,有助于化解新手教师在入职初期的紧张与焦虑,增强其应对多样化挑战的信心。其二,新手教师在职业适应的过程中存在着丰富的情感需求。年轻教师既需要建立对幼儿园这一工作单位的归属感,也需要巩固对专业的信念与认同感,这些心理需求的满足都有助于教师在工作中获得源源不断的积极体验,并与同事建立紧密而融洽的合作关系。

## 二、幼儿园教师与同事互动中的消极体验

密切合作与摩擦冲突如同硬币的两面,共同构成了幼儿园同事关系的常态。在幼儿园多样化的搭班制度下,几乎每位教师都会经历与不同类型同事的共事,强烈的心理落差也会在对比中愈加凸显。每一位新手教师都期待在自己职业生涯的开端体会到来自同事的友善与支持,但这一愿望并不总是能够实现。在访谈过程中可以发现,同事互动中的消极体验具有失望、难过到痛苦等不同层次,分工失衡与沟通不畅是最为常见的负面情绪诱发因素。

### (一)痛苦:同事的冷漠严苛

对于新手教师来说,进入工作岗位后面临着比校园生活更加复杂多样的工

## 第五章　同事互动中的幼儿园教师情绪劳动

作环境,他们在适应新环境和角色转换的过程中面临着较大挑战。同时,由于同事之间的基本素养、个性特质、交际理念等方面的差异,新手教师在与同事交往的过程中也需要协调双方的期待。这一时期,同事的高标准和高期望往往让新手教师感到紧张和不自信,而冷漠严苛的同事关系会加剧新手教师的焦虑与压力,使他们陷入痛苦。

"我真的觉得我工作后情绪非常消极,很大一部分原因就是班主任。我们班主任是一个要求很严格的人,她个人能力也很强,但是对我很苛刻。无论我干什么,他都要说我做得不好,每天都是批评。我印象最深的是,工作第一个星期,我还什么都不知道,她突然让我去做一个学籍整理工作,去了后我发现其他班都是主班,只有我一个人是配班。我在那里也不知道要干什么,就去问其他人,他们就告诉我要核对小朋友的学籍信息、房产证、出生证明之类的材料,我就学着其他班老师的做法开始整理。

"后来,我们班的材料交上去后出了点问题,班主任就来批评我做事不仔细。快下班的时候,领导把我跟她一起喊到办公室,说这个工作要怎么做。结果,班主任悄悄凑上去跟领导说:'某某领导,我儿子还有一个班要去上,我得陪他去,我这边时间来不及了,能不能先走。'然后,领导就同意了,把我一个人留在那里。那天,领导给我讲到6:30,我重新整理材料后到8点多才回家。第二天,班主任就告诉我,以后再有这些事情,你加班也要先做完,不要留到第二天。还有一次,我生病发烧了,请假在家休息,班主任竟然发消息说:'要是你真的生病了不能来上班,我请你去输液,休息好赶紧来上班'。当时我那个心拔凉拔凉的。等我病好了回来,她又把我说了一顿。我真是受不了了,我不知道她为什么要这样子,那段时间我下班骑自行车回去的路上就开始哭,一路哭回家。"(20230728YM)

"我一开始的班主任和后来的班主任对待新人的态度完全不一样。第一个班主任就是不断地打击你,压迫你,让你觉得自己一无是处。她甚至还在背后散播我的谣言,有话不直说,却在外人面前阴阳我,以至于别的老师见到我都用异样的眼光打量我。我一个大好青年,刚进单位,我是有着教育理想和抱负的,但是经历了这些磨难,我一想到或者看到她就觉得痛苦,这种痛苦折磨了我两年,直到换了一个新班主任才让我又看到了希望。"(20230524XM)

在上述案例中,受访教师表达了自己在工作任务和人际交往中承担的压力,这些压力让她们感到疲惫和无助。大量研究显示,第一年的工作对于新手教师而言最为困难,工作经验的欠缺带来了大量的慌乱与挫败,让新手教师在"沉或浮"(sink or swim)的体验中艰难挣扎。[①] 这一时期,新手教师尤其需要来自学校及同事的关怀与帮助。然而,上述案例中的班主任对新手教师要求十分苛刻,对工作质量进行频繁批评,把自身责任推卸给新手教师,在生病时进行指责,在同事中散布谣言等,这些做法都让新手教师感受到极大的痛苦,也使教师的专业自信与专业信念备受打击。

(二)生气:同事缺乏合作精神

幼儿园的工作内容繁杂琐碎,工作节奏快,安全责任大,分工协作是幼儿园班级中几位教师能够高效完成工作任务的前提。同时,教师之间的合作也有助于专业信念的发展、专业知识的共享及专业能力的提升。[②] 然而,实践中教师拒绝合作或虚假合作的情况屡见不鲜。[③] 在幼儿园班级中,任何一位教师缺乏合作动机、合作能力或合作行动都可能使班级教师之间陷入合作困境,导致安全责任风险上升,保教工作效率或质量下降,进而引发教师之间的不满。在访谈中可以发现,分工不均或合作不畅是班级幼儿园教师之间产生冲突的主要诱因。

"说到分工的问题,我们会对教学工作分得比较清楚,班里面哪个老师负责安吉游戏,哪个老师讲绘本,哪个老师讲数学,分得很清楚。但是,保育的工作就不分。我们本来是三教轮保,但是主班就不干保育。一个学期,她没拖过几次地,饭也没拿过几次,很明显感觉她在偷懒。我每天都在楼上楼下不停跑,本来我觉得自己新来的,多干点也很正常,越干到后面越发现不对。最离谱的是,假期我们要换教室,从一楼搬到二楼,二楼教室还有前一个班留下的很多东西。等于我们要先把二楼教室腾空了,再从一楼把东西搬上来。我们是大班,从小中班起就攒了好多东西,搬上来还要收拾好。任务这么重,结果那天主班说有事来不了。我们剩下两个人搬完之后整个人已经不行了,回家倒头就睡觉。"(20230725XR)

---

[①] GLAZZARD J, COVERDALE L. 'It feels like its sink or swim: newly qualified teachers' experiences of their induction year[J]. International journal of learning, teaching and educational research, 2018, 17(11): 89-101.

[②] 夏晶伊. 幼儿园教师高质量合作的实践意义与支持对策[J]. 长春师范大学学报, 2023, 42(12): 182-184.

[③] 崔允漷, 郑东辉. 论指向专业发展的教师合作[J]. 教育研究, 2008(6): 78-83.

"我最不能忍受的一点是班主任没有担当。我们小班时有四个老师,后来调走了一个,班主任跟每一位老师都吵过架。当然,很多争吵是想着去解决某个问题,但是最后问题都得不到解决。因为,她就不从问题出发,总是表达自己的好恶,相当推卸责任。另外,班里分工不均。比如,该她自己做的事情,她会以班主任的名义分配到三个人身上。当有些事情需要协商的时候,她又自己拿主意。什么时候自己拿主意呢?就是怎样做对她比较有利的时候。但是,如果你用相同的方式对待她,她就会站在道德制高点上来指责你。她做了某些事就觉得无所谓,但是如果别人做同样的事,她就会重拳出击,特别双标,我几乎无法从能力或是品格任何一方面认可她。"(20230724LL)

在上述案例中,班级教师们面临分工不均的问题。两个案例中的班主任与其他教师在工作分工上未能达成共识,且教师之间存在着一定的沟通障碍。假如班级中的某位教师逃避某些工作,希望通过让他人承担更多工作责任的方式减轻自己的工作负担,这种情况无疑会破坏团队的合作氛围,导致班级中的其他教师感到不公和不满。这些案例反映了幼儿园教师与同事交往过程中的负面情绪体验,也反映出园所层面需要对班级教师之间的协作进行引导与规范,并为老师提供必要的情绪支持与帮助。

### (三)厌恶:与同事的理念差异

在情绪心理学研究中,厌恶情绪最初与不好的味道或气味相联系,后来衍生到可能威胁自身安全的其他事物,例如具有不洁净或污秽特征的事物。因此,个体品德、观念或行为的庸俗低下也会引发他人的厌恶情绪。研究发现,人们对违反社会道德或是非观念的行为存在着"道德厌恶",这种厌恶伴随着对不道德行为的愤怒与蔑视。[①] 在幼儿教育实践中,教师往往对同事的品德、观念及行为具有较高的期待,这一期待以教师专业伦理为评估标准。当发现同事的言行与专业标准不符,甚至难以达到自己心中的最低标准时,就会产生明显的厌恶感。

"我不能忍受的是领导骂人,骂得特别难听,道德水准太低了。有一次我们幼儿园的门没有关,领导拍了下来发到教师群里,把所有老师一顿骂,说我们没有带脑子还是没有长手,就是这样很难听的话。这学期我们幼儿园才评了一级园,准备了很多的材料,领导就说谁负责的部分出了问题,只要我在这个职位上

---

[①] 施塔,卡拉特.情绪心理学[M].2版.周仁来,等译.北京:中国轻工业出版社,2015:192.

一天,你不会有一天好日子过。还有一次,几个园的联合教研活动,有个班的老师采用的是五大领域的主题教学方式,不太符合她倡导的安吉游戏模式,我们都觉得很正常,慢慢改就行了,但她当着所有人的面骂这位老师,骂:'你没有长脑子吗?你是猪吗?'这些话我都说不出口,太不尊重老师了,完全不应该是一个领导该有的素养。"(20230725XR)

"我今年跟后勤领导有过几次冲突。第一件事是关于抽纸的用量。我们给孩子用的是抽纸,每次孩子们吃完饭抽一张把小嘴擦一擦扔掉。现在,抽纸每周只能领4包,质量很单薄不说,还需要把一张纸撕成两半,每个孩子用一半,就这后勤老师还要来质问我纸怎么用得那么快。难道幼儿园已经穷到这种地步了?但是它在某些方面又表现得很慷慨,外面领导来检查,要按每个人30多块钱的盒饭订餐,按道理说工作餐可以在幼儿园做,成本又低,口味也不差,但这方面他们又不省,对孩子就这么节省。第二件事是吃饭问题。大班的孩子本来饭量就大,幼儿园饭的味道也不错,孩子们吃得很香。但是有一个问题,午餐和晚餐量太少,每次给大班准备的餐只够每个人打一盘,而且我在盛饭的过程中都要控制,一不小心就不够了。我去要加餐,厨房就把早上吃剩下的油饼馒头拿给我。我就跟领导反映这个情况,孩子们吃不饱,我作为一个老师看不下去,我心平气和地表达意见,结果他觉得我在给他找茬,跟我吵架。我就请假了,这个地方没法待了,跟我的教育理念差距太大了。"(20230524XM)

上述案例体现了幼儿园教师在教育观、儿童观及道德观念层面的诸多差异,以及由此引发的冲突及厌恶情绪。在第一个案例中,引发幼儿园教师愤怒情绪的是领导对包括自己在内的教师不够尊重。案例中的领导通过公开批评和辱骂教师来解决问题,言语中充满了攻击和侮辱,不仅伤害了教师的尊严,也破坏了教师之间的团结和信任。这种行为严重影响了教师的工作积极性和职业认同感。在第二个案例中,受访教师认为幼儿园后勤部门在幼儿生活保障和资源配置方面存在不足,纸巾和餐点供应不足对儿童的基本权益造成伤害,这使教师陷入难受和不安的情绪中。同时,案例中的领导对教师的意见不能采取尊重和接纳的态度,反而与教师发生争执,这样的做法对教师的职业尊严造成损害,也让教师对幼儿园的教育理念与管理方式产生失望与厌恶。最终,案例中的教师不得不以请假的方式缓和自己的情绪状态。

从上述案例可以发现,幼儿园教师在同事交往中的负面情绪主要来源于三个方面:一是工作环境和资源的限制。当教育资源较为紧缺,难以满足幼儿及教师自身的工作需求时,教师之间往往会因为资源分配问题产生不满。二是分工不明与沟通不畅。幼儿园的保教工作需要教师之间具有默契的协作,当教师因各种因素难以有效合作且难以通过沟通解决合作困境时,她们将在工作中体会到更多的愤怒和沮丧。三是工作压力与期待不匹配。幼儿园教师面对着来自家长、领导和社会的多重期望,当这些期望与教师的实际能力或资源不匹配时,教师将会感受到焦虑与痛苦,这一点在新手幼儿园教师身上表现得尤为突出。需要注意的是,面对同事互动中的不同情绪体验,教师会采用多元化的认知和行动加以应对,由此形成了差异化的情绪劳动策略。

## 第三节 幼儿园教师与同事互动中的情绪劳动规则与策略

### 一、同事互动中的教师情绪劳动规则

对于幼儿园教师而言,日常保教实践不仅涉及与孩子和家长的互动,也需要关注同事关系和组织氛围。在与同事互动的过程中,了解园所内部具有一定共识的情绪劳动规则是幼儿园教师融入团队并建立和谐人际关系的基础。下文将基于案例探讨幼儿园中可能存在的情绪劳动规则。

#### (一)营造个人形象

在幼儿园这一特殊的工作环境中,教师们面临着复杂的交往情境,需要与不同对象展开人际互动。尽管园所之间存在不同的管理制度与组织文化,但普遍存在维护和谐工作氛围的交往规则。这些规则并不完全拘泥在情绪表达层面,而是对个体认知、情感和行为的综合性要求。同时,这些规则往往不以明文规定的形式存在,而是通过园所文化、传统和个体间的默契逐渐形成。这使得教师在交往中需要更加敏锐地感知和适应这些隐性规则,稍有不慎便可能引发误解或不满。

"我们幼儿园喜欢"有神"的老师,除了要嘴甜、机灵、情商高,"有神"还表现在待人接物的分寸感。比如,作为老师这个角色,你要面对你班级的孩子,面对班级内部和外部的同事,要面对领导,不像有的工作可能只对接上面领导或者只对接客户。所以,我们的人际交往非常复杂,接触的对象很多。那你就要考虑到不同人的感受,要让大家都感觉比较舒服。举个例子,我们幼儿园的外

卖文化很强,有些老师经常点外餐,或者早上一来就点星巴克。我也不知道大家同样收一份工资,她们怎么那么有钱。但是,这慢慢就成了一种氛围。比如,老师互相借班教学,这本来很正常,但有些老师就觉得麻烦你了,给你准备好多吃的,又给小朋友准备礼物,这氛围就被带起来了,你如果不礼尚往来,可能就会被别的老师觉得你没有'神'。"(20230524XM)

"幼儿园对同事交往好像没有明确的规定,但我感觉有不言而喻的那种规定。比如,对老教师要表现尊重,而且说话要简洁清晰。跟老教师沟通的时候,我不能随便表达自己的情绪,这样的话她们背后会说我。跟她们说话之前,我都会先组织好我的语言,要不然我害怕我嘴很"然"(陕西方言,意指头脑不清楚,搞不清状况),他们就说我这个人有点'然'。因为大家都很忙,如果半天没有说清楚,人家就会直接打断我,让我说重点。如果有什么困惑的话,我也不敢直接问他们,没有先去查清楚就问,就很不礼貌。"(20230724YX)

在上述案例中,受访教师提到了一系列园所内对同事互动中教师个人形象塑造的要求。例如,注重待人接物的分寸感,考虑交往对象的感受,遵守礼尚往来的礼节,尊重资深教师,追求高效沟通,避免给他人带来不便等。上述规则体现了我国重视个人修养的文化传统[1],强调教师在人际交往中以"修身"为本,自觉做一名尊重师长、通晓礼仪、言行得体的幼儿园教师。对于个体来说,敏锐感知这些规则有助于营造积极的个人形象,展现作为当代幼儿园教师的个人修养与职业风貌,从而更好地融入园所教师队伍。

### (二)维护集体形象

在幼儿园的同事交往中,"维护集体形象"是一项重要的互动规则。这个规则强调的是教师个体在言行上要符合集体的价值观和期望,以共同维护整个班级或幼儿园的良好形象。这种对集体形象的维护体现了我国学校机构和教师群体中普遍存在的"集体主义价值观"。[2] 在这种集体主义文化中,幼儿园教师与同事自然而然地参加听评课、公开课、教研活动等集体活动,并在集体活动中

---

[1] 王文静,岳曲,杜霞.基于中国文化传统的教师反思模型构建:以《论语》研习中的教师反思为例[J].全球教育展望,2022,51(11):69-84.

[2] 郑鑫,刘源,尹弘飚.文化与情境是如何影响教师学习的? 以中国教师学习共同体研究为例[J].华东师范大学学报(教育科学版),2022,40(10):29-41.

习得相互尊重、和睦相处、服从权威等情绪规则。① 为了维护集体形象,幼儿园教师可能会隐藏自身的消极感受,展现出有助于集体利益的形象。假如一名教师基于自身情绪或利益的表达损害了集体形象与利益,则无疑会使自己站在所有教师的对立面,使自己的职业发展前景陷入困境。

"我们幼儿园有特别强烈的以集体利益为重的观念,所以大家都会去维持表面上的这种和谐。如果你在和同事领导交往的过程中遇到比较焦虑或有压力的事情,那就要自己慢慢化解。"(20230724LL)

"我觉得保持内部团结对一个班的老师太重要了,因为你们是一个整体。有时候领导会来问你班上情况怎么样,你肯定不能说别人哪里不好,你如果说谁谁哪里不好,领导就会觉得你们班不团结。我们班老师出去都会互相说好话,虽然有这样那样的小问题,其实大家都在进步,领导也会觉得你们可靠和谐。我觉得一个老师没法选择跟谁共事,因为你在职业生涯中肯定会遇到各种各样的人,你只能去学会怎么跟人家沟通,不可能永远给你安排都是能力强的人或者特别合拍的人。"(20230723XY)

上述案例体现了幼儿园中存在着"维护集体形象"的情绪规则,即让个人情绪体验与表达服从集体利益。幼儿园教师们都非常注重维护集体的和谐与团结,他们认为团结的班集体会给领导留下好印象,这有助于保障个人和班集体的利益。为了遵守这样的情绪规则,幼儿园教师会区分情绪表达的"前台"与"后台"。当与同事交往中遇到压力时,他们倾向于克制自己的情绪表达,自行化解压力,维护集体的和谐氛围。在面对班级之外的互动对象时,她们会避免对同班同事进行负面评价,努力展现班级教师间的团结一致。显然,这一规则的存在有助于增强园所及班级教师的集体意识和凝聚力,但也可能增加教师的心理压力,危害教师的身心健康。

(三)控制负面影响

"控制负面影响"是幼儿园教师同事交往中指向互动结果的规则。这一规则强调幼儿园教师在处理人际关系时要尽量避免产生负面影响。假如与同事产生冲突,则需要控制冲突影响的范围与程度,避免负面影响的扩大化。在幼儿园的同事交往中,教师之间不可避免产生摩擦和冲突,降低冲突带来的伤害

---

① 古海波,许娅楠.中学英语新教师情绪劳动策略案例研究[J].外语教育研究前沿,2021,4(3):18-25,93.

是这一规则的主要功能。首先,"控制负面影响"的规则有助于反向调节冲突中的个体行为,使当事人避免过激的情绪与行为。其次,这一规则有助于控制冲突影响的边界和范围,尽量弱化冲突对个体及集体带来的负面影响。最后,"控制负面影响"有助于呵护当事人的"面子",减少同事关系修复的困难,为未来的继续共事保留空间。

"幼儿园对同事交往中的教师情绪表达有规定,更多的是隐性规定。比如,如果同事之间发生冲突了,我们幼儿园肯定希望老师们自己解决,不要闹到领导面前,也不要牵扯到你们私下关系好的小团体或者你们班的其他老师,不要在教师群体内部形成比较明显的对抗局面。老师们之间肯定有些小摩擦,只要不是特别明显,领导也不会特别过问,但是太明显就影响幼儿园的整体氛围了。"(20230723WY)

在上述案例中,幼儿园教师反馈了幼儿园中关于"控制负面影响"的隐性规则,这一规则与"营造个人形象"与"维护集体形象"的规则具有一致性,共同服务于幼儿园中和谐同事关系与良好工作氛围的维护。因此,"控制负面影响"的情绪规则要求幼儿园教师学会控制自己的情绪和言行,在交往过程中保持礼貌得体。在面对矛盾和冲突时,教师需要保持冷静和理性,避免过激的情绪表达和行为。当矛盾事件发生后,教师需要积极通过沟通协商等方式解决问题,避免让问题恶化甚至产生更严重的后果。

## 二、同事互动中的教师情绪劳动策略

### (一)表层劳动

1. "表演亲密"——伪装积极情绪

在幼儿园这样以女性教师居多的工作环境中,如何构建积极和谐的同事关系是保持组织活力的重要内容。这一努力既体现在管理层对组织氛围的营造上,也深深植根于教师个人对工作意义的阐释中。个体与组织文化之间的契合性为教师带来了多样化的压力,也促使他们采取不同的情绪劳动策略。在访谈中可以发现,部分幼儿园管理者主张在园所建立亲密的"家文化"氛围,教师以"姐妹"称呼取代"教师"称谓,但这一价值观并不一定能够获得所有教师的认同。对于不少新教师而言,适应这种特定的组织文化需要付出较大的情绪努力。

"我在幼儿园工作6年了,最开始到这所幼儿园工作的时候,发现老师们都

第五章　同事互动中的幼儿园教师情绪劳动

互相以'姐妹'相称,这一点让我很惊讶。你想,有的老教师都五十多岁了,年轻老师也叫她们"姐",多假多虚伪啊!我一开始真的叫不出口,太难受了。但是,身处其中你就会感觉到压力,当别人都叫"姐",你喊人家某某老师的时候,就显得很生分,显得跟这个氛围格格不入。别的老师就会说:'哎呀,你看这小姑娘很没"神"'。"有神"是什么意思呢?我琢磨了很久,总结下来就是嘴甜、机灵、情商要高,我们幼儿园就喜欢这样的老师。……一开始是适应不了,但是时间久了,我就想,我要融入这样的一个集体,就得适应这样的氛围,张口叫姐又有什么呢?又不会少一块肉,慢慢也就能张口了,现在叫得可自然了。"(20230524XM)

家庭是我国社会结构的基础,家庭中的价值倾向、认知模式通常以"文化"的形式成为各种非家庭组织的"原型"。① 在各类迎新仪式上,"加入温暖的大家庭"的表达屡见不鲜,这样的组织文化也为不少幼儿园所推崇。相关研究显示,新手幼儿园教师心目中理想的园长形象包括组织领袖、家庭成员和家族长辈,将对园长管理才能、人格魅力及团队建设能力的期待与"家庭"结构相互联系。② 在上述案例中,该老师入职后很快感受到园所中流传着以"姐妹"相称的组织文化。尽管最初对这样的称谓感到不适应,但为了尽快融入集体,她选择隐藏自己对同事关系的真实感受和观点,在表面展现出与园所文化相适应的语言表达。

2."努力忍耐"——抑制消极情绪

抑制或掩饰自己的真实情绪是人际互动中常见的情绪劳动策略。对于幼儿园教师而言,与同事之间的互动经常会诱发一些负面情绪,但为了维护良好的同事关系,她们常常掩饰自己真实的内心感受。受到我国文化中权力关系的影响,新手教师在面对地位较高的领导或老教师时,经常抑制自己的负面情绪。③ 对于新手教师而言,抑制负面情绪的策略既可能是一种权衡利弊后的理性选择,也可能是在情绪冲击下失去自主意识的被动反应。

"我觉得我不敢跟同事表达真实的情绪,我一般都是在很努力地克制自己

---

① 岳磊,晁罡,王磊.家庭隐喻对员工工作重塑的启发式干预研究[J].管理案例研究与评论,2021,14(3):231-248.
② 郭绒,左志宏,汪甜甜.新教师需求视角下的好园长:组织领袖、家庭成员、家族长辈[J].教育学报,2023,19(2):144-157.
③ 古海波,许娅楠.中学英语新教师情绪劳动策略案例研究[J].外语教育研究前沿,2021,4(3):18-25,93.

的负面情绪,不把它表现出来。我也会掩饰自己的情绪,有时候其实自己已经很难过了,但是我还在笑。记得有一次保育检查,因为我们的教学楼很老,有些地方真的是陈年老渍,会有一些小黑点怎么也擦不掉,但我们的保育检查到了洁癖的程度,发现这些黑点就要求用植物胶剂和去污粉一点点擦。负责检查的老师让我放学了把这些全做好,再去办公室叫她重新检查,合格了我才能走。班级卫生不是我一个人的责任,我当时就挺委屈,但是我就说'好的'。其他老师都夸我的性格很好,因为我从来都不知道拒绝她们,我很在意别人对我的评价,但我自己挺累的。我又累,又享受别人夸奖我很有奉献精神,我觉得自己情绪内耗很严重,但不知道怎么解决这个问题。"(20230724YX)

"有一次我在暑假染了个头发,染了一个比较跳脱的颜色。暑假结束后我就又染回深色了,但可能没太染好,还能看出来一点颜色。领导就在马路上把我拦住,周围都是来来回回的家长,她就指着我说:'你什么时候能够把头发染回来?'训了我一顿,那种语气,我感觉上一次被这么训还是在小学。我当时又震惊又难过,我又没有做什么伤天害理的事情,但我什么也没说,只能忍住让自己不要哭。这个事情对我来说已经是一种创伤性事件,想起来就觉得好委屈,好伤心,好难过。"(20230601HM)

在上述案例中,两位幼儿园教师都谈到了自己如何抑制负面情绪的经历。在第一个案例中,新手教师十分在意他人对自己的评价,因此在面对同事的指责和要求时,选择克制自己的负面情绪,希望保持自己在同事眼中的良好形象。在第二个案例中,新手教师对意料之外的批评感到震惊和委屈,但她努力在公共场合避免情绪失控。在工作情境中,掩饰情绪是一种常见的情绪劳动策略。幼儿园教师们常常需要隐藏自己的不满、委屈和伤心,以保持职业形象,维持和谐的工作关系。然而,长期掩饰和抑制情绪可能会对教师的心理健康产生负面影响,如情绪压抑、焦虑和抑郁等。

(二)深层劳动

1."摆正心态"——重塑工作意义

在访谈过程中,幼儿园教师用"摆正心态"来描述自己对同事交往中负面情绪体验的反思与策略改进。"摆正心态"包括对工作意义、合作价值及冲突意义的重塑,即通过对改变认知方式对自身情绪情感进行调整,这是较为典型的深层情绪劳动策略。通过"调整心态",幼儿园教师赋予工作、合作和冲突以积极的价值,弱化情绪冲突带来的创伤体验,将糟糕的经历视为改善工作的资源而非阻碍。

"随着工作经验的增长,慢慢会有新的体悟。我会向身边老教师们学习,他们在应对这些问题的时候,可能就是不一样的心态了。比如对方做的一些事情让我特别生气的时候,我就会想其实她也不是故意要做成这样子的,她只是能力有限。既然意识到了这个问题,我们就没有必要生气。因为她真的是没有能力做这些事情,你就没必要生气,你就不会有厌蠢症。你要是自己有本事的话,你就去帮她提升,如果不行的话就算了。总之尽量少一点生气,生气是最没必要的事情。"(20230724LL)

"有个事情很有趣,上半年年级组考核排名园里给我倒数,结果专家来指导半日活动的时候,年级组又让我上。可以看出来,考核的时候故意打压你,看专业的时候又需要你上。我实在不想把精力放在没意义的事情上。我现在心态已经转变了,现在能够让自己从这种负面情绪中走出来,让自己把注意力放在当下应该努力的事情上,把自己的班带好,把自己的专业学好。其他的像考核或者一些比赛的东西,就没那么在乎了。"(20230723WY)

"我会去发现每一个人身上的优点。假如说这个人做事比较慢,我可能不想跟她一起共事,但可能在其他方面跟她交流,人家也有人家的优点。你得学会去避开她的短处,然后适时安慰自己。然后,你要去观察,因为每一个人的风格不一样,要去跟有正能量的教师在一起,这样自己也多多少少会受到积极的影响。"(20230723WC)

在上述案例中,受访教师在与同事的共事中都有各种不愉快的体验,但他们都努力从这些负面情绪中对自己的认知与行为进行反思,通过重塑认知的方式化解不良体验。例如,第一个案例中的教师会重新诠释对方的行为动机,把对方的行为理解为"能力有限"而非"故意为之",进而反观自己应当采取的态度与行动,这样的归因方式有助于减少愤怒和敌意。第二个案例中的教师倾向于重新定义自己的工作意义,将注意力转移到专业发展上,从而让自己忽略人际交往中的不愉快。第三个案例中的教师强调客观看待同事的优缺点,努力接近正能量的教师,并在此基础上获得专业成长的希望与力量。可以发现,这些教师都通过对自身认知方式的调节实现对自身情绪体验的调节,体现了她们主动协调内在体验与情绪规则不一致的深层努力。

2."曲线救国"——重塑互动结构

"曲线救国"是幼儿园教师同事互动中一种比较独特的情绪劳动策略,既通过调整互动对象的结构来改变互动进程。如前文所述,幼儿园教师在工作中面对着同事、家长、幼儿等多样化的互动对象,这些多样化的人际关系相互交织并相互影响。当幼儿园教师与同事之间的互动存在困难或阻滞时,通过将家长、幼儿或其他同事引入互动进程,可以更好地化解矛盾或打破僵局。这一策略体现了教师善于利用周围资源和力量,不仅借助外部力量化解困境,也通过引入新的力量增加互动的丰富性,以更灵活和创造性的方式解决问题。

"我们班主任年级比较大了,不太愿意做事情,有时候跟她不太好沟通,我就学会悄悄地去借外力。比如,我会去请教年级组长一些问题,说我有个这样的想法想请您指导,其实我是想让年级组长推动所有的班级去做这件事,这样我们班主任就无话可说了。如果年级组长说可以,那我就会把具体的实施方案甚至是通知拟好发给她,她就会说:'很好,我借鉴一下。'然后各个班就都发下去了。"(20230725YL)

"第二学期情况好转了,因为我学会了明确分工,还学会了让家长知道我们的分工是怎样的。学期初开家长会时我就告诉家长:'保育老师X老师很有经验,假如大家想了解孩子们吃饭、睡觉、如厕等生活习惯方面的建议,就可以联系X老师。如果想了解孩子们在上课和游戏中的发展情况都可以打电话给助教M老师。当然,假如她们不回你,任何事情都可以打给我。'然后,家长就开始分别联系另外两位老师了。明确了分工之后,她们就知道哪些事情是她们的责任,我只需要把控一下进度或者关心一下就可以了,但分给他们的事情我不会再帮他们做了,那是他们需要完成的工作。有时他们在群里回复家长,我就赶紧说:'我们保育老师太贴心了,谢谢XX老师。'家长也跟着说谢谢谢谢,这样他们工作的积极性也调动起来了。"(20230725LJ)

在上述案例中,受访教师难以通过直接沟通的方式让班级老师给予支持和配合,但他们创造性地借助家长或幼儿园中其他教师的力量推动工作,潜移默化对班级氛围或教师间的合作方式进行改变。幼儿园的保教实践中涉及不同类型的人际关系,这些关系之间交错互构,蕴藏着转变每个个体情绪与行动的契机。在上述案例中,两位教师在面对与同事沟通的困难时没有选择退缩或放

第五章 同事互动中的幼儿园教师情绪劳动

弃,也不满足于维持表面的友好,而是尝试扩大互动网络实现互动目标的统一或重塑。这一策略极富洞察力和创造性,体现了幼儿园教师发挥自身职业特征的能动性。

3."传递正能量"——影响他人感受

"摆正心态"的策略重在重塑自己的认知,"曲线救国"的策略在于重塑互动关系,而"传递能量"的策略重在影响和改变对方的感受。这一策略的目标是通过改变自身情绪去影响同事的情绪,一方面体现为积极主动地与同事进行沟通,了解同事的需求和感受;另一方面表现为主动调动自己的积极情绪,通过积极的态度和正面的言行来影响同事。

"我一般情况下不会让自己的个人情绪影响到工作,因为我觉得消极情绪会相互影响,不利于班级的整体氛围。但有时候我会策略性地表达一下负面情绪,让同事感觉好受一些。比如,当发现配班老师因为我频繁出班压力很大,我就会跟她诉说一下我的苦楚和压力,大家互相吐槽下工作环境,就明显感觉到她的心情会好一些。然后,我再请她喝个奶茶吃个饭什么的,她就会觉得还能再挺一挺。"(20230725LJ)

"我们班主任可能能力有限,在教学和回应孩子方面都欠缺一点点,这可能跟她的性格有关。但是,我始终坚信我们是一个团队,我一直给大家灌输这种观念,然后大家一起买早餐,一起吃饭,一起出去聚会,遇到问题的时候大家一起上。我们整天都待在班上,相当于4个人全天带班,这会加强我们之间的那种团结和信任感。我们领导教我,你要学会发现人家的长处,然后你才能够激励到人家。我觉得这个方法特别好,比如我负责公众号的工作,找谁做公众号的时候,我就会说她上次哪里做得特别好。我就把我的要求通过夸赞的方式告诉她,比如上次哪个图片拍得好,怎么拍得好,你这次又用到了,还提前一天交稿了,通过这样的方式来传递正能量。然后,我还会在领导面前夸赞她们,再回去告诉她们,领导表扬她们了,大家心里都很高兴,也更愿意配合我的工作。"(20230723XY)

在上述案例中,两位受访教师都意识到情绪具有激励同事和提高工作效率的作用,因此策略性地将自身情绪作为影响同事的工具。她们通过幽默或吐槽与同事共情,通过语气语调表达激励,通过分享自己的观点影响同事认知,这些情绪劳动使班级教师之间的合作更加真诚有效。这一策略直接作用于互动对象的情绪体验,体现了一种主动将自身情绪"工具化"的努力,具体包括认知去自我中心、抑制本能冲动、共情他人立场与感受、灵活调节自身情绪表达等情绪调节策略,需要教师具备较强的情绪素养。

（三）表达真实情绪

1."选择坦诚"——真情流露

"表达真实情绪"指教师在与同事互动中真实地表达自己的情感,不刻意改变自身的内在体验或外在表现。这种真实表达既包括真实流露自己的积极情绪,也包括真实释放自己的消极情绪。[1] 在我国传统文化中,"坦诚直率"是一种美德,意味着真诚地面对自我与他人。[2] 这样的文化底色使人们愿意欣赏和接纳"知无不言,言无不尽"的率真,也为人们从建设性的角度解读人际沟通中的冲突奠定了基础。在同事互动过程中,真诚表达自己的感受或许能够取得意想不到的沟通成效,有助于教师实现其工作目标。

"是否需要让对方感知到自己的情绪,我觉得是非常有必要的。但是,我表达情绪的目的不是为了发泄我的情绪,而是选择了坦诚面对自己的情绪,并且让你知道我的情绪,我是抱着解决问题的态度给你袒露我的情绪。我们班三位老师其实在相处过程中会有一些冲突。我还是一直坚持着跟主班老师沟通,该交流的时候还是要交流。因为我们的冲突一定是在某些方面有冲突,不是所有的地方都是冲突,然后可以通过这些没有冲突的地方慢慢地去建立更多的连接,可能就会有一个契机让我们去把有冲突的地方展开来说一说,我觉得应该慢慢会有解决的方法。"(20230724LL)

"我一开始是觉得最好用积极的态度去跟旁边的人相处,虽然自己情绪很不好,但是我看到他们还是会笑着跟他们打招呼,但是后来我觉得不能这样子,因为我这样子就会让大家觉得我好像是一个很好说话的人,是一个很好欺负的人,他们就会什么事情都让我来做。我们幼儿园让老师写公众号,这个工作在幼儿园没时间做,需要回家做。我就动了一些小心思,直接跟我们负责公众号的领导说我不太会写文章。然后领导说没事,你先写。我其实有一点故意把它写不好,然后慢慢领导好像也发现我写得不太好,就不让我写了,让我做编辑。

---

[1] YIN H B. Knife – like mouth and tofu – like heart: emotion regulation by Chinese teachers in classroom teaching[J]. Social psychology of education,2016,19:1 – 22.

[2] 刘翔. 直以成人:《论语》中"直"的三重意蕴[J]. 孔子研究,2016(5):20 – 26.

第五章　同事互动中的幼儿园教师情绪劳动

有一天晚上十一点多,领导微信找我做编辑,我就一直没有回她。后来我听说,她当天晚上找了好几个老师,其他老师也没有回她,到了第二天领导才找到一个老师来做。我就觉得我们不要把自己的姿态放得太低了,虽然我们是新入职的老师,确实有很多事情需要学习,但我们也是一个人,需要尊重,也需要休息。不要任何事情都答应得太快,不要任何事情都觉得这是我分内的应该做的,偶尔我们是需要表达一些自己的不满的。"(20230728YM)

从"表达真实情绪"的角度来看,上述案例中的教师认为表达真实的负面情绪是有必要的。在第一个案例中,受访教师认为表达真实情绪并非单纯地发泄情绪,而是寻求问题解决的一种建设性策略。在她看来,面对需要频繁沟通的同事,掩饰或抑制情绪可能会加深误会或隔阂,在冲突中寻找共识是寻求相互理解的路径。因此,她没有选择掩饰或压抑自己的情绪,而是采取了一种积极的态度去与同事建立更多的连接,这种积极态度有助于促进双方的关系向着更健康的方向发展。

在第二个案例中,受访教师的情绪劳动策略经历了一个转变。该教师一开始在人际交往中注重表达积极情绪,但后来她意识到过度的积极和顺从可能并不总是有益的,有时甚至会让自己陷入不利的境地。于是,她开始在与同事的互动中采取策略性的方式表达拒绝与不满,例如在写公众号时故意写得不好,在领导深夜安排工作时选择不回复等。尽管这些行为不够成熟,甚至对于教师长期的职业发展可能存在负面影响,但这些方式也体现了教师调节自身情绪状态的努力。同时,幼儿园教师采取"软抵抗"方式应对工作压力与同事矛盾,一定程度上反映出幼儿园的管理制度不够清晰或人性化,需要从个体和组织两方面寻求破解困局的路径。

2. "保持距离"——划分工作边界

在面对工作场合中多样化的人际关系时,明确自己与他人的心理与行动边界是部分教师调节情绪的一种策略。与前人的研究发现相似,幼儿园教师通过将自己的情绪分为"工作情绪"和"个人情绪",在自我和教师职业角色之间设定一个界限,进而避免"职业情绪"和"个人情绪"之间的相互干扰。[①] 这一策略像是一种"无声"的情绪表达,通过物理距离和心理距离的控制,幼儿园教师小心地与同事

---

① YIN H B. Knife-like mouth and tofu-like heart: emotion regulation by Chinese teachers in classroom teaching[J]. Social psychology of education, 2016, 19: 1-22.

保持一种平淡的人际关系，以保护自己远离人际交往中可能出现的争端。

"我到幼儿园工作快两年了，在同事关系方面，我最大的体会是尽量区分工作和生活。对于同事，我尽量建立一种有边界的伙伴关系，我不跟幼儿园的同事谈论自己的私事，比如家里住在哪里，父母职业，男友什么的，这是对自己的保护。我印象中特别深刻的一件事，是隔壁班有一位临聘的老师要离职了，领导想让她干到月底再走，距离月底还有大概一周的时间。那位离职的老师就说：'我已经把租的房子都退了，马上就离开这个地方了，所以没法来上班。'那位领导当时就对我们另一位同事说：'我记得你家就在这附近啊，你家不是有空房吗，就让她去你家住一周吧！'当时我非常震惊，这已经超越了我对工作关系的理解，领导可以把手伸到人家家里去，安排同事去你家住。我不知道那位同事心里怎么想，或许她跟领导关系比较好，但如果是我，肯定是不会同意的。为了避免这类事情的发生，我从来不跟同事说私事，也不对别人的事情发表看法。"（20230726LX）

"工作这么久，我还是觉得表面上的亲密不代表真正的信任。尤其是年轻老师刚来的时候，嘴巴有时候不注意，可能会跟着别人抱怨领导哪里不好，幼儿园怎样，这样很不好。因为幼儿园里没有秘密，我敢说，你说的每一句话都会传到领导耳朵里去，这样对你又有什么好处呢？我现在很少跟同事交流私事或者一些负面的想法，因为你不知道这话传出去会变成什么样。同事之间嘛，最好就只交流工作上的事，我在工作之外有家人、朋友，我的情感另有寄托，同事之间就是工作上互相配合的关系。"（20230524XM）

在上述案例中，受访教师谈到了自己与同事保持距离的策略。她们通过区分工作和生活的边界，将同事关系定义为有边界的伙伴关系，将同事互动的内容限定在专业事务领域，避免与同事建立亲密的人际关系，并在工作场所谨慎发表言论。为了保持工作生活的平衡，她们将个人情感和私事从工作关系中剥离，将家人和朋友作为感情寄托，让自己在工作中的情绪保持在超然状态。这一策略是新手教师经常采用的情绪策略，其特点是以自我保护为导向，不主动对他人产生影响。

## 第四节 组织要素与幼儿园教师的情绪劳动

情绪劳动是个体为满足组织期望或组织目标而进行的情绪管理过程，组织因素是影响教师情绪劳动程度与策略的重要变量。国内外相关研究发现,教师对学校氛围的感知会影响他们的情绪劳动。例如,教师对师生关系、教学创新及教师合作的信念会影响他们在课堂上表达情绪的方式。学校氛围越好,教师就越有可能采用深层行为作为情绪劳动策略,从而避免表层行为。[1] 考察幼儿园教师与同事互动中的情绪劳动可以发现,幼儿园的组织结构与组织文化都会对教师的情绪劳动产生影响。尽管已有研究识别了一些影响幼儿园教师情绪劳动的组织要素,但对相关组织要素的梳理不够全面,且对这些要素如何影响教师情绪劳动的解释相对单薄。针对上述问题,下文借鉴伯蒂等学者提出的组织四要素理论和社会比较理论[2],对组织要素如何影响幼儿园教师同事互动中情绪劳动进行探索性分析。

## 一、社会比较理论的基本观点

社会比较是指人们把自己的能力、感觉、境况、观点等与他人相比较的过程,社会比较理论是社会心理学领域的经典理论之一,广泛应用于组织管理学。1954年,费斯廷格对社会比较产生的背景、目的和形式进行阐释,认为在缺乏客观标准的情况下,个体会以身边相似的人作为比较的尺度进行自我评价。社会比较有上行比较和下行比较,上行比较是与比自己优秀的人进行比较,下行比较是与表现不如自己的人进行比较。在进行上行比较时,假如个体预期能够达到上行比较的目标,就会产生同化效应,提高自尊心。如果个体预期将来不会达到上行比较的水平,就会产生负面自我评价。[3] 由此可见,上行比较对个体的影响具有两面性,受到个体人格特质及自我效能感等因素的调节。与上行比较对个体的复杂影响不同,个体经常寻求有利的社会比较信息来维持自尊,因此学者普遍认为下行比较是自我提升的源泉。随着学者对社会比较理论的推进,社会比较的内容逐渐从薪酬、声望拓展到观点、情绪、人格等各方面。此外,人们不仅在个体层面进行社会比较,也会立足自身所处的社会群体与其他群体作

---

[1] WANG J, HALL N C, TAXER J L. Antecedents and consequences of teachers' emotional labor: a systematic review and meta-analytic investigation[J]. Educational psychology review. 2019(3), 663-698.

[2] 埃弗拉德,莫里斯,威尔逊. 有效学校管理[M]. 杨天平,译. 重庆:重庆大学出版社, 2007:136-137.

[3] 许远理,熊承清,情绪心理学的理论与应用[M]. 北京:中国科学技术出版社,2011:179.

比较,这样的比较可能会增加群体间的不满与冲突。[①]

1965年,亚当斯从社会比较的角度提出了公平理论,进一步拓展了社会比较理论的深度与范围。公平理论认为,人们不仅关心自己所得回报的绝对量,还希望了解自己所得回报的相对量。员工往往通过横向和纵向等社会比较方式来确定自己所获报酬是否公平、合理,比较的结果将直接影响其下一步工作的积极性。[②] 当员工将自己与他人的努力程度及所得报酬的比值进行比较时,假如两者比值相当,员工会产生公平感。假如员工在社会比较的过程中感到不公平,有吃亏感,则其后续的工作积极性会降低。公平理论认为,只有公平的报酬才能使员工感到满意并起激励作用,报酬过低或过高都会使员工产生心理上的紧张感。

社会比较理论对于解释幼儿园组织要素对教师情绪劳动的影响机制具有独特意义。首先,情绪劳动起源于幼儿园教师在人际互动中弥合内心体验与外部情绪规则之间差距的努力。当幼儿园制度或文化对情绪表达规则进行了高标准的定义时,那么教师在将自身体验与外部情绪规则相比较的过程中,可能更容易感到难以达到规则要求的压力。其次,当组织架构、制度或文化本身不够合理时,幼儿园教师在与同事进行社会比较的过程中可能更容易产生不公平感,从而加剧幼儿园教师的情绪劳动负担。此外,面对同样的组织要素,幼儿园教师通过社会比较所做的归因可能与亲历者的归因存在不同,同事互动中存在较多的分歧而非共识,这也会加重教师的情绪劳动负担。

## 二、组织要素与幼儿园教师的情绪劳动

### (一)组织结构与幼儿园教师的情绪劳动

组织结构是组织有效性的重要决定因素之一,也对教师的情绪劳动产生深远影响。完善的组织结构不仅可以提高组织的工作效率,也有助于缓解幼儿园教师的情绪劳动负担。根据我国《幼儿园工作规程》的界定,幼儿园是对3周岁以上学龄前幼儿实施保育和教育的机构。从组织目标来看,幼儿园以促进学前儿童的身心和谐发展为宗旨。从组织形式来看,幼儿园包括全日制、半日制、定

---

[①] 泰勒,佩普卢,西尔斯.社会心理学[M].12版.崔丽娟,王彦,等译.上海:上海人民出版社,2010:120.

[②] 赵平.组织行为学[M].北京:北京理工大学出版社,2021:128.

时制、季节制和寄宿制等多种形式。从组织结构来看,幼儿园实行园长负责制,并通过园务委员会实现对幼儿园的领导与管理。同时,园所应加强党组织建设,充分发挥党组织在幼儿园工作中的政治核心作用、战斗堡垒作用。

因此,组织结构的完整性、规范性和合理性是幼儿园组织实现组织目标的前提,也是所有教职员工能够高效协作、顺利开展工作的基础。一方面,体系完整的组织结构有助于幼儿园教师明确工作职责,避免出现权责不明的情况,便于教师专注于自己的保教工作,减少因权责问题而产生的情绪劳动。另一方面,层次分明的管理架构有助于降低信息传递的错误率,减少幼儿园教师在事务沟通方面所需的情绪劳动。此外,沟通渠道畅通的组织结构可以加强教师之间的交流与合作,促进彼此之间的理解和支持,从而减轻教师的孤独感和无助感,减少教师消极情绪劳动的积累。一个合理的组织结构能够明确各部门的职责和权力,使各部门之间相互配合、协调一致,共同为实现幼儿园的组织目标而努力。与之相对,组织结构的缺陷不仅加重管理负担,也会加剧组织成员的情绪内耗。

"我们园真的是很复杂,主要问题还是管理不健全。我们幼儿园只有一个园长,没有中层,什么保教主任年级组长都没有,一切都是园长说了算。正常幼儿园应该有什么园务委员会,我们也没有。一般情况下,园所有三个党员的话要成立党小组,但她一直不发展党员,估计是不想让别人分权。整个幼儿园像是她的小王国,管理特别不规范。比如,本来我们幼儿园做的是五大领域主题课程,园长出去学习了一趟,回来就让大家做安吉游戏课程。教研的时候也没有那种客观专业的讨论氛围,一有不同的意见,园长就觉得别人在针对她。"(20230725XR)

"我们园有一个新园和一个老园,园所管理有点跟不上发展速度。我刚工作时被分到新园,好不容易用半年时间把班级事务理顺了,结果老园面临一类园复评,工作量很大,就把我调过去了。为什么要跨园调动呢?因为老园的在编老师要经常出班做事务性工作、行政工作、年级组长工作等,那些临聘老师不愿意承担评估带来的巨大工作量,陆陆续续辞职好多人,只能把新园的在编老师喊过去顶上,因为在编的老师跑不掉。人手实在紧缺,只能让大四的实习老师去顶我原来那个班的配班工作。"(20230725HY)

"我们幼儿园教师成分比较复杂,临聘人员多,年轻老师多,工作中有很多摩擦。比如,我们班保育老师很年轻,九八年的小姑娘。一开始搭班的时候,我们班分工也不太明确,我有空的时候就会主动去帮她做一些事情,但后来她就觉得这些是我应该干的。班主任也管不了她,她甚至直接跟园长吵架,园长也拿她没办法。保育老师都是临聘的,工资都很低,不到两千块,保险交得也少,幼儿园的工作又多又累,人家来干这个活纯粹就是找个事做,才不怕丢工作。所以,如果她觉得事情不该她做,或者她觉得做累了,就会跟别人干仗。"(20230725YL)

在上述案例中可以发现,幼儿园中不合理的组织结构会加重幼儿园教师的情绪劳动,教师对组织结构的社会比较及归因是将组织要素与教师情绪体验相联系的关键。案例中的教师对幼儿园组织架构进行了多层次的社会比较,例如,比较本园与其他园所的管理架构、本园管理架构的前后变化、园所组织架构对自身的影响等。基于上述分析可以发现,当前幼儿园组织结构层面的问题主要体现在以下几个方面:

一是幼儿园管理架构不完善。尤其是新建幼儿园或集团化办园的改革过程中,幼儿园中的管理力量薄弱,组织架构不清晰,导致不同层级及岗位的幼儿园教师之间权责不明,增加了幼儿园教师在工作中的沟通困难和情绪压力。在上述第一个案例中,幼儿园只有一名园长,教师在对本园与其他园所管理团队进行比较的基础上,将幼儿园的党建、课程及教研工作发展缓慢的原因归结于管理力量的薄弱,这一归因一方面激起教师对园所领导者个人的不满,另一方面也使教师深陷于难以改变现状的痛苦与无奈。

二是幼儿园的管理机制不通畅。在我国教育管理实践背景下,当前幼儿园在教师管理层面存在的普遍困境是幼儿园教师身份、聘任和薪酬的多轨制。即便多数幼儿园努力落实"同工同酬",但身份的不同仍然对园所管理及教师之间的沟通造成复杂影响。在第二个案例中,为了迎接复评重任,幼儿园不得不跨园区抽调在编幼儿园教师,打破了两个园区教师配置与日常管理的稳定状态。此外,"身份"对幼儿园教师职业归属感、工作投入度及同事关系的影响在第三个案例中得到充分体现,临聘教师与在编教师在关于工作量和待遇的社会比较中都产生了不公平的感受。这使得两类教师在同一所幼儿园中仿佛自然划分成对立的阵营,使本该协同有序的工作陷入相互角逐或推诿的不利状态。因此,不合理的组织结构会加重教师的情绪劳动,降低教师的工作效率和幸福感。

## (二)组织制度及文化与幼儿园教师的情绪劳动

组织制度与文化氛围是影响组织有效性的关键因素。在幼儿园中,完善的组织制度有助于提升工作效率,而良好的文化氛围可以增强教师的归属感和忠诚度,提高幼儿园内部的凝聚力和执行力。与之相对,幼儿园的规章制度不健全或不合理将使幼儿园教师的工作失去目标与秩序,更有可能引发教师之间的冲突,为教师带来巨大的情绪负担。已有研究显示,包容型领导能够激发一线工作人员的深层扮演,并抑制表层扮演。[1] 因此,幼儿园管理者需要注重组织内部的制度与文化建设,关注教师之间的分工协作、沟通交流及福利保障等因素,营造积极向上的文化氛围,为教师创造一个良好的工作环境。

"我们普惠园评估有个指标是职工的五险一金缴纳,按道理这个指标是人事部分管的,但是因为园里对在编教师不涉及五险一金管理,所以只需要交聘用人员的信息,而聘用人员的工资又由财务部门掌控,所以这些信息应该由财务提供给人事,但是园里没有制度说明这个环节怎么对接,结果这个工作没及时完成,财务和人事开始互相指责。这件事归根结底是整个幼儿园管理混乱引发的老师之间的冲突。本来这件事只要明确流程和分工,很快就能处理好,结果演变成上下级对抗和平级对抗,其实冲突起来对两个部门的老师都没有好处,大家人际关系也会变差。这种管理的不规范体现在方方面面,再比如我们的奖惩制度。一个老师带小朋友排练体操,她带 30 多个小朋友去比赛就会拿下 30 多张奖状,辅导一个小朋友就有一张奖状。最有问题的是,园里对这些成绩的计分不封顶,那她的业绩一下就比别人高很多,可能连续三年每年都这么多业绩,别人追都追不上。但是,作为一个幼儿园,你不应该也要鼓励老师在论文、讲课或者教学案例上获得成绩吗?这么不公平的奖励制度太让人难过了。"(20230524ZM)

"我们幼儿园老师的地位是分等级的,领导或者老教师就是老师里的特权阶层,同样的管理制度对她们来说是差异化执行的。比如,我们入职的时候,领导跟我们说大家上班前穿什么都可以,吊带啊、皮裙啊之类的,但是到了单位,你就把咱们的园服或者舒适的衣服穿出来,这是很正面的一个引导。但是,进单位之后你会发现那些领导或老教师,她们就可以披着长长的头发,穿上漂亮的小裙子,查班的时候踩着高跟鞋,这时候也不怕影响孩子们了,也不怕影响教师形象了,反正她们都可以,我们年轻老师不可以。这风气就是这个样子,只能

---

[1] 倪渊,李翠.包容型领导与情绪劳动策略选择:来自银行业一线服务人员的实证研究[J].南开管理评论,2021,24(2):106-119.

适应和习惯了。"(20230601HM)

"我不是吹捧我们幼儿园,我们幼儿园已经是一所百年老园,管理制度真的非常完善。我们行政只有五位老师,但可以理顺本园和好几个分园的工作,工作能力真的超强。常规工作就不说了,园里最让我受益的是教研制度。我们幼儿园每周六都有教研论坛,园长邀请在理论和实践领域都很有经验的专家来参与,根据老师的需要研讨不同专题,有师幼互动、儿童行为观察、班级管理等各种主题,讨论非常实用和深入,所有老师都有发言的机会,而且园长都是全程陪同。讲完之后,园长会根据每个人的汇报点评,对老师进行表扬激励。虽然占用了休息时间,但领导也是一样辛苦,我们都觉得受益匪浅。"(20230723XY)

"我们园的管理制度比较清晰,也会根据老师的反馈对管理制度进行灵活调整。幼儿园鼓励每个老师做好自己的事情,主班就做好主班的事,配班做好配班的事。如果班里有老师需要出班比赛或者参加培训,园里就会在全园范围内抽调老师互相支持,实在没人抽调,领导就会自己到班里来帮忙。我们的管理制度也在不断优化,这学期领导班子就决定下学期取消主题墙评比,我们都觉得太幸福了。再比如公众号工作,我们幼儿园就有专人做视频剪辑之类的事,不会再分到新老师头上,因为园里觉得新老师就应该先把班上的事情做好,这个事情让我觉得自己也挺幸福。"(20230725YL)

在上述案例中可以发现,完善的组织制度与积极的组织文化将减少幼儿园教师在同事交往中的情绪负担,有助于她们在同事互动中保持积极的心理状态与精神面貌。遗憾的是,幼儿园中的同事关系经常会遭遇组织制度层面的束缚与限制,导致教师之间难以有效沟通与协作。首先,不合理的管理制度和文化可能会诱发幼儿园教师之间的冲突,激发教师间的敌对情绪,加重教师掩饰或纾解负面情绪的负担。在第一个案例中,由于幼儿园中人事和薪酬管理制度不完善,对相关工作缺乏明确分工与问责制度,导致两个部门的教师难以有效对接和完成工作。在问责过程中,两个部门的教师在对工作责任的比较中都产生了不公平感,并选择真实表达情绪的方式宣泄不满。在此案例中,受访教师还谈到了对评价激励制度的不满。在单一且重成果的评价制度下,教师对成果认定和奖励办法的公平性产生强烈质疑,这种不公平的感受将进一步挫伤教师追求专业发展的动力。在第二个案例中,受访教师反馈了幼儿园着装文化中存在的不公平现象。幼儿园教师在对同事着装合规性及违规后果进行社会比较后,认为幼儿园相关规则没有得到公平实施。由此出发,教师可能会失去对规章制

第五章　同事互动中的幼儿园教师情绪劳动

度的敬畏与认同,由此造成负面情绪或违规行为的蔓延。

其次,公平、合理且灵活的园所管理制度和文化有助于教师减少情绪损耗。在第三个案例中,受访教师介绍了幼儿园中让其感受到幸福感的制度设计。该幼儿园的管理十分完善,行政人员能够高效处理各项工作,为教师创造了积极的工作环境。同时,幼儿园的教研制度十分有特色,园长不仅邀请专家参与教研,并且自己全程陪同,对每位教师的汇报进行点评和激励,这些行为都使教师感受到专业发展和园所支持的幸福感。在工作付出及收获的社会比较中,教师体会到了公平与获益,因此对占用周末休息时间的教研活动也能欣然接受。在第四个案例中,教师同样反馈了自己感到满意的管理制度与文化,例如,清晰明确的职责分工、合理且富有弹性的管理制度、鼓励互助和专业成长的团队文化等,这些都有助于激发教师的工作热情和创造力,也有助于教师之间形成积极的人际关系,从而整体提升教师的职业幸福感。

(三)组织成员与幼儿园教师的情绪劳动

在一所幼儿园中,整体的教师队伍质量影响着每一位教师的工作体验与满意度。首先,稳定的教师队伍有助于提高教师的合作效率。园所中的教师流动性较大时,教师需要频繁更换合作伙伴,从而增加人际关系的适应成本,加重教师的情绪劳动负担。相反,稳定的师资队伍使教师更加熟悉和信任自己的合作伙伴,从而减少沟通中可能存在的摩擦。其次,高素质的教师队伍有助于提升教师的工作效率和满意度。对于注重合作的幼儿园保教工作而言,当同事具备良好的专业知识和技能时,有助于能够整体提升工作效率,减少可能的拖沓或加班,从而保障每个人的休息与放松时间。

"我支教的幼儿园是一所刚筹建的新园,人员构架不太理想。首先,园长是从另一所民办园引进的,下面的保教主任和后勤主任都工作10年了,但是电脑打字都打不到一起。然后,还有个管理层老师是刚从国外留学回来的研究生,但她学的是声乐,没有任何管理经验和专业基础。在我看来,幼儿园没有任何行政效率,保教主任在那打字,慢得让人心颤。那天我去交材料,她半天没法完成交接。我说:'您先按CTRL对不对?你把它CTRL到了,然后您把它复制再放下来,然后按Enter就过去了。'特别慢,她都没到40岁怎么能信息技术素养这么差!最重要的是,你作为一个普通老师,你很想帮助她赶紧弄完这个事情,大家都好下班,但是你又没办法说太多,说太多显得你比人家能干。"

(20230524XM)

"我记得有一天园里通知班主任开会,等我开完会回来,发现有两三个小朋友手掌擦伤没有得到处理。我当时就很生气,问两个助教到底什么情况,结果她俩先是互相推脱责任,都说自己没看到。然后就开始抱怨我出班,她俩看不了那么全。然后又扯到我们班保育老师,说我为啥只批评她俩,不去问保育老师。我当时生气的是,两个人都太没有责任感了。擦伤可能是不可避免的,但至少要及时发现,发现了要赶紧带小朋友去医务室,至少要给我留个言。结果,她俩发现了也不给我说,不把孩子放在心上,也不考虑家长可能的反应,还相互推卸责任,那次我真的非常生气。"(20230725LJ)

"我在幼儿园感受到的所有幸福都是因为园长的观念非常好,其他幼儿园教师间可能有什么勾心斗角,我们幼儿园很少有这样的情况。首先,我们园长的理念就是教师要团结一致,该做的事情一起做。我们的绩效不分等次,所有老师平均摊,干活的时候谁也不要推。反正绩效年轻老师跟老教师拿一样多,你需要指导的时候老教师不推,老教师找你帮忙你也不要推。幼儿园有什么事,不要说这个活不该我做,所有人必须一起上,包括我们领导。装修的时候领导跟我们一起搬桌子,创建加班的时候一起加,绝对不可能先走,我觉得这是给我们老师最大的鼓励。其次,园长专业能力很强,做事有效率。我接触过那种能力弱的领导,开会抓不住重点,讨论来讨论去,解决不了实际问题,浪费老师的时间。我们领导就不这样,每次开会她就直接说,接下来我们半个小时开完这个会,我只说几个重点,大家快速记。咔咔一顿说,讲得清楚有条理,讲完就问大家有没有什么问题,马上谈完就走。"(20230725YL)

在上述案例中,受访教师从多个角度对同事进行评价,并谈到了同事工作能力及专业素养对自身情绪体验的影响。在第一个案例中,受访教师在社会比较的过程中发现在幼儿园承担重要工作的同事专业素养及信息技术素养较低,这一定程度上影响幼儿园的行政效率,并给自己的工作带来不便,由此产生对同事的失望及对自身专业发展的困惑。在第二个案例中,受访教师表达了对同事责任感不强并缺乏团队协作精神的不满。这些反馈一定程度上反映出当前幼儿园在教师队伍建设方面存在的困难。随着近年来学前教育的快速发展,许多幼儿园面临着教师流动率高、年龄及学历结构不平衡、教师专业素养差异大等问题,制约着幼儿园组织效率和保教质量的提升。

在第三个案例中,受访教师将自己所在的幼儿园与其他幼儿园进行了比较。相较于其他幼儿园可能存在的勾心斗角,自己幼儿园很少有这样的情况。

这种比较使教师感到自己所在的幼儿园更加优越,增强了她对幼儿园的归属感和幸福感。值得注意的是,这种幸福感的来源是教师对园长专业能力及行政素养的认同,她认为园长能够迅速抓住重点并解决问题,这有助于所有教师明确工作目标、团结行动并提升工作效率。由此可见,园长的专业能力和领导风格有助于教师提升工作能力,增强工作信心和动力,从而减少情绪负担。因此,为了提升幼儿园教师队伍的工作能力与专业素养,需要园所从多方面加强师资队伍建设,通过提供专业培训、职业发展规划和激励机制,帮助教师提升专业素养和协作意识,营造积极的工作氛围。

### (四)组织技术与幼儿园教师的情绪劳动

在幼儿园保教工作中,技术不仅指硬件设施和教学方法,更涵盖了整个教育过程与配套设施,如活动室布局、活动材料的准备以及设施设备的配置等。这些技术要素构成了幼儿园中人际互动的环境载体,对幼儿园教师的情绪劳动具有深远影响。首先,充足可用的技术能够为教师提供相对舒适和有序的工作环境。在这样的环境中,教师更容易保持积极的情绪状态,投入到与同事或幼儿的互动中。其次,设施设备的完善可以减轻幼儿园教师的日常工作负担,充足的活动材料可以让教师减少因准备不足而产生的焦虑感,使他们有更多的精力提升专业实践的质量。相反,假如缺乏足够的设施与技术,幼儿园教师可能会因资源不足感到疲惫或产生误解,进而影响到他们的情绪状态。

"我们幼儿园的经费似乎更愿意花在管理教师而不是为教师提供支持上。比如,幼儿园采购打卡机和管理系统,要求老师一天打卡四次,但是不给老师采购教学材料。幼儿园也不建课程资源库,上课用的每一个材料都要老师自己准备。我们去调研乡镇幼儿园,看到人家幼儿园自己用轮胎做了一个手扶的围栏,我们园长让我学学怎么做。我当时心里就想:'我怎么会做那些东西,你要是让我往那边发展,你得送我去培训呀!'园长就觉得男老师就应该什么都会,又想马儿跑,又不给马儿吃草,就是这种状态。"(20230724YB)

"我们幼儿园是大班额,一个班有50多个孩子,只有两个老师。如果说一个老师请假了,一整天就一个老师带50个孩子,真的特别辛苦特别难。幼儿园保教质量没法提高,但是很重视宣传,每天都要摆拍。我们幼儿园的区域是没法玩的,就是用来应付检查。一方面,50个孩子只有2个老师,场地、材料和人数不匹配,游戏玩不开。另一个是区域做得不实用。当年我们实习的时候,幼儿园的区域活动都是孩子们常见的活动,材料也是日常能接触到的普通材料。

但是,我们幼儿园区域做的是什么青花瓷和土族鞋垫,材料稀少,玩法复杂,孩子根本没法玩,都是给人看的。"(20230724WR)

在上述案例中,受访教师反馈了幼儿园资源配置对自身工作体验的影响。在第一个案例中,教师通过对幼儿园管理制度的比较,认为幼儿园没有为教师提供实质性的支持,而是注重园所管理需求的满足,这种做法增加了教师的工作负担,使教师感到被控制而不是被支持,进而产生负面情绪。在第二个案例中,教师同样反馈了教学资源紧缺和配置不合理的问题,认为园所过度重视宣传工作而忽视实际的保教质量提升。幼儿园的大班额现状难以改变,教师承受着极大的工作压力,且无法获得足够的空间和资源提高课程及游戏质量,这些状况都让教师感到痛苦与失落,难以在专业实践中获得价值感。

大量研究表明,教师并不是唯一可以影响他们自身情绪的人,改变教育政策和学校组织的特征也可以有效促进教师的情绪健康。如图6-3所示,幼儿园的组织架构、组织制度与文化、组织成员及组织技术构成了幼儿园教师专业实践中人际交往的前提和背景,当幼儿园教师在基于组织情境的社会比较中产生公平感受,那么她们更愿意将情绪规则与自身体验之间的差距进行客观全面地积极归因,主动寻找转变工作局面与感受的方法,这将促使教师采取重塑工作意义、重塑互动结构、影响他人感受等深层情绪劳动策略。相反,假如幼儿园教师知觉到组织要素扩大了自己与同事之间的差距,让自己处于不利处境且难以通过自身力量改变现状,那么教师对组织及同事的认同都会下降,更可能通过浅层的表情管理掩饰自己的无助与愤怒。

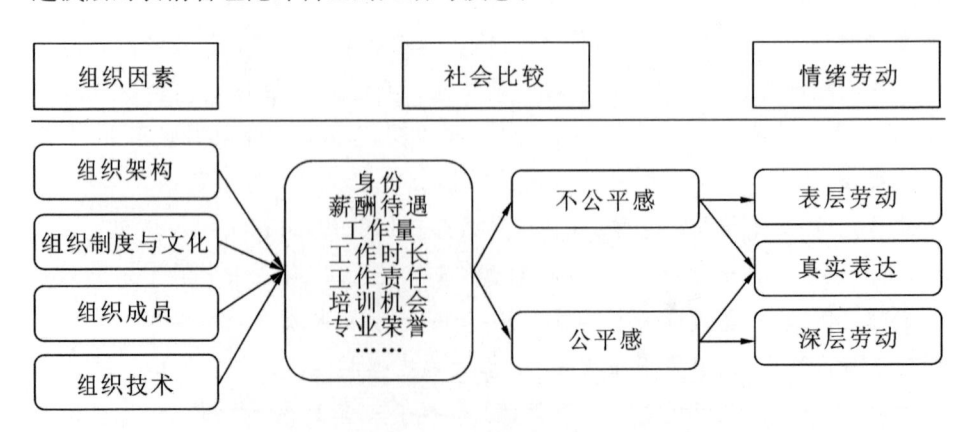

图6-3 组织因素对幼儿园教师情绪劳动的影响机制

幼儿园不仅是学习型组织,更应当是情绪健康型组织,为组织中的每个个体创造一个积极、和谐且有益于人格发展的环境。因为,幼儿的情绪与社会性发展是其全面发展的重要组成部分,而教师的情绪状态直接影响到幼儿的情绪体验和能力发展。因此,幼儿园应该关注教师的情绪健康,提供必要的支持和资源,帮助他们应对工作压力,保持积极的心态和情感状态。例如,免除教师过多的行政工作量,确保学校工作任务的公平分配,或通过各种举措认可教师的努力并提高其社会价值,承认教师的教育水平和工作复杂性相对应的专业地位等。[1] 幼儿园组织在规模上并不复杂和庞大,但"麻雀虽小,五脏俱全",规范的管理有助于提高幼儿园组织的整体效能,提升幼儿园的保育教育质量,促进幼儿园中每一位教师和儿童的发展与幸福。同时,幼儿园应该营造一个开放、包容、互相支持的组织文化,鼓励教师之间的交流和合作,共同促进幼儿的情感发展。通过这样的努力,幼儿园才能真正成为孩子们成长的温暖家园,为他们的未来奠定坚实的基础。

## ——本·章·小·结——

幼儿园中的同事互动是已有研究中较少被关注的主题。在已有研究中,学者对于幼儿园教师同事关系的研究主要聚焦于教师队伍建设、学习共同体建设、集体教研等领域,研究视角相对侧重认知导向和整体层面的分析,对个体教师在同事互动中的微观过程与影响关注较少。本章细致考察了幼儿园教师在同事互动中的情绪劳动,一方面有助于补充幼儿园同事关系的相关研究成果,另一方面也拓展了幼儿园教师情绪劳动研究的视角。

第一节探讨了当前幼儿园中同事互动的背景特征。过去十余年中,学前教育的快速发展带来了幼儿园教师队伍的整体增长与快速流动。不同学科、学历及聘任方式的年轻幼儿园教师为学前教育行业带来朝气与活力,也为幼儿园的教师队伍建设提出了新挑战。为了促进班级幼儿园教师之间的有效合作,幼儿园设计了形式各异的"搭班"制度,专业搭配与优势互补、新老搭配与经验传承、竞争上岗与公平激励是园所制度设计考虑的普遍原则,而幼儿园教师也在制度框架下争取着选择合适搭档的自主权。幼儿园的专业规范、管理制度及时空情

---

[1] BURIĆ I, FRENZEL A C. Teacher anger: new empirical insights using a multi-method approach[J]. Teaching and teacher education, 2019, 86: 102895.

境都凸显出班级教师合作的重要性,但合作的必要性也带来了合作的脆弱性。幼儿园教师之间有时限的合作关系为双方寻求恰当的互动方式提供了较大心理空间。

第二节描述了幼儿园教师在同事互动中复杂的情绪体验。幼儿园保教实践是一项集体性质的专业实践,与同事合作是学前教育制度、理论与实践的共同要求,任何教师都不能以孤身作战的方式完成工作任务。正因如此,教师必然在与不同类型同事的互动中体验到酸甜苦辣。本节研究发现,与幼儿园教师正向情绪体验密切联系的是同事的帮助与支持、榜样示范及共同兴趣,这些因素满足了幼儿园教师提升专业能力与获得情感支持的双重需求。同时,冷漠严苛、缺乏合作以及理念不合的同事关系则会让幼儿园教师体会到不同类型的负面情绪,不利于幼儿园教师建立专业发展的信心与动力。

第三节探讨了幼儿园教师在家园互动中的情绪劳动规则与策略。在我国文化背景下,幼儿园教师在工作中的情绪规则体现了传统人情文化与职业伦理的融合。在同事互动中,幼儿园教师需要意识到自身的集体身份,遵守营造个性形象、维护集体形象、控制负面影响的情绪与行为规则。幼儿园教师在同事互动中的情绪劳动策略包括表层劳动、深层劳动和真实表达三种类型。面对自己并不理解或认同的情绪规则,幼儿园教师有时会采用表演亲密、努力忍耐的表面劳动策略,但更多时候会通过重塑工作意义、重塑工作结构、影响他人感受等深层劳动策略。忠实于自我的幼儿园教师则通过真情流露或划分工作边界的策略保持与同事的协商姿态。

第四节探讨了影响幼儿园教师情绪劳动的组织因素。幼儿园作为一个具有明确任务与使命的教育机构,幼儿园教师之间的互动目标、内容与形式都与组织要素密不可分。这些组织要素也会通过影响教师在社会比较过程中感知到的公平感,从而对教师的情绪劳动负担产生影响。在研究中可以发现,组织结构、组织制度与文化、组织成员及组织技术是影响幼儿园教师情绪劳动的关键因素,这些因素的规范性与合理性不仅影响幼儿园教师的情绪状态,也影响着幼儿园教师情绪劳动策略的选择。

# 第六章

# 总结与启示

## 第一节 总结

20世纪80年代,霍克希尔德以其卓越的洞察力发现了工作场合中十分重要但广受忽视的劳动形式,将之命名为"情绪劳动",为人们理解个体与组织之间的关系提供了独到的视角。四十年后,这一概念依然指引着人文社科领域关于不同职业劳动性质的探讨。2023年,伴随着Chatgpt的横空出世,人工智能对教育的影响成为大众热烈讨论的话题。人工智能对教育工作者的劳动形式会有怎样的影响?人机交互是否会代替人际互动成为教育的主流模式?这些话题也激发笔者对于未来幼儿教育实践模式的思考。尽管人工智能可能带来的影响尚不明确,但毫无疑问人与人之间的互动和情感交流将变得更加珍贵,以完整身心为幼儿生命开端提供支持的幼儿园教师职业及其价值或许会重新得到认识。这一节将在前文基础上对幼儿园教师的情绪劳动进行总结与讨论,以期进一步澄清情绪情感在学前教育实践中的独特意义。

### 一、高情绪劳动者:幼儿园教师的隐藏角色

情绪劳动是指员工为使他们的私人情绪或公共情绪符合工作和组织要求而做出的努力。在不同的行业和领域,个体情绪劳动的动机与实践策略也存在较大差异。在追求专业化的发展道路上,幼儿园教师的专业知识与技能受到广泛的重视,而情绪劳动及其价值往往受到忽视,幼儿园教师作为高情绪劳动者的意义被遮蔽。然而,只有将视线聚焦于日复一日的保教实践,才能够直观感

知幼儿园教师职业的情绪卷入程度及其意义。

（一）频繁的人际互动

对于幼儿园教师来说，与幼儿、家长及同事的互动构成了其工作场所中人际互动的完整图景。这些不同类型的互动从线下延伸至线上，从幼儿园拓展至家庭，甚至从上班时间延伸到幼儿离园后的加班时间。以师幼互动为例，我们可以直观感受到幼儿园教师人际互动的频繁性及互动中情绪体验与表达的丰富性。回顾第三章中对6位教师与幼儿在半日活动中互动事件的考察，教师在半日活动的3小时内平均约表达正向情绪8.5次，表达负向情绪11次。换而言之，平均每个小时教师约进行情绪表达7次，平均每隔8分钟就进行一次正向或负向情绪表达。值得注意的是，以上数据只反映了笔者记录的教师较为明显的情绪表达事件。除了这些事件，教师与幼儿之间还进行着大量情绪表达特征不明显的互动，例如快速的提问与回答，任务的分配，简单的提醒等。

霍克希尔德在《情绪管理的探索》一书中，提出了区分高情绪劳动职业与低情绪劳动职业的标准，其中高情绪劳动职业的第一个特征就是从业人员需要与公众面对面或声音对声音的接触。在她看来，情绪劳动的概念需要放在人际互动的情景中进行理解。如果一个人的工作中不需要与他人进行互动，那么他的工作也就很少涉及情绪劳动。例如，程序员进行编程工作时主要将注意力放在工作任务上，即便这一个过程中存在调节自身情绪的需要，其目的也是为了消除自身不愉快的情绪。但是，如果一份工作需要大量的人际交往，这时工作者就不能仅关注自身的需求，还需要根据互动对象的表现对自身情绪和对方情绪进行调节。当需要表现出与自身内在体验不一致的情绪时，情绪劳动就产生了。格兰迪等学者的实证研究也发现，人际互动越多的工作，从业人员情绪劳动的得分就越高。对于幼儿园教师来说，其工作中充满了与不同对象持续不断且目的各异的互动，例如调动幼儿的兴趣、安抚家长的焦虑、争取同事的合作等，这些工作任务都需要教师将自身情绪调节至适宜的状态来完成。从这个层面来看，频繁的人际互动是教师情绪劳动广泛且持续存在的前提，而幼儿园教师的情绪劳动则是幼儿园保教实践的重要组成部分，教师无法在不调动个人情感的情况下顺利开展保教工作。

（二）多样化的情绪表达

如果说频繁的人际互动为理解幼儿园教师的情绪劳动提供了必要性，勾勒出幼儿园教师情绪劳动的模糊轮廓，那么教师情绪表达的特征则使幼儿园教师情绪劳动存在的形态更加凸显。情绪劳动作为一个工作场所术语，其实质是与职业要求紧密联系的情绪调节与情绪表达。因此，尽管参与研究的教师在年龄、教龄、性格特征方面都具有个体差异性，但她们在幼儿园保教实践中的情绪劳动仍然体现出较多的共性特征。

首先，幼儿园教师在工作中需要频繁进行情绪转换。国外学者在对不同职业的情绪劳动进行考察时发现，尽管各种职业都需要一定的情绪劳动，但情绪劳动的形式不尽相同。例如，空乘人员需要在工作中尽量表达亲切的情绪，审判工作人员需要尽量保持严肃的表情，这些工作中从业者所需表达的情绪类型往往较为单一或稳定。然而，对于幼儿园教师来说，其在人际互动中的情绪表达不仅十分多样，并且需要根据需要在不同情绪表现间快速转换。以师幼互动为例，教师可能前一分钟在享受与幼儿默契配合的愉悦，下一分钟就需要沉下脸提醒不遵守纪律的幼儿。这种看似突兀的"变脸"现象不太符合日常交往的一般规则，在脱离幼儿园教师职业情境的情况下也让人难以理解。因此，频繁的情绪转化一定程度上可以揭示幼儿园教师工作的职业特征，这一特征与教师互动对象和互动情境的变化密切相关。对于幼儿园教师来说，其潜在的互动对象是班级中的数十名幼儿，教师需要与个别幼儿、小组幼儿及全体幼儿进行互动，这些互动就成为教师工作时间轴上一个个密集相连的点。同时，幼儿的一日生活安排涉及集体、小组与个别等多种组织形式，生活、游戏与教学等多种活动类型以及室内与室外的空间转换，互动情境与互动目标的交替穿插也对教师的情绪表达提出了多样化的要求。

其次，幼儿园教师职业更倾向于要求教师"表露"自己的情绪。有些工作主要需要工作者"抑制"自身的情绪，例如法官在审理案件时需要表现冷静的态度，售后人员在面对客人的不满与指责时需要保持克制和平静，另一些工作则需要从业者"表露"出一定的情绪。例如，服务行业的从业者可能需要努力表露出热情友好的情绪。幼儿园教师职业的特征总体上更倾向于后者。结合第三章对幼儿园教师情绪表达事件发生场景的统计，教师负向情绪在教学活动和过渡活动中出现频率最高，在生活活动、晨间活动和户外活动等环节教师出现的频率较少。对于正向情绪来说，出现频率最高的场景是教学活动，其次是晨间活动、户外活动、过渡活动和角色游戏。总体来看，尽管教师在不同情境中表达的情绪类型与表达频率存在一定差异，但与幼儿互动中他们需要"表露"情绪的场合覆盖了半日活动的所有环节,也贯穿了教师保教工作的所有时间。尽管幼儿园教师在工作中也需要抑制自己愉快或不愉快的情绪,但在师幼互动中,教师情绪的"表露"特征更为明显。幼儿园教师群体之所以有这样的表现,主要原因在于幼儿园教师互动对象的特殊性。对于幼儿园教师来说,其面对的互动对象是身心发展尚未成熟的儿童,幼儿对面部表情的理解要比对抽象语言的理解更早、更敏锐和更准确,而教师的情绪表达与示范是幼儿学习情绪识别、理解及调控的重要途径。正因如此,幼儿园教师在工作中的情绪劳动是其专业素养的重要组成部分。

(三)自主的情绪调节

通过对教师在师幼互动中情绪表达频率、形式与变化模式的考察,幼儿园教师情绪劳动的部分特征得以凸显。在这一过程中,有两个新的问题逐渐浮现。第一,教师在师幼互动中的情绪表达是否与其内在情绪体验相一致?第二,教师为何以及如何"表露"出特定的情绪?这两个问题是理解幼儿园教师情绪劳动区别于其他职业情绪劳动特征的关键。

从情绪建构主义的角度来理解,情绪表达与内在体验的一致性问题不是一个可以用"是"或"否"来回答的事实问题,也不仅仅是二者之间一致性程度的数量问题,而是涉及价值载荷和文化异质性的复杂问题。个体在工作场合中的情绪表达是否与其情绪体验相一致,这一问题恰恰是情绪劳动研究的逻辑起点。正因为个体需要调节自身情绪表达出符合工作需要的情绪,才使情绪劳动成为一种必要。对于幼儿园教师而言,工作中的情绪表达要求更为复杂多样,需要根据幼儿个体及集体的状况做出恰当应对。如果说个体日常生活中情绪表达与内在体验不一致的情况是一种常态,那么对于教师而言,这种不一致不仅是工作的常态,更是工作的必需。我国学者曾提出,在正常情况下,教育感情的表达要发自内心,是真情实感,但职业性和教育性决定了教育感情表达的自由是有限的。因此,教师在工作场合中的情绪情感具有"表演性"。对那些随意嬉笑怒骂、口无遮拦的有损教育效益的感情表达不仅要进行限制,而且要用适当的方式取代。[①]

在教育教学过程中,教师如何"表露"出特定的情绪?在关于情绪劳动的假设中,如果教师的情绪表达与情绪体验基本一致,那么这种情绪表达往往是自

---

① 舒尔茨.教育的感情世界[M].赵鑫,等译.上海:华东师范大学出版社,2010:2-4.

# 第六章 总结与启示

然而然地流露。与之相应,如果教师表达的情绪与其内在体验不一致,那么教师就需要付出一定的意志努力来表现出工作所需的情绪。在第三章的观察研究中,笔者将教师的情绪表达分为有明显诱因的情绪表达和没有明显诱因的情绪表达。至少从没有明显诱因的情绪表达来看,教师有意识调动自身内在力量来"表露"特定情绪的努力显而易见。同时,从幼儿园教师情绪表达的变化模式来看,大多数教师情绪表达事件都属于"转化－调节"模式或"终止－回避"模式,即教师情绪表达的时长较为短暂,强度也有所控制,一定程度上说明教师在人际互动中的情绪表达蕴含着主动自觉的情绪调节机制。

## 二、专业化情绪劳动:幼儿园教师情绪劳动的性质

随着社会分工的发展,情绪劳动逐渐具有了"专业"与"情绪/情感"的二重属性。与市场环境中的商业化情绪劳动不同,幼儿园教师的情绪劳动是一项专业化情绪劳动,需要将其纳入教师专业素养的框架去理解,也需要呼吁专业系统对其关注、承认与支持。幼儿园教师情绪劳动的专业化特征表现如下:

### (一)问题解决与建立信任:幼儿园教师情绪劳动的双重目标

幼儿园教师工作中的情绪劳动不仅受到人际互动频率的影响,还受到工作环境中人际关系性质的影响。在传统服务行业,员工与顾客进行的是短暂而随机的互动,其情绪劳动目标指向完成当下的工作任务。与之相对,幼儿园教师与幼儿、家长及同事之间进行着长期和稳定的接触。[①] 无论是幼儿、家长还是同事,幼儿园教师与工作中相关人员的每一次互动都建立在双方交往的前期经验基础上,并对未来的互动质量产生影响。因此,幼儿园教师情绪劳动的目的具有层次性,既需要解决当下互动中的工作需求,又需要服务于长远人际关系发展的需要(表6－1)。例如,在家园互动中,幼儿园教师情绪劳动的目标不仅是当下的理解共情或冲突化解,而且也是家园间长期信任关系的建立和维护。在师幼互动中,教师对于某幼儿主动帮助老师擦黑板行为的否定与制止,隐含着教师对该幼儿先前违反纪律行为的情感"制裁"。师幼间关于"猫妈妈生了几只小猫"的愉快互动,可能隐含着教师对之前误会该名幼儿的情感补偿。可见,人际互动中的情绪劳动既反映了教师完成工作任务的意愿,也体现着其对教育系

---

① HORNER C G, BROWN E L, MEHTA S, et al. Feeling and acting like a teacher:reconceptualizing teachers' emotional labor[J]. Teachers college record,2020,122(5):1－36.

统内部各类人际关系的维护、调整或修复。

表6-1 幼儿园教师情绪劳动的双重目标

| 工作场景 | 幼儿园教师情绪劳动的短期目标 | 幼儿园教师情绪劳动的长期目标 |
| --- | --- | --- |
| 师幼互动 | 通过情绪劳动对幼儿的情绪、行为进行回应与引导 | 赢得幼儿的信任,建立和谐的师幼关系 |
| 家园互动 | 通过情绪劳动对家长的情绪、行为进行回应与引导 | 赢得家长的信任,建立合作的家园关系 |
| 同事互动 | 通过情绪劳动对同事的情绪、行为进行回应与引导 | 赢得同事的信任,建立互惠的同事关系 |

幼儿园教师情绪劳动的双重目标在情绪劳动的过程中相互联系,相辅相成。一方面,短期目标的达成有助于长期目标的实现。例如,当教师对沮丧的孩子给予安抚和鼓励,有助于缓解孩子当下的情绪状态,也有助于师幼之间建立长期的信任关系。另一方面,长期目标的存在制约着幼儿园教师当下互动中情绪劳动策略选择的范围和自由度。当教师需要与家长沟通孩子的不当行为问题时,就需要考虑表情、语气及措辞的适切性,让家长既能够给予重视和合作,又不会激怒家长。这意味着,幼儿园教师在人际互动中需要兼顾短期目标与长期目标的一致性和平衡性。概括而言,幼儿园教师的情绪劳动发生在关系背景下,幼儿园教师参与情绪劳动不仅被视为满足工作需求的手段,还需要被理解为构建和维护幼儿发展关系系统的努力。[1] 幼儿园教师的情绪劳动是其专业知识、技能及理想信念的综合体现,是实现学前教育整体目标不容忽视的组成部分。

(二)三维交互:幼儿园教师情绪劳动系统的关系模式

幼儿园教师情绪劳动的独特性不仅体现在情绪卷入程度较高,还体现在情绪劳动对象的多样性和交互性。尽管幼儿是教师最重要的服务对象,但并不是专业实践中唯一的服务对象,幼儿园教师与家长及同事的互动同样是幼儿园教师专业实践的重要组成部分。因此,对幼儿园教师情绪劳动的理解不应当限定

---

[1] LEVINE BROWN E, VESELY C K, MEHTA S, et al. Preschool teachers' emotional acting and school-based interactions[J]. Early childhood education journal, 2023, 51(4):615-626.

第六章 总结与启示

在课堂情境或师幼互动中,而需要从整体和关系角度理解幼儿园教师的情绪劳动系统。第一,从时空层面看,教师与幼儿、家长及同事之间的互动总是交错连续,共同构造了幼儿园教师生活体验的情感链条。幼儿园教师工作中的各类人际关系都具有高度利益相关性,无论是幼儿、家长或同事的反馈都会对教师自身利益形成补足或损害,这使得幼儿园教师的情绪劳动具有连续性。第二,从关系层面看,受到情绪感染和传递机制的影响,幼儿园教师在师幼互动、家园互动和同事互动中的情绪体验与表达会相互影响。例如,家园互动中的愉悦情绪可能会延续到教师的师幼互动中,而教师在师幼互动中的生气情绪可能会唤起同事的紧张情绪。第三,从功能层面看,与幼儿、家长或同事的互动在幼儿园教师情绪劳动的策略选择中互为资源。例如,幼儿园教师可以借助家长的力量解决班级三位教师间分工不均的问题,幼儿园教师也会借助幼儿的力量化解家园互动中的困难等。因此,本研究认为幼儿园教师的情绪劳动广泛存在于其与幼儿、家长及同事的互动过程中,这三类互动中的情绪劳动相互影响、不可分割,共同构成了幼儿园教师情绪劳动的完整图景。

值得注意的是,幼儿园教师对上述三类互动的关系有着不同的理解和实践方式,总体上可以分为以下三种模式(图6-1):第一,区隔模式。这种模式将不同人际互动中的情绪体验和行动策略进行区隔,以期保持开展不同工作时的专业性与客观性。这一取向的教师倾向于为师幼关系、家园关系和同事关系建立相互独立的情绪账户,在每个部分建立独立的情绪原则与行动策略,对每个部分的情绪资源损耗与补充进行单独核算。例如,当幼儿园教师与某幼儿家长产生不愉快的互动体验时,她会有意识地避免这种负向情绪体验影响其与幼儿之间的互动。在这种情况下,师幼之间的互动体验也难以让教师对这名幼儿的家长改观。第二,部分融合模式。这种模式倾向于将不同人际互动中的情绪体验进行功能性融合,达到平衡自身情绪资源的目的。这一取向的教师也会为师幼关系、家园关系和同事关系分别建立情绪账户,但会通过账户之间的情绪资源转移避免某个账户的失衡。例如,幼儿园教师在同事互动或家园互动中受挫时,可能会将更多精力投入师幼互动,将师幼关系作为工作意义的立足点和幸福感的主要来源,以此弥补在另外两方面人际互动中的情绪损耗。同样,当幼儿园教师在师幼互动中遭受挫折时,可能会通过加强同事互动或家园互动缓解心理压力。第三,完全融合模式。这种模式下的幼儿园教师往往对自身情绪状态与策略缺乏关注与反思,其在不同人际交往中情绪体验与行动策略相互交织共融。这一取向的教师往往只有一个浑然一体的情绪账户,倾向于在人际互动中快速分配、消耗和补充情绪资源。例如,幼儿园教师可能会在正向情绪的驱动下展现积极的互动状态,也可能会在体会到负面情绪时对工作中的不同互动对象失去信心。

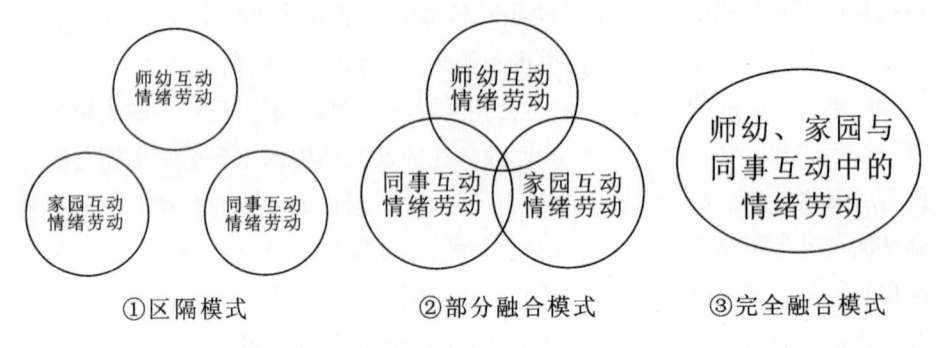

①区隔模式　　　　②部分融合模式　　　　③完全融合模式

图6-1　幼儿园教师情绪劳动系统的关系模式

上述幼儿园教师情绪劳动系统的关系模式是一种理论层面的类型划分,并不意味着幼儿园教师的情绪劳动可以完全归属于其中一类。在实际情况中,这三种关系模式可能共同存在于某位幼儿园教师的情绪劳动实践中,其对教师个体和工作表现的影响也各有利弊。区分这三种关系模式,有助于探讨幼儿园教师情绪劳动的多维性与动态性。第一,幼儿园教师的情绪劳动难以脱离具体的互动对象和情境进行探讨,互动对象的多样性意味着教师需要敏锐感知互动对象及其需求的变化,协调不同层面的情绪规则,调整自身形象构建的策略,这些一定程度上加重了情绪劳动的负担。第二,幼儿园教师的情绪劳动蕴含着情绪损耗与促进幸福感的双重面向。对于幼儿园教师而言,多样化的人际互动既带来了情绪资源的损耗,也为情绪资源的补充与恢复提供了契机。幼儿园教师在不同人际互动中的情绪劳动中积累经验,有助于幼儿园教师丰富情绪劳动的策略,改善心理资源和工作表现。第三,幼儿园教师情绪劳动系统的多元模式体现了幼儿园教师情绪劳动实践的个体差异性,这种差异似乎与幼儿园教师的专业认同及自主性存在联系,未来研究有必要进一步探讨幼儿园教师情绪劳动系统的工作机制。

**(三)动态互构:幼儿园教师专业实践中的情绪规则**

在《心灵的整饰:人类情感的商业化》一书中,霍克希尔德将"情绪规则"视为资本家制定的一套商业化情绪规则,资本市场通过情绪规则操纵和控制劳动者的情绪,从而达到满足顾客需求,获得利润收益的目的。在后续学者关于不同职业工作者情绪劳动的研究中,也往往将分析重点放在工作者应对情绪规则的策略上,对"情绪规则"的来源及产生过程探讨较少。在大多数研究中,"情绪规则"被视为来源模糊但相对稳定的既存事实,代表着社会结构性力量在特定职业领域的投射。然而,这样的情绪规则概念显然难以支撑对幼儿园教师情绪劳动的探讨。一方面,尽管市场力量一定程度上影响着幼儿园(尤其是民办幼儿园)中的情绪规则,但国家力量及专业力量在幼儿园教师情绪规则的塑造中也扮演着重要角色。[①] 另一方面,伴随着某一职业生态环境的变化,其"情绪规则"也兼具稳定性与动态性的特征。在幼儿教育领域,这种动态性不仅体现为不同工作情境中对工作者情绪表现的差异化要求,也体现为国家、专业及市场力量在塑造幼儿园教师情绪规则边界中的互动与协商。通过比较幼儿园教师在师幼互动、家园互动及同事互动中的情绪劳动,可以发现幼儿园教师情绪规则的专业性特征。

首先,幼儿园教师专业实践中的情绪规则主要由国家与专业力量参与形塑。国家力量通过《教师法》《学前教育法》《幼儿园教师专业标准》等教育法律法规塑造了幼儿园教师职业的职业伦理与规范,通过授权有资质的高校人才控制学前教育专业的人才培养规格、规模与质量,并通过幼儿园教师资格证考试和证照发行制度控制工作人员的准入。同时,以高校学前教育专业、学前教育研究会为代表的各类专业团体则通过课程设置、培训项目及科学研究活动引领幼儿园及其从业人员的学习与发展。在强大的国家力量和专业力量的推动下,不仅确立了幼儿园保教工作不以营利为目的,追求儿童全面发展的价值取向,也使专业伦理与规范成为幼儿园教师情绪劳动的底层规则。正因如此,本研究中的幼儿园教师在发现家园互动中存在着商业化取向的情绪规则时,表达出了对自身"专业角色"的困惑与质疑。也正因如此,在诱发幼儿园教师负面情绪的事件中,家长或同事违背专业伦理的行为是主要诱因之一。

其次,幼儿园教师在与不同对象互动过程中对情绪规则进行协商。幼儿园教师所提供的保教服务属于社会公共服务,对于幼儿、家庭、社区及国家的发展具有积极的价值与意义。这一基本性质决定了幼儿园教师在与幼儿、家长及同

---

① 苏熠慧.管辖权视角下的"专业化情绪劳动"[J].中国社会科学评价,2022(3):42-51,158.

事的关系是对等合作的关系。幼儿园教师在提供保教服务的同时,肩负着引领或支持互动对象发展的责任,这使得幼儿园教师的工作性质兼具专业性和服务性特征。与前人研究发现相似,幼儿园教师的工作具有一定的专业自主性,他们在保持社会关系和专业权威层面享受一定的自主权和灵活性。[1] 研究中可以发现,幼儿园教师并不是外部情绪规则的被动接受者,他们在微观的劳动过程中对国家、市场及专业共同体定义的情绪规则进行反思、批判与协商,主动选择和诠释工作中的情绪规则或灵活践行自己存有疑惑的情绪规则。这种对情绪规则的协商一定程度上体现了幼儿园教师的专业自主性,也反过来加强了幼儿园中情绪规则与专业规范的联系,违背专业规范的情绪规则将引发教师强烈的反感。

### (四)专业身份建构:幼儿园教师的情绪劳动策略选择

教师身份是教师专业发展的一项重要议题。身份作为一个相对概念,是指社会互动中个人对自我和他人的理解。因此,它同时具有社会性和个体性两种属性。在社会性层面上,身份是指他人或社会对主体的期望、规定与认可,类似于人们通常所说的"角色";在个体性层面上,身份是主体对自身的反思、认定和追寻,强调的是个体对其身份的主动"认同",体现了主体对身份的自我建构。[2] 在我国已有关于幼儿园教师专业身份的研究中,教师身份建构一般与知识与技能发展相联系。在认知取向的研究脉络中,幼儿园教师通过参与专业化的教师教育及培训掌握系统的专业知识与技能,在专业实践中不断提升自己的专业素养,在此过程中建构自身的专业身份。这一研究路径相对忽略了情绪情感在教师专业身份建构中的角色与价值。本研究发现,幼儿园教师身份是教师参与工作情境中人际互动的自我定位,而人际互动的情绪劳动过程也是教师建构自身专业身份的过程。

首先,幼儿园教师在人际互动中多样化的情绪体验是唤醒教师专业身份意识的重要因素。在前文的分析中可以发现,幼儿园教师与幼儿、家长及教师的互动中具有多样化的情绪体验,这些积极的情绪体验往往来自互动对象对自己

---

[1] YIN H B. Knife – like mouth and tofu – like heart:emotion regulation by Chinese teachers in classroom teaching[J]. Social psychology of education,2016,19:1 – 22.

[2] 杜淑珍,范秉相. 学术带头人在高校"教师学习共同体"环境下的身份构建[J]. 中国成人教育,2017(15):125 – 129.

教师身份的认可与承认。例如,幼儿对教育教学活动的积极参与和反馈,家长对教师专业实践的认可与支持,同事对教师专业实践的帮助与认可等,这些积极的情绪体验有助于教师增强专业效能感,并进一步激发幼儿园教师的专业认同感。与此同时,幼儿园教师在互动中的负向情绪体验往往与自身专业身份建构不畅有关,例如,幼儿不支持教师的专业实践,家长将教师视为"保姆"而非"教师",与同事存在专业理念冲突等。这些不愉快的经历同样能激发幼儿园教师对自身专业身份的反思,考虑自身教师身份的表征与职责边界,进一步追求建构专业身份的有效路径。

其次,构建专业教师身份是幼儿园教师情绪规则的内在要求。幼儿园教师情绪规则的标准化和制度化是幼儿园教师专业化发展的体现。"专业化"具有两个层面的内涵,一是教师群体的专业化,即教师职业日渐成熟,建立明确的专业标准,取得相应的专业地位。二是教师个体的专业化,指教师个体在职业生涯中通过专业训练和专业实践逐步提升自己的专业素养,从普通人转变为教育者的过程。[①] 2012 年,我国《幼儿园教师专业标准》发布,从制度层面明确了幼儿园教师专业化的内涵,基于专业理念与师德,专业知识与专业能力界定了教师应具备的专业素养。在专业标准中,幼儿园教师在工作场景中的情绪规则也蕴藏其中。因此,理解和实践国家及园所层面的情绪规则,是幼儿园教师构建自身专业身份的必要路径。

最后,幼儿园教师情绪策略的选择体现了教师构建自身专业身份的自主性。在前文中可以发现,幼儿园教师在面对国家及园所层面拟定的情绪规则时往往具有不同的理解与态度,这种多样性使幼儿园教师根据互动情境灵活实践情绪规则成为可能。在师幼互动中,可以看到幼儿园教师对情绪规则的情境化理解与重塑;在家园互动中,幼儿园教师对与家长的互动十分重视并做好充分准备,并通过互动前、互动中和互动后的一系列策略服务于家园关系的维护;在同事互动中,幼儿园教师巧妙维护同事关系的平衡,创造性地运用情绪劳动策略维护与同事的合作关系。这一系列的策略选择体现了幼儿园教师构建和展示自身专业身份的努力。因此,无论是表层劳动、深层劳动还是真实表达,都体现了幼儿园教师适应工作环境和情绪规则的努力。表层劳动体现了幼儿园教师对不理想工作环境与情绪规则的暂时妥协,是对现实

---

① 杨文.幼儿园教师专业化的特点、困境及解决策略[J].学前教育研究,2015(7):58-60.

自我的接纳与保护,而深层劳动则反映了幼儿园教师对理想自我的追求。多样化策略的使用是教师连接现实自我与理想自我的必然路径,其结果都指向幼儿园教师的专业成长。

通过回顾幼儿园教师情绪劳动的目标、内容、规则及策略,幼儿园教师情绪劳动作为专业性情绪劳动的特征逐渐清晰,这种专业性情绪劳动与商业性情绪劳动具有显著差异(表6-2)。明确幼儿园教师情绪劳动的专业特性对于推进幼儿园教师专业化研究与实践具有积极意义。在研究层面,有必要明确幼儿园教师情绪劳动在专业素养结构中的角色与功能,探索高质量情绪劳动的特征及其与其他教育要素之间的关系。在实践领域,需要重视幼儿保教工作的情绪属性,进一步加强幼儿园教师情绪劳动相关能力的培养与培训,探索幼儿园教师情绪劳动的制度保障与激励机制。

表6-2 专业性情绪劳动和商业性情绪劳动的区别

| 类型 | 专业性情绪劳动 | 商业性情绪劳动 |
| --- | --- | --- |
| 背景 | 主要出现在教育、医疗、科学研究等领域,这些领域需要工作者对人的情绪有深入理解和掌握,以提供高质量的服务 | 主要出现在客户服务、销售、媒体运营等商业领域,这些领域需要工作者快速响应并高效率地满足客户需求,以实现商业目标 |
| 目的 | 满足服务对象的身心发展需求与能力,从而改善生活质量 | 实现商业利益,通过提供优质的服务来吸引和留住客户,增加销售额和市场份额 |
| 规则 | 遵循专业性原则,要求从业者具备专业知识、技能与价值观,严格遵守专业伦理和规范 | 遵循市场导向原则,根据客户需求和市场竞争情况,灵活调整服务内容和方式 |
| 策略 | 需要从业者深入了解工作情境中的情绪规则及工作对象的情况,采取灵活及个性化的情绪劳动策略 | 需要快速响应市场需求,侧重采用标准化、流程化的情绪劳动策略 |

## 第二节 反思与启示

### 一、非专业化：幼儿园教师情绪劳动的困境

（一）幼儿园教师情绪劳动的"非专业"认识根深蒂固

尽管大量研究表明，幼儿园教师职业是一项高情绪劳动职业，对情绪体验和表达的调节是教师专业实践的必要组成部分，但关于情绪劳动的误解与偏见仍广泛存在。一方面，以《幼儿园教师专业标准》为代表的政策文本向公众及专业群体树立了一个理想教师的形象，这一形象要求幼儿园教师"富有爱心、责任心、耐心和细心。乐观向上、热情开朗，有亲和力。善于自我调节情绪，保持平和心态"。这也使"专业幼儿园教师"的形象与理想化的表述建立起稳定联系，与上述形象不符的情绪表现则可能被归入"不专业"行列，进而导致公众和管理者难以接受幼儿园教师在专业实践中多样化的情绪表达。甚至，幼儿园教师自身也会因为自己的情绪劳动感到困惑和疲倦，陷入对专业身份的怀疑与否定，失去专业发展的认同感和效能感。另一方面，受到认知导向专业身份建构路径的影响，幼儿园教师情绪劳动的专业性及价值往往受到系统性忽略。尽管"保教合一"是幼儿园工作的基本原则，但幼儿园评价制度中往往对教师的情绪劳动缺乏认可与鼓励，在培训与教研工作中也较少关注教师情绪主题。在幼儿园班级分工中，幼儿园教师也往往追求凸显专业知识与技能的专业形象，更愿意承担教育教学工作，而非需要更多情绪和体力劳动的保育工作。幼儿教育系统内外对教师情绪劳动的轻视与忽视，既不利于幼儿园教师职业构建富有职业特色的专业化发展路径，也不利于幼儿园教师从业者树立全面的专业认同意识与专业发展理念。

（二）幼儿园教师情绪素养缺乏专业化培养与培训

国内外研究显示，早期教育工作者的工作内容包括为幼儿提供适合发展的实践和环境、持续的观察和评估、个性化的学习、促进家庭支持和伙伴关系以及参与园所质量的持续改进和专业化等。幼儿园教师的角色丰富多变，需要成为

一个反应灵敏的照顾者、一个好的倾听者、观察者、演员和内容专家。[1] 履行这些角色不仅需要幼儿园教师具有丰富的专业知识与技能,也需要幼儿园教师具备卓越的情绪素养。与幼儿园教师情绪劳动的必要性和普遍性不匹配的是,幼儿园教师接受到的专业化情绪素养培训却十分有限,这一点在国内外研究中都得到体现。[2] 在我国,尽管多数高校的学前教育专业课程中开设了学前教育法律法规、幼儿园教师职业道德及专业发展相关课程,但只有少数学校开设幼儿园教师心理健康及情绪素养相关的专项课程。许多幼儿园教师在进入工作岗位时缺少如何应对专业实践中情绪困境的知识与技能准备。在幼儿园中,情绪主题的在职教研与培训也相对匮乏,且相对空乏的培训内容也难以回应教育实践中的复杂情境。专业化培训的缺失,使幼儿教育实践中的情绪话题进一步私人化和隐匿化,导致幼儿园教师在面对教育实践中的冲突、挫败、失望与愤怒时缺乏规范指引,制约着幼儿园教师专业素养的整体提升。

### (三)幼儿园教师情绪劳动实践缺乏专业化保障机制

幼儿园教师情绪劳动是一种集体性的情绪劳动,幼儿园教师需要相互协作开展工作,集体工作的形式制约着幼儿园中的情绪规则及其实践方式。因此,幼儿园教师情绪劳动的实践方式与成效不仅依赖于教师的个人经验与素养,更依赖集体环境中的条件保障。然而,本研究发现幼儿园教师情绪劳动实践缺乏足够的专业化保障机制。第一,幼儿园中管理架构及制度建设不健全,缺乏积极健康的园所文化,加重了幼儿园教师在专业实践中的工作压力和情绪负担;第二,幼儿园中缺乏对情绪规则的集体审议机制,导致幼儿园教师依赖社会观察及口耳相传等非正式途径了解本园情绪规则,可能造成不当情绪规则的流行,以及幼儿园教师对情绪规则的误解;第三,幼儿园中缺少教师情绪劳动策略的培训学习机制,导致幼儿园教师在面对情绪困境时难以获得榜样示范或规范指引,也难以将个体经验转化为专业共同体的经验,不利于幼儿园教师集体情

---

[1] MELOY B, SCHACHNER A. Early childhood essentials: a framework for aligning child skills and educator competencies[R]. Palo Alto, CA: Learning Policy Institute, 2019.

[2] PURPER C J, THAI Y, FREDERICK T V, et al. Exploring the challenge of teachers' emotional labor in early childhood settings[J]. Early childhood education journal, 2023, 51(4): 781-789.

绪素养的高效发展。第四，幼儿园中缺乏对幼儿园教师情绪健康的干预保障机制。幼儿园教师在情绪劳动过程中不可避免产生情绪损耗，但幼儿园中往往缺少对教师情绪状态的诊断、评估和干预措施，也缺少对教师情绪恢复能力的制度性支持。

### （四）幼儿园教师情绪劳动的影响未得到充分重视

国内外研究表明，教育工作者的社交和情感能力与学生的健康、师生关系以及学业成就之间关系密切。在学前教育阶段，幼儿园教师对幼儿和家庭所做的工作本质上是情绪化的，要求他们每天应对自己与他人的一系列情绪。幼儿园教师在引导和促进他人情绪的同时，对自身情绪的调节也会对班级及园所的氛围和文化产生深远影响。值得注意的是，幼儿情绪劳动对专业实践的影响尚未得到充分的重视和探讨。一方面，幼儿园教师情绪劳动的积极意义应得到承认。在已有研究中，相对于表层情绪劳动策略，深层情绪劳动策略更受到推崇，其原因在于深层劳动体现了教师更深入的专业认同和更成熟的专业能力，且更不容易带来教师个人的情绪损耗。不过，同样有研究指出，表层与深层情绪劳动都与工作成效和组织利益密切相关。本研究也发现，无论是表层劳动、深层劳动还是真实表达，幼儿园教师的上述策略应用都指向工作任务的有效完成，幼儿园教师的多样化努力应该得到肯定。另一方面，幼儿园教师情绪劳动潜在负面影响也需要得到重视。国内外研究显示，不合理的工作环境与制度会导致教师选择表层情绪劳动策略，长期的表层情绪劳动可能会加剧教师的情绪衰竭，削弱教师的专业认同感。与此同时，幼儿园教师不恰当的情绪表达或情绪行为则可能对幼儿身心健康、班级氛围及师幼关系带来负面影响。因此，幼儿园教师情绪劳动对专业实践的影响应结合实际情境进行细致的考察与检验。

## 二、走向专业化：优化幼儿园教师情绪劳动的建议

梳理幼儿园教师的一日工作流程与职责可以发现，有质量的学前教育首先需要教师与幼儿、家长及同事建立相互信任与支持的情感纽带。随着我国学前教育改革从普及学前教育走向建立高质量的学前教育公共服务体系，构建和维护一支稳定、健康且高质量的学前教育教师队伍是改革的基础工程。要实现上述目标，未来需要更加完善的管理制度，不仅关注教师队伍在宏观结构层面的

改善,也能从微观层面上为更加健康的人际关系和个体幸福感奠定基础。

(一)重视幼儿园教师职业的情绪属性,尊重教师的情绪劳动

在当前幼儿教育研究与实践中,教师的情绪是一种普遍存在却并未引起充分关注的现象。教师在师幼互动中的情绪表现或者被视为无可争议的个人风格,或者被看作是教师个人的选择或失误,或者被作为一种心理障碍的外显表征被掩盖在关于工作压力、职业倦怠等问题的探讨中。教师的情绪之所以受到忽视,究其根本是因为人们对于"情绪"本身存在着一定的歧视性观念,把情绪看作是短暂的、难以预测的、受本能支配的、与理性相违背的现象,将教师全部的或部分的情绪表现(负向情绪)视为教育教学活动中需要加以防备或排除的"干扰",使教师情绪在教育教学活动中的角色与作用遭到忽视、误解或曲解。在本研究中,笔者认为幼儿园教师职业本身即具有情绪属性,这种情绪属性主要体现在以下几个方面:其一,幼儿园教师职业以关怀和促进幼儿的成长为主要目标,向服务对象提供情绪支持和引导是专业职责的组成部分,教师在教育教学过程中需要大量的情绪投入;其二,幼儿园教师在工作过程中扮演着多样化的角色,在师幼、家园及同事互动中展现多样化的情绪是教师职业的内在需求;其三,幼儿园教师职业属于高情绪劳动的职业,从业人员存在着较高的情绪耗竭风险。因此,教师情绪是幼儿教育研究和实践无法回避和不容忽视的重要问题,改善教师在师幼互动中的情绪和情绪表达方式首先需要人们从观念上认识并重视幼儿园教师职业的情绪情感属性,客观并全面地认识教师专业实践中的情绪。

1.尊重幼儿园教师的尊严与人格

应当认识到幼儿园教师是一个"完整的人",教育教学工作是教师经验、才能以及身心状态的整体投入与展现,教师的情感、性格、意志、精神追求和日常生活品质都会影响到教师工作的主动性、积极性和创造性。[1] 因此,政策制定者与管理者在政策制定和组织管理的过程中应当充分尊重教师的尊严与人格,关注幼儿园教师的情绪情感需要,避免将理性与情感相对立,或将情绪与认知、行为相分割,仅仅强调教师的专业知识与技能,忽略教师专业实践中情绪情感的

---

[1] 白俐.在实施管理伦理中促进幼儿园教师健康成长[J].学前教育研究,2011(3):66-68.

作用。

2. 重视幼儿园教师情绪的社会属性

以往关于教师情绪的研究中存在着两种较为典型的倾向,其一是理想主义倾向,即仅仅承认和提倡教师的正向情绪表达,回避或排斥教师在教育教学过程中必然存在的负向情绪,忽略教师情绪多样化的表现形式和功能;其二是个体主义倾向,即往往将情绪视为教师的个人品质或个人选择,从个体内部寻找教师恰当或不恰当的情绪的原因,把情绪调节的责任主要放在教师个人身上,忽略组织与文化因素在影响个体情绪中的作用以及应当承担的责任。因此,改善教师的情绪应当承认和正视教师情绪产生和发展过程的复杂性,从个人、组织以及更广泛的文化层面等多个维度做出改善。

3. 承认幼儿园教师情绪劳动的价值

与中小学阶段的教育相比,幼儿教育的独特之处在于其保教并重的工作原则。对于幼儿来说,知识与技能的学习固然重要,但在与教师互动的过程中获得安全感、信任感、自信心、自主性等是其形成健康人格并获得全面发展的基础。在当前强调认知、注重效率的社会文化影响下,幼儿教育实践中往往以可见的学习内容或成果作为衡量教师工作价值的标准,忽视幼儿园教师与幼儿、家长及同事之间进行情感交流的价值,将人际互动中与教学内容无关的交流视为"干扰"或"浪费",使得人际互动日益走向事务化和机械化,教师也难以从与人际交流中体验到愉快和满足。改进幼儿园教师的情绪劳动,首先应当认识到教师情绪参与在学前教育实践中的重要性,尊重教师的情绪劳动并提供更多的情绪互动空间,借用斯崔弗对改善公共服务行业所提出的建议,当前幼儿教育者面临的最重要的挑战不是使其工作更有效率,而是使其工作更具人情味。[1]

(二)完善幼儿园管理与文化,营造良好的工作环境

幼儿园是教师的工作场所,也是教师的生活和人际交往场所。园所氛围的好坏,不仅影响到教师的专业发展和生活质量,也影响到教师在教育教学活动中的具体表现。对于教师来说,在人际互动中表达出怎样的情绪,受到幼儿园

---

[1] 纽曼,盖伊,马斯塔西.超越认知:情感领导力与情绪劳动[J].庞诗,译.国家行政学院学报,2010(2):122-127.

组织中各种构成要素的影响,包括工作任务的常规性和多样性、教师工作的自主性、工作时间的安排以及工作方法的控制等。从对幼儿园教师的访谈中可以发现,强调效率而忽略情感的园所领导文化是诱发教师负向情绪,导致教师不当情绪表达的隐形推手。额外的或累积式的工作任务不仅占据了教师大量的工作时间,也消磨了他们对于幼儿的耐心,使他们更倾向于通过负向情绪对幼儿进行引导和管理。同样,幼儿园教师间独立或竞争性的工作氛围、工作自主性的缺失以及各种评价机制的制约,也使得教师在工作中时常处于紧张而压抑的状态。在这种心理氛围下,教师在工作过程中需要耗费更多的资源对情绪进行不同程度的伪装和控制。如果这种情况长期存在,则容易引发教师的情绪枯竭,使他们在与幼儿、家长及同事的互动中表现出烦躁或冷漠的态度,从而使教师陷入负向情绪的循环。改善幼儿园教师的情绪劳动,有必要进一步完善幼儿园的管理制度与文化,为幼儿园教师的工作生活营造良好的氛围。

1. 塑造幼儿园教师工作的共同愿景,激发教师的积极情绪表现

在日常工作中,每位教师都有不同于他人的情绪体验与表达方式,虽然管理者难以完全把握教师千变万化的情绪世界,但如果能够建立起值得大家共同追求的目标,实现组织价值观和个人价值观的统一,就能更好地激发教师工作的积极性和创造性,为他们在工作中获得正向情绪并展现出恰当的情绪提供动力。从这一点出发,幼儿园应当建立情绪规则的审议与培训机制,通过专业共同体的研讨建立明确、合理且灵活的情绪规则,帮助幼儿园教师了解幼儿园所倡导的情绪规则及其实践策略,引导幼儿园教师澄清可能的误解,支持教师根据情境需求选择恰当的情绪劳动策略。

2. 主动关怀教师,为幼儿园教师提供情绪支持

幼儿园教师的工作是一项高情绪劳动的职业,工作过程中的情绪损耗难以避免。但是,如果幼儿园在工作过程中充分尊重教师的个人价值,对教师给予激励性的欣赏、理解性的关怀和支持性的引导,将有助于缓解教师的工作压力,减少表层工作带来的情绪耗损以及与之相伴的负向情绪。换而言之,虽然幼儿园教师在工作中需要大量的情绪损耗,只要获得及时且充分的情绪支持,将有助于他们情绪资源恢复与平衡,甚至在充实的工作中体验到愉悦感和成就感,并在人际互动中恰当而有效地进行情绪劳动。

3.保持民主的领导作风和工作方法,减少教师的情绪压力

管理者的领导风格与员工的情绪状态和工作积极性密切相关。皮尔森曾区分了"武士"和"魔术师"的领导原型,认为作为"武士"的领导者倾向于把自己的意愿强加给他人,使得员工的情绪受到约束和压抑,工作积极性受到抑制;而"魔术师"领导注重与下属建立友好的关系,接受并理解员工的情绪反应,更有利于激发员工的工作积极性,使员工在组织需要的时候做出改变和调整。[①] 在以"园长负责制"为基础的幼儿园管理中,尤其应当避免权力集中造成的独断专行,以及由上至下的"金字塔式"管理模式对教师工作积极性的抑制与挫伤,为教师营造一个宽松舒适的工作环境。

4.避免"累积式"的改革,减轻教师的工作负担

随着幼儿教育改革的深入,幼儿园的管理日益走向科学化和精细化。然而,不少参与访谈的老师都提到了幼儿园"累积式"改革趋势所带来的压力和负担。有学者认为,"这些名目繁多的改革日益加重教师的工作强度,使教师不得不在资源有限的情况下同时面对由多种变革带来的巨大挑战,并且越来越受控于规定详细的改革要求、指令式的课程以及步骤明确的教学指引……实施这样的课程改革必然会使教师产生大量复杂的情绪体验,如迷惑、焦虑、羞辱、失去价值感和责任感等"。[②] 改善教师的情绪表达,必须注重对幼儿园教师工作任务的整合和优化,减少教师由繁重的工作负担而带来的不恰当的情绪表现。

(三)加强情绪知识与技能的培训,提高教师情绪专业素养

在教师专业发展研究领域,人们一般将专业素养视为专业知识、专业技能和专业态度的集合,教师的情绪情感往往被纳入抽象的专业态度范畴中进行探讨,很少作为独立的专业素养得到关注。戈尔曼的"情绪智力"理论在突出情绪的价值和构建个体情绪素养的内容体系方面做出了重要贡献,他认为个体的情绪智力由自我意识、自我调节、自我激励、移情和社交技能五个部分构成[③],并强

---

[①] 纽曼,盖伊,马斯塔西.超越认知:情感领导力与情绪劳动[J].庞诗,译.国家行政学院学报,2010(2):122-128.

[②] 尹弘飚.教师情绪:课程改革中亟待正视的一个议题[J].教育发展研究,2007(6):44-48.

[③] 许远理.情绪智力三维结构理论[M].北京:中国社会科学出版社,2008:144

调情绪智力是个体在社会生活中逐渐发展起来的能力,而且可以通过培养进行提高。从戈尔曼的理论出发,教师情绪素养作为专业素养的重要组成部分,不应被理解为稳定的人格特质或是抽象的态度或品质,而应看作一系列应该也必须在学习和训练过程中逐渐获得发展的知识与技能。对于幼儿园教师来说,仅仅依靠在家庭和社会生活中形成的情绪观念来应对专业实践中的问题是不充分也是不科学的,他们有必要通过专门的学习来掌握本专业特有的情绪规则,了解自身独特的责任与使命。在研究者的访谈和观察中可以发现,幼儿园教师很少关注自身的情绪表现或对自身情绪表达的方式加以反思,人际互动过程中经常出现对自身或他人情绪表现的忽视或误解。这些情况与长期以来教师培养过程中对情绪素养的忽视有着密切关系。在当前的职前与职后教育体系中,关于教师情绪素养培养的内容十分薄弱,且缺乏组织和管理结构的支持。针对以上问题,增强教师自身的情绪素养可以从以下几个方面做出努力。

1. 加强教师职前情绪素养课程的建设

加强教师职前教育能够为教师情绪素养的提升奠定稳固的基础,职前教育阶段应当开设专门的情绪素养课程,为准教师提供系统的情绪知识与技能教育。在教育内容方面,从幼儿教育工作的具体任务出发,教师职前情绪素养教育应当覆盖两个方面的内容,其一是关于幼儿情绪发展的相关知识与技能,增进教师对于幼儿情绪表现的理解与尊重;其二是关于教师自身情绪认知、沟通及调节相关的知识与技能,增强教师对自身情绪功能与影响的认识与理解,二者相辅相成,密不可分。因此,在课程体系的构建上,可以借鉴国外儿童与教师教育项目的相关经验,建立融合以上两方面内容的综合性课程。例如,美国 The Incredible Years 项目以促进儿童社会性与情绪发展为目标,构建了一个包含家长课程、幼儿课程和教师课程在内的完整培训课程体系,其教师培训课程包括"班级管理课程""情绪管理课程"等,具体内容涉及"教师的关注、鼓励和表扬的重要性""激发幼儿的动机""预防行为问题——做先行一步的教师""减少学生不适宜的行为""与幼儿建立积极的人际关系""问题解决"等。[①]

---

① Incredible years teacher training programs. The incredible years[EB/OL].[2024-03-28]. https://www.incredibleyears.com/early-intervention-programs.

## 2. 重视教师职后情绪素养培训的开展

对于在职教师来说，日常的专业实践赋予了他们较为丰富的经验，使他们形成了特定的应对幼儿情绪与自身情绪的方式，这些经验在发挥积极作用的同时也可能对教师情绪素养的进一步提升产生束缚。因此，有必要建立并完善面向在职教师的情绪素养培训，使职前与职后的情绪素养教育相互衔接，促使教师的情绪素养在持续的学习和反思中得到巩固、优化与升华。在教育内容上，除了与职前教育中的基本内容相互衔接，教师职后情绪素养培训的内容还应与教师专业实践中的具体问题和个性化需要密切联系，注重培训内容的针对性和实用性。培训者可以依据《幼儿园教师专业标准（试行）》等规范性文本生成系统而细致的培训内容，也可以根据受训教师的需要制定有针对性的培训内容，例如，教师与幼儿情绪互动的技巧和注意事项，儿童情绪社会化的引导策略，教师情绪表达的伦理规范，教师情绪调节的途径与技巧等。此外，正念干预等通用情绪干预策略也被证实有助于改善幼儿园教师的情绪劳动。正念是通过特定的冥想改善情绪调节能力的方式，正念干预有助于提升教师对自身和他人情绪的觉察，缓解教师的情绪倦怠和工作压力。[①] 在教育途径上，应当建立丰富、灵活且相互补充的教师职后情绪素养教育途径，例如，可以通过集中培训、个性化的咨询、教师工作坊等形式，为教师的学习与发展提供多样化的平台，提高培训活动的实效性。

### （四）构建幼儿园教师情绪支持系统，建立教师情绪疏导机制

对于幼儿园教师来说，工作中的情绪表达既包括个人情绪的自然流露，也包括以表层行为或深层行为展现工作需要的情绪，大量的情感投入很容易使他们产生压力与倦怠感。社会支持的缓冲器模型理论认为，社会支持能够在人们面临较高生活压力的情况下发挥缓冲作用，使人们免受或少受压力事件的影响，提高对压力事件的应对能力，保持和增进身心健康。[②] 一般来说，社会支持系统包括家人、朋友和人际交往圈。然而，在我国独生子女政策的影响下，许多

---

① MA Y, WANG F, CHENG X. Kindergarten teachers' mindfulness in teaching and burnout: the mediating role of emotional labor[J]. Mindfulness, 2021, 12: 722-729.

② 郭启华. 教师专业发展论[M]. 哈尔滨：哈尔滨地图出版社, 2007: 181.

独生子女教师的社会支持系统十分薄弱,同时,受到幼儿园工作性质的影响,教师很少有时间和机会拓展自身的社交网络。一定程度上来说,幼儿园教师社会支持系统缺失的现象是宏观政策与组织特征的产物,仅仅依赖教师个人的努力难以获得充足而有效的社会支持。因此,要整体改善教师的工作状态和具体表现,有必要从组织和管理层面为教师建立情绪支持和保障系统,为教师在工作中展现积极的情绪和进行恰当的情绪劳动奠定基础。幼儿园教师的情绪支持系统应当包含以下几个方面的要素:

1. 完善教师群体的合作与交流机制

幼儿园教师是"处于人际关系中的人",他们需要隶属于一个群体来共同分享、交流和承担其职业生涯中的快乐和痛苦。[①] 对于教师来说,来自同事的支持有助于他们对自我、工作和环境感到舒适,激发他们向他人表达友好和支持的意愿,促使教师与教师、教师与幼儿之间的人际互动向互惠共赢的方向发展。因此,幼儿园教师情绪支持系统应当建立和完善教师群体的合作与交流机制,通过完善以班级为单位的合作团队、鼓励教师非正式组织的建立与发展、开展多种形式的学习与娱乐活动等措施扩大教师之间的交流与合作,促进教师之间知识、经验与情感的交流,为教师个人的职业压力和情绪困扰提供释放的渠道。

2. 建立和完善教师情绪困扰的疏导机制

幼儿园教师的工作以频繁的人际互动为特征,教师在工作过程中进行着多种形式的情绪劳动,由各种因素导致的情绪困扰十分常见。教师情绪支持系统的建设应当包含情绪困扰的表达与疏导机制,具体措施可以包括为教师建立心理咨询室或情绪放松或发泄室;与相关专业部门建立合作关系,不定期邀请儿童心理及教师心理咨询专业人员为教师提供心理健康教育与咨询服务;通过网络平台或面对面的方式为教师提供可持续的个性化咨询,在教师遭遇情绪困扰、冲突事件或灾难性事件时帮助教师采取适当的应对措施,减少压力事件对教师身心健康造成的影响。

(五)优化幼儿园教师的情绪表达方式,倡导适宜的情绪劳动策略

对于幼儿园教师来说,在互动中频繁、持续或高强度的负向情绪表达不仅

---

[①] 白俐.在实施管理伦理中促进幼儿园教师健康成长[J].学前教育研究,2011(3):66-68.

对幼儿的身心健康造成伤害,妨碍教育教学质量与效率的提高,同时也会对自身的身心健康造成消极影响。在实地观察中可以发现,当教师在师幼互动中表达出正向情绪时,都能够获得幼儿的积极回应,包括充满愉悦的情绪回应和积极参与活动的行动回应。以正向情绪为特征的师幼互动过程建立在教师对幼儿的尊重与爱护基础上,反映了教师科学正确的儿童观以及良好专业素养。然而,统计数据却表明,以负向情绪为特征的师幼互动事件(134件)在数量上要多于以正向情绪为特征的师幼互动事件(102件),教师在师幼互动过程中经常表现出自身的负向情绪。虽然多数情况下教师在负向情绪表达过程中会有意识对自身情绪进行控制与调节,但不少教师在通过言语和非言语方式表达负向情绪时存在着诸多不恰当的行为表现。喜怒哀乐的情绪是个体在生活中无法避免的体验,改善师幼互动中教师情绪,除了需要探索减少教师产生负向情绪的策略,还应当探究如何改善教师的情绪表达方式,构建以正向情绪为特征的师幼互动。

1. 改善教师负向情绪的语言表达方式

在互动过程中,言语信息是教师表达自身情绪的途径,也是教师与幼儿互相沟通的桥梁。在前文中可以发现,在教师负向情绪表达过程中,教师的言语量和言语类型都较之正向情绪表达过程更加丰富,既包括指向幼儿行为表现的"揭示性言语"和"指示性言语",指向幼儿行为规则的"声明与解释性言语",指向幼儿行为后果的"警示性言语",还包括指向幼儿能力、身份以及人格的"质问与反驳性言语""评价与判断性言语""讽刺与宣泄性言语"。教师不恰当的负向情绪语言表达方式会对幼儿造成诸多伤害,并影响师幼互动的成效。基于此,应从以下两个方面改善教师的情绪表达方式:

首先,避免指向幼儿自身的言语表达,即对幼儿的能力、个性、身份或资格的批评或指责,例如"一天到晚自以为聪明!"(B-16-25)"像你这样挑三拣四的人,还有人愿意跟你做朋友啊?没人愿意的!"(B-81-199)。教师的负向情绪总是由幼儿的某种行为诱发,而教师情绪表达的意图往往是纠正幼儿的这种行为。不考虑教师的目的本身是否正当,仅从目的达成有效性的角度来看,告知幼儿行为的不当之处、指导幼儿学习恰当的行为方式更有利于幼儿行为的改进,而对幼儿自身能力、个性、身份或资格的指责不仅无益于改进幼儿的行为,反而会对幼儿的自信心和行为自主性造成伤害。

其次,避免指向幼儿的恐吓言语。在教师负向情绪的表达过程中,指向幼儿的恐吓言语是其中重要的组成部分。在前文中,笔者把"警示言语"分为"提醒""警告"和"恐吓"三个层次,"提醒"往往暗示的后果较为模糊或轻微,"警告"是告知幼儿行为可能招致的与事件本身相联系的后果或惩罚,这二者都属于较为合理的范畴,而"恐吓"言语则常常涉及幼儿所恐惧的事物或体验,例如"吴老师,把欣然送到小班去吧!"(B-73-151)"怎么不送到他爸爸手术室去呢?给他肚子开开看看为什么疼!"(B-98-229)对幼儿传达的是教师的厌恶和排斥,唤起幼儿的恐惧体验,往往引发幼儿的反感、难过、怨恨等一系列消极情绪体验。因此,教师应当避免在负向情绪激活时使用这些言语。

2. 改善教师负向情绪的非言语表达方式

依据美国心理学家的研究结论,教学中62%的信息传递依靠的是教师的非言语行为,在师幼互动的过程中,面部表情、音调、手势、动作等非言语行为是反映教师情绪最直观的外显表现,也是教师与幼儿相互沟通和理解的重要途径。在前文中可以发现,教师在负向情绪表达过程中虽然没有对幼儿的体罚现象,但经常表现出拒绝或强制性的动作。同时,当负向情绪被激活时,教师的语速往往会明显加快、音量明显提高并大量使用反问句、祈使句等强硬而具有攻击性的句式。在班级生活中,教师的一言一行都对幼儿产生着影响,不恰当的语气语调以及身体体态很容易给幼儿造成消极的暗示和示范。因此,教师有意识改善自身情绪的非语言表达方式十分必要。

首先,教师应对自身的语气语调加以控制。在前文的案例中可以发现,对于年幼的儿童来说,当教师的负向情绪以较为激烈的形式爆发时,幼儿首先会被教师严厉语调和高亢音量所营造出的紧张氛围所笼罩,在这种情况下,他们往往会因陷入高度恐惧而不知所措,难以注意到或理解教师真正说了什么,更难以做出符合教师期待的行为。对于个体来说,说话的语气语调受到个人性格和习惯的影响,但对幼儿园教师来说,语气语调不仅是自身人格特征的体现,同时也是自身专业素养的体现。幼儿园教师的情绪表达方式应当具备一定的专业性和规范性,应对自身在不同场景中的语气语调加以关注与反思,在互动过程中对自身的音高和语速有所控制。

其次，教师要减少反问句式和祈使句式的使用。在对教师情绪表达过程中的言语分析中可以发现，教师的负向情绪表达过程中具有大量的反问句和祈使句。反问句和祈使句作为富有浓厚情绪特征的句式，在负向情绪表达过程中往往营造出紧张生硬的氛围，不利于师幼互动的有效推进。同时，受到思维发展水平的影响，幼儿往往难以理解反问句的真实含义，很容易进一步激化教师与幼儿之间的矛盾与误解。因此，减少反问句和祈使句的运用，通过缓和的陈述句和疑问句营造一种平和气氛，尽量用平静的语气与幼儿进行交流，幼儿会更乐意倾听教师的分析和建议，从而为教师进一步的指导奠定基础。